中国文化精神

(彩图新校本)

张岱年

程宜山 著

图书在版编目(CIP)数据

中国文化精神：彩图新校本/张岱年，程宜山著.—北京：北京大学出版社，2022.10

ISBN 978-7-301-33343-3

Ⅰ.①中…　Ⅱ.①张…　②程…　Ⅲ.①文化精神—研究—中国　Ⅳ.①G02

中国版本图书馆CIP数据核字(2022)第170094号

书　　　名	中国文化精神（彩图新校本） ZHONGGUOWENHUAJINGSHEN（CAITUXINXIAOBEN）
著作责任者	张岱年　程宜山　著
策划编辑	王炜烨
责任编辑	王炜烨　魏冬峰
标准书号	ISBN 978-7-301-33343-3
出版发行	北京大学出版社
地　　　址	北京市海淀区成府路205号　100871
网　　　址	http://www.pup.cn
电子信箱	zyjy@pup.cn
电　　　话	邮购部 010-62752015　发行部 01062750672 编辑部 010-62750673
印　刷　者	北京九天鸿程印刷有限责任公司
经　销　者	新华书店
	720毫米×1020毫米　16开本　31印张　395千字 2022年10月第1版　2022年10月第1次印刷
定　　　价	168.00元

未经许可，不得以任何方式复制或抄袭本书之部分或全部内容。
版权所有，侵权必究
举报电话：010-62752024 电子信箱：fd@pup.pku.edu.cn
图书如有印装质量问题，请与出版部联系，电话：010-62756370

張岱年

目 录

001　序

001　导论
　　　我们的文化观

021　第一章
　　　中国文化的基本精神

065　第二章
　　　中西文化的基本差异（上）

107　第三章
　　　中西文化的基本差异（下）

147　第四章
　　　中国传统文化的体系

193　第五章
　　　中国文化的发展

221　第六章
　　　中国传统文化的核心——中国传统哲学

269 第七章

中国传统文化的成就

317 第八章

中国传统文化的不良倾向

359 第九章

中国文化的论争（上）

399 第十章

中国文化的论争（中）

433 第十一章

中国文化的论争（下）

449 第十二章

我们的文化主张——综合创造论

序

20世纪末年,国内出现了讨论文化问题的热潮,这是学术思想界的一件大事。关于文化问题的讨论,在20世纪二三十年代曾经进行过,后因抗日战争的爆发而停顿。它现在又引起了人们的浓厚兴趣,这是值得高兴的事。我曾参加过几次文化讨论会和文化讲习班,发表过管见。在文化讨论中,大家提出了多种不同的意见,众说纷纭,各抒己见,呈现出"百家争鸣"的景象。文化问题是非常复杂的,绝非短时间所能解决,展开争鸣是十分必要的,同时我也感到还有对文化问题进行系统论述的必要。于是与程宜山共商,希望他执笔写一本系统论述中国文化问题的书。程宜山广泛考察了有关文化的历史资料,参阅了近年海内外关于文化的若干论著,对于有关文化的具体问题进行了一定程度的分析,写成十二章:分析论述了中国文化的基本精神,中西文化的基本差异,中国传统文化的体系结构,中国的传统哲学、科学、艺术,中国传统文化的严重缺陷,以及16世纪以来的文化论争,最后说明了我们的文化主张"综合创造论"。我看了以后又略加修订,成为这样一本书。程宜山同意我关于文化问题的基本观点,并做了若干必要的补充,对一些观点做出了比较详细的论证。当然,也还没有穷尽关于中国文化的理论问题和历史情况,也还仅仅是提纲挈领的系统性论述而已。

  程宜山在论述中有时提出了对于部分时贤言论的商榷意见。我们认为,"百家争鸣"是促进学术发展的唯一正确方针。既云"争鸣",当然要有所"争",要有所"鸣"。这里所涉及的论者,大都各有所见,我们提出一些商榷的意见,并不减少对这些论者的尊敬。我们力求正确理解论者的原意,但仍有可能存在误解之处,这还请原谅!

张岱年

序于北京大学

导论

我们的文化观

文化总是既作为人类在人本身的自然及外部自然的基础上、在社会活动中创造并保存的内容总和而存在，又总是作为一种活生生的创造活动而演化。文化是人类在处理人和世界关系中所采取的精神活动与实践活动的方式及其所创造出来的物质和精神成果的总和，是活动方式与活动成果的辩证统一。因此，文化研究既需要面对既成事实，又不能把这既成事实看成是僵死的、凝固的、不动的东西，而应当在对这些既成事实的好学深思中，把握其精神，把握其中律动的脉搏和活的灵魂。

一 文化是一个不断创造的过程

在世界文化研究史上，曾经发生过一场关于 Culture 和 Civilization 的词义之争。前者通译为"文化"，后者通译为"文明"。法、英、美等国的社会学家在指称文化时，常常使用 Civilization 这个词，德国的历史哲学家则常常使用 Culture 这个词。这似乎纯粹是咬文嚼字的争论，体现了西方文化研究中起支配作用的两种对立传统：实证的社会学传统和思辨的历史哲学传统。或者说，英、美传统和德国传统。英、美传统的文化研究者将文化理解为既定事实的各种形态的总和，即将文化视为人类创造的物质和精神成果的总和，而德国传统的文化研究者则将文化理解为一种以生命或生活为本位的活的东西，或者说生活的样态。在德国传统的文化研究者看来，文化的形态化、制度化、模式化正意味着文化的死亡，因此他们有"文化是活着的文明，文明是死了的文化"之类的观点。西方文化研究的这两种传统，对中国文化研究者都有相当深刻的影响。

这两种传统各有所见，亦各有所蔽。文化总是既作为人类在人本身的自然及外部自然的基础上、在社会活动中创造并保存的内容总和而存在，又总是作为一种活生生的创造活动而演化。文化是人类在处理人和世界关系中所采取的精神活动与实践活动的方式及其所创造出来的物质和精神成果的总和，是活动方式与活动成果的辩证统一。因此，文化研

>>> 世界文化研究史上,曾经发生过一场关于 Culture 和 Civilization 的词义之争。"文化"一词,在中国古代是"文治与教化"的意思。图为宋代刘松年(传)《孔子圣迹图》(十幅卷·局部)。

匹夫而為百世師一言而為
天下法甚矣吾夫子千古之
定評也獨是辦逆伐木道大
莫容然僅能見困于魯夫子之
身而不能見困于魯夫子之
此儀封人云天將以夫子為木
鐸豈其然乎是卷為宋畫
院劉松年寫瞻題十順雖不
足以盡聖夫子之折實然其
過今未可少見矣善夫畫法之
妙前人論之詳而令人心目肺
金东何家贊
英國公張
輔

究既需要面对既成事实，又不能把这既成事实看成是僵死的、凝固的、不动的东西，而应当在对这些既成事实的好学深思中，把握其精神，把握其中律动的脉搏和活的灵魂。须知，活动方式和活动成果作为文化的两个方面，总是互相依存、互相制约并在相互作用中一起演进的。离开了对既成事实的科学的观察分析，会堕入否认理性和科学方法的反理性主义和唯心主义；而离开了对文明活的灵魂和律动的脉搏的把握，会见物不见人，对流变中的文化创造状态视而不见，陷入形而上学。我们应当把对文化已成形态的研究和对文化已成形态中活的灵魂的研究辩证地统一起来。

既重视文化已成形态又重视其中律动的脉搏和活的灵魂，这种方法本质上就是唯物的辩证的方法。马克思指出："新思潮的优点就恰恰在于我们不想教条式地预料未来，而只是希望在批判旧世界中发现新世界。"[①] 批判旧世界，就是重视已成形态的研究；发现新世界，首先就要致力于发现这个已成形态中律动的脉搏，和否定的因而也是代表未来的因素。马克思又指出："辩证法在对现存事物的肯定的理解中同时包含对现存事物的否定的理解，即对现存事物的必然死亡的理解；辩证法对每一种既成的形式都是从不断的运动中，因而也是从它的暂时性方面去理解；辩证法不崇拜任何东西，按其本质来说，它是批判的和革命的。"[②] 在这个意义上，把文化理解为一个流变的过程，要比把文化理解为某种既成的事物的总和更正确。

"文化"一词，在中国古代是"文治与教化"的意思。西汉的刘向说："凡武之光，为不服也，文化不改，然后加诛。"[③] 晋束皙说："文化内辑，

---

① 马克思：《摘自〈德法年鉴〉的书信》，见《马克思恩格斯全集》第 1 卷，北京：人民出版社 1979 年第 1 版，第 416 页。
② 马克思：《〈资本论〉第一卷第二版跋》，见《马克思恩格斯选集》第 2 卷，北京：人民出版社 1979 年第 1 版，第 218 页。
③ 《说苑·指武》。

武功外悠。"① 这里的"教化"之义颇值得玩味。从过程的意义上看，文化不仅是一种在人本身自然和身外自然的基础上不断创造的过程，而且是一种对人本身的自然和身外自然不断加以改造，使人不断从动物状态中提升出来的过程。在这个无限的过程中，作为基础的人本身的自然和身外自然也在不断地得到改造。在人类社会活动所创造的成果的意义上，文化是"文"，还不是"文化"。只有考虑到这些成果同时还意味着对人自身的改造，才是"文化"。

二 文化是一个动态系统

今天人们一般都承认，文化是一个包含多层次、多方面内容的统一的体系，或者说是许多要素形成的有一定结构的系统。基于此，结构分析的方法颇为风行，各种各样的结构模式纷至沓来，目不暇接。这种观点和方法不是依据于个别的、零散的事实，而是将事实整理为彼此关联的诸要素，在诸要素的相互作用的基础上建立一个自身完备的结构总体，显然具有合理性。任何在一定时限内具有相对稳定性的系统都有自己的稳定机制，在这一定的时限内，时间的因素为研究的方便可以忽略掉，亦即在一定的条件下可以采取"共时态"的研究方法。但文化结构本质上是一种耗散结构，文化系统是一个动态系统。如果忘记了"共时态"研究方法的有条件性，否认文化系统稳定的相对性，把结构分析方法变

---

① 《文选·补亡诗·由仪》。

>>> 一个文化系统所包含的文化要素,有些是不能脱离原系统而存在的,它意味着一个文化系统所包含的一些文化要素间,具有不可离的关系,中国殷周时期的分封制、井田制、贵族制即此。图为当代康宁、付继红、臧亮《周天子分封诸侯图》。

成一种静态的方法，那就不可避免地要重新陷入英、美传统的形而上学思维，把文化系统仅仅看成是既成事实的各种形态的总和。

文化有复杂的内容，包括哲学、宗教、科学、技术、文学、艺术、教育、风俗等，是一个包含多层次、多方面内容的统一体系。它主要包含三个层次：第一层是思想、意识、观念，等等。思想意识中最重要的有两个方面：一是价值观念，一是思维方式。第二层是文物，即表现文化的实物，它既包括像哲学家的著作、文学家的文学艺术作品一类的"物"，也包括科学技术物化形态的"物"，即人工改造过的物质。第三层是制度、风俗，是思想观点凝结而成的条例、规矩等。文化按其所面对的问题可分为三个方面，即人和自然关系的方面、人和人关系的方面，以及人自身的关系——如灵与肉、精神生活和物质生活——的方面。科学、技术、政治、法律、文学、艺术等按其内容的侧重分别属于这三个方面，而哲学、宗教则处于核心的地位。

任何文化系统都包含若干要素，可称为文化要素。文化要素和系统之间的关系有种种复杂的情况，其中有两种特别值得注意的情况：一个文化系统所包含的文化要素，有些是不能脱离原系统而存在的，有些则可以经过改造而容纳到别的文化系统中。前者意味着一个文化系统所包含的一些文化要素间，具有不可离的关系，例如中国殷周时期的分封制、井田制、贵族制，就具有"三者相扶以行，孤行则踬"①的不可离关系，它们一损俱损、一荣俱荣，并与原系统同终始。后者意味着一个文化系统所包含的一些文化要素之间具有可离的关系，例如，科学和宗教、艺术、风俗是可离的。文化要素之间除了上述可离与不可离的关系外，还有相容与不相容的关系。例如，道德教育和法律制度是相辅相成、缺一不可的，而君主专制、封建道德与近代科学的发展是不相容的。

认识到文化要素之间的相容与不相容、可离与不可离的关系十分重要，是把文化当做一个动态系统来把握的关键。

---

① 王夫之：《读通鉴论》卷三。

同一个文化系统中，有相容并且不可离的许多要素，它们之间相辅相成、相互补充，是这个文化系统保持相对稳定不变的机制，它们稳定的联系是这个文化系统的结构；同一个文化系统中，也有不相容或者可离的许多要素，前者隐伏着导致系统崩溃的契机，后者则可以成为代之而起的新系统的要素。这也就是说，在时间上相继而起的两个不同的文化系统之间，既有一个取代另一个的关系，也有一个继承另一个的关系。因为有一个继承另一个的关系，所以二者之间包含一些共同的文化要素。

在空间上并存的不同文化系统包含一些共同的文化要素，也各自包含一些不同的文化要素。前者表现了文化的普遍性，后者表现了文化的特殊性。这些不同文化系统的要素之间，也存在可离与不可离的关系、相容与不相容的关系。这既是它们各自具有相对独立性的根据，也是它们可以互相吸收、相互融合的根据。

三　文化发展有客观自在的规律

文化对象究竟是不是独立于研究主体的客观存在？文化发展有没有不依人的主观意志而转移的客观自在的规律？文化研究者能否达到对文化对象的正确理解？文化研究和文化发展本身的关系又是如何？这些看来似乎不成问题的问题，始终困扰着世界上的文化研究者，在一些文化研究的著作中，可以看到这些问题并未彻底解决的蛛丝马迹。在一般原则上回答这些问题并不是困难的。我们是辩证唯物主义者，是历史唯物主义者。

我们肯定文化对象是独立于研究主体的客观存在，文化发展有不依人的主观意志而转移的客观自在的规律。正是因为这样，才把文化发展视为一个自然历史的过程。同时也肯定，文化研究者能够达到文化对象的正确理解，文化研究正是要在这种正确理解的基础上决定对文化遗产的弃取，同时要在这种正确理解的基础上把握文化发展的客观规律，以指导创造新文化的各种活动。重要的是要联系文化研究的特殊实际，正确地贯彻这些唯物主义的原则，以廓清在这个领域中大量存在的唯心主义或不可知论的观点，保证文化研究沿着正确的方向发展。

德国传统的文化研究者特别强调文化研究的对象与自然科学研究的对象的所谓根本区别。他们所谓的根本区别，有的纯粹是虚构，有的则被无限夸大了。

新康德主义者文德尔班认为，自然科学与历史研究有一系列区别：前者研究事物的共相，后者研究事物的殊相；前者注意事物常驻不变的形式，后者注意历史事件的一次性；前者推崇逻辑上的必然判断，而后者则注重逻辑上的或然判断，等等。总之，在文德尔班看来，自然科学是以因果性为研究内容的，而历史研究则以揭示价值世界为目的。据此，李凯尔特进而将科学分为非价值的自然科学和价值关系论的文化科学。这些区别，可谓纯粹的虚构。新康德主义者就是根据这种纯粹的虚构否认文化发展的客观规律的。诚然，古典自然科学是特别重视事物的共相、常驻不变的形式及普适性的自然规律的。但这只是自然科学还不够发达的缘故，并非自然科学对象的本质使然。现代自然科学在很大程度上已克服了这种片面性。今天的自然科学已经把殊相、一次性事件、或然性、时间、关系、信息当成了重要的课题，这一点，只要读一下比利时物理学家普利高津的著作就可明了。至于说到历史科学，那么，早在文德尔班说上述话之前，马克思和恩格斯创立的历史唯物主义就已向人们雄辩地证明，在这个领域内，也同样存在着共相(如社会形态)、相对来说常驻不变的形式(如生产方式)，以及发展的必然规律。要而言之，自然科学的对象和历史研究的对象本身并不存在文德尔班所说的那些区别,因而科学主义与人本主义的分道扬镳只是一种误入歧途的暂时现象。在这个问题上,对德国唯心主义者是不能有任何让步的。

自然是自然而然的,文化则是能动的人创造出来的,并且是在一定的意志和目的驱使下、在一定的思想指导下创造出来的。诚然,这是自然科学对象与文化研究对象明显而根本的差别。德国传统的文化研究者虽然看到了这一点,却把它夸大到了极端。如德国的生命哲学家认为,价值关系源于生命的创造,而生命的创造体现着一种强烈的意志要求。基于此,他们认为文化是以生命(或译生活)为本位的,是以时间为本位的,生命是创化的,创化是不规则的,生命活动是一种时间性的存在,这种时间性是非逻辑的。他们又认为与此相对,物质是以积累的形式进化的,是一种空间性存在。据此,他们还认为,理性和科学的方法不能用来处理文化,对于文化只有诉诸直觉。对于这些唯意志主义的、反理性主义的观点,决定性的批判早已由马克思和恩格斯给出,问题是能不能够把它们运用于文化研究的特殊实际中。

生命创化一定是不规则的、非积累的吗?不是的。马克思说:"历史的每一阶段都遇到有一定的物质结果、一定数量的生产力总和,人和自然以及人与人之间在历史上形成的关系,都遇到有前一代传给后一代的大量生产力、资金和环境,尽管一方面这些生产力、资金和环境为新的一代所改变,但另一方面,它们也预先规定新的一代的生活条件,使它得到一定的发展和具有特殊的性质。"[①]

这就表明,人类的创造活动及其成果受到历史上已有成就的规定,因而具有积累性和规则性。这不仅适用于物质文化和制度文化,也适用于观念文化。恩格斯说:"现代社会主义……和任何新的学说一样,它必须首先从已有的思想材料出发,虽然它的根源深藏在物质的经济的事

---

① 恩格斯:《德意志意识形态》,见《马克思恩格斯选集》第一卷,北京:人民出版社1979年第1版,第43页。

实中。"①这就表明，观念文化的创造，不仅受已积累起来的思想材料的规定，还受经济政治的事实规定，同样具有积累性和规则性。诚然，观念文化的创造与物质文化、制度文化的创造相比，还有自己的特殊性，在这里，人们创造活动的自由天地比在物质和制度领域中要大得多，因而偶然性也多得多。但这也不是根本否定文化发展积累性和规则性的理由。恩格斯指出："我们所研究的领域愈是远离经济领域，愈是接近于纯粹抽象的思想领域，我们在它的发展中看到的偶然性就愈多，它的曲线就愈是曲折。如果您画出曲线的中轴性，您就会发觉，研究的时期愈长，研究的范围愈广，这个轴线就愈接近经济发展的轴线，就愈是跟后者平行而进。"②看不到观念文化领域是一个充满着偶然性的领域，勉强地用历史唯物主义的原理去剪裁历史事实，把曲线强拉成直线是不对的，但根本否认观念文化发展的规则性更是不对的。

文化的创造能最终归结为强烈的意志要求吗？不能。一方面，在支配着人们的创造活动的精神动力后面还有动力，这个动因归根结底地说，是生产力和生产关系的发展。另一方面，在存在着尖锐的阶级对立和人与人之间普遍对立的社会里，人们的意向是互相冲突的，因而其总的结果即历史事变"可以看作一个作为整体的、不自觉地和不自主地起着作用的力量的结果"③，"所以以往的历史总是像一种自然过程一样地进行，而且实质上也是服从于同一运动规律的"。④

在文化研究中坚持上述恩格斯的历史唯物主义观点具有特别重要的意义。今天，研究文化结构的人们差不多都倾向于把人们的思想、心理作为核心。这样做本身并不算错。历史唯物主义并不否认历史、文化发

---

① 恩格斯：《社会主义从空想到科学的发展》，见《马克思恩格斯选集》第三卷，北京：人民出版社1979年第1版，第404页。
② 恩格斯：《恩格斯致符·博尔吉乌斯(1894年1月25日)》，见《马克思恩格斯选集》第四卷，北京：人民出版社1979年第1版，第507页。
③ 恩格斯：《恩格斯致约·布洛赫(1890年9月21—22日)》，见《马克思恩格斯选集》第四卷，北京：人民出版社1979年第1版，第478页。
④ 同上。

展中的精神动力及其巨大的能动作用，而且文化研究的特殊角度也决定了思想、心理的重要地位。但如果忘记了历史唯物主义的原理，把精神动力当做最终原因一类的东西，无限夸大其能动作用，就有可能陷入历史唯心主义。

文化研究的一个重要特殊性一般来说是人们只能通过一定的文物，研究创造这些文物的创造者们的思想、意识、观念，只能通过对制度、习惯的文献记载去研究制度、习惯，并通过它去研究其中的思想观点。这里存在双重困难。其一是文物散佚、文献记载不完备，加上语言、环境的变迁给人们理解上造成的障碍；其二是任何历史事实的记载本身都要经过主体的选择和加工，从而失去了绝对真实可靠性的身份。应该承认，这样的困难是确实存在的。因为这样的困难，文化研究比自然研究更难窥见事实本身的真相，有的甚至会成为永远揭不开的谜。但能不能据此断言，文化研究上"物自体"观念应该抛弃呢？能不能够说文化研究不应该追求对这个物自体的正确解释，任何文化研究本质上都是一种研究者本身的"创造性解释"呢？回答是否定的。在这个问题上，实事求是仍然是坚定不移的原则。文物是表现文化、表现思想的，二者之间没有也不可能有不可逾越的鸿沟，文献记载经过主体的选择和加工的问题可以通过不同来源记载之间的对比、校勘得到一定程度的消除，文物文献的散佚可以通过新出土的文物文献得到一定程度的弥补，过去的时境虽然一去不复返了，但通过系统而周密的研究也可以在一定程度上再现出来。要而言之，文化研究的上述特殊性并不能使不可知论在这个领域成立。沿着实事求是的研究路线走，可以越来越接近真理，而沿着"六经注我"式的路线走，文化研究就会成为一种借题发挥的儿戏，只能越来越远离历史的真实。

四　文化具有时代性和民族性

中国近代以来的文化研究，在很大程度上是中西文化的比较研究。历史经验证明，在从事这种比较研究的时候，不能忘记文化的两个重要属性——时代性和民族性。

从时代性来说，有奴隶制文化、封建主义文化、资本主义文化和社会主义文化等，原始社会是文化的萌芽阶段。世界上的各民族文化虽然各有特点，可以根据这样那样的特点区分为不同类型或文化圈，但它们异中有同，都具有时代性并按历史发展的时代顺序演化。文化的这种时代性是文化领域中也有所谓"共相"，也有相对不变的"形式"及发展的客观规律的突出表现。那种在文化比较研究中只讲中外、不讲古今的观点，是不符合实际的。

文化除了时代性之外，还有民族性。同一个时代，不同的民族，其文化是各有特点的。斯大林指出，一个民族一定要有共同的地域、共同的经济、共同的语言及表现共同心理的共同文化，才成其为一个民族。中国传统文化与近代西方文化之间，不仅有古今之别，也有中外之别。那种在中西文化比较研究中只讲古今、不讲中外的观点，也是不符合实际的。

文化的时代性和民族性问题，说到底，是一个一般与特殊的关系问题。同一时代的不同民族的文化具有相同的时代特点，这是一般；同一时代的不同民族的文化各具民族特点，这是特殊。同一时代同一民族有表现其共同心理的共同文化，这是一般；同一时代同一民族又有表现其不同阶级、不同党派的不同心理的两种文化，这是特殊。一般总是寓于特殊并通过特殊而存在。这一关于一般与特殊关系的辩证原理对于上述所有情况都是适用的。那种只讲中外不讲古今或只讲古今不讲中外的观点，都是违背这一辩证原理的。

各民族的文化都有自己的长处，也有自己的短处。在从事文化比较的研究中，既不可用自己的长处比别人的短处，也不可用自己的短处比别人的长处。但是，实际情况往往不是这样。一个先进的、强盛的因而充满自信的民族更容易看到自己的长处，看不到自己的短处，甚至把短处也看成长处，更容易看到别人的短处，看不到别人的长处，甚至把长处也看成短处。这种"强者政策"(杜维明语)是要不得的。在中华民族中曾经长期支配人们的"华夏中心主义"和在19世纪欧洲人中风靡一时的"欧洲中心主义"，就是这种"强者政策"的产物。与此相对的是所谓"弱者政策"，即一个落后的、贫弱的民族更容易看到自己的短处，看不到自己的长处，甚至把长处也看成短处，更容易看到别人的长处，看不到别人的短处，甚至把短处也看成长处。这也是要不得的。"全盘西化"论在很大程度上就是这种"弱者政策"的产物。中华民族近百年来落后挨打，直到今天在经济文化方面比先进国家仍有不小的差距，在这种情况下，尤其要注意反对"弱者政策"。须知，一种表现共同心理的共同文化之所以为一个民族所必需，是因为它有民族认同的巨大价值。比如语言文字，它不仅仅是一种交际工具，而且是维系一个民族的巨大力量，正因为如此，以色列人要把早已死去的古希伯来文复活过来，马来西亚要为本无文字的马来语制定文字，并将其定为国语；也正因为如此，世界上无数被压迫的民族要为使用本民族的语言和文字的权利而进行斗争。如果一个本来已落后的民族再把自己的文化贬得一无是处，甚至主张用外民族的文化完全取代自己的文化，那就必然会大大挫伤民族的自信心和自尊心，大大损害民族文化在民族认同方面的力量。

19世纪"欧洲中心主义"的文化学者同时也是文化的"进化论"者。在他们看来，文化是进化的，欧洲文化是进化程度最高的高等文化，而第三世界各国的民族文化，则是普遍进化道路上残存的落后遗留形态，因而，对这些民族来说，现代化就是西方化。在肯定文化有高低优劣之分、有先进落后之分、有由低向高的进化过程方面，这种观点有一定的合理因素，其错误在于只看到文化的时代性而抹杀了文化的民族性，因而其文化进化的观点也成了否认文化发展多样性的单线式进化观念。20世纪西方一些文化学者在否定"欧洲中心主义"的同时，也抛弃了进化的观念，主张文化多元论和文化相对主义。他们认为，人类各民族在历史中创造了各有特色、各种各样的文化系统。这里的每一种文化都有自身存在的理由、权利和价值。他们不承认任何一种文化具有天然的优越性，或高居于其他文化之上的权利，也不承认有哪一种文化可以成为其他文化的样板模式。有的极端相对主义者甚至认为，落后的物质文化与先进的物质文化也没有区别。在肯定文化的多元性即民族性方面，在否定欧洲中心主义方面，这种观念有合理性，其错误在于只看到文化的多元性、民族性，而否定了文化的进化性，否定了文化的高低、优劣之分。文化有时代性和民族性，因而其发展也是一元与多元的统一，或者说是统一性与多样性的统一。

为了正确地进行中西文化比较，不仅要力戒各种偏见和浅见，而且要讲究正确的比较方法，要抓住不同民族文化之间最主要的、本质的东西进行比较。任何一个文化系统按其面对的问题可分为三个方面，即人和自然的关系方面、人和人的关系方面，以及人自身的关系方面。人和人的关系，既包括阶级关系，也包括家庭关系、民族关系、个人与他人的关系、个人与社会的关系。分析民族文化之间的同异，应该抓住天人关系、民族关系、家庭关系、个人与他人的关系、个人与社会的关系、人自身的关系等方面。一个民族的共同文化，可视为一个民族里不同阶级的人对天人关系、民族关系、家庭关系等问题处理方式的总和。

五 文化研究要坚持什么原则

以上分析表明,在文化观和文化研究方法论——或所谓文化哲学中,的确存在着唯物主义与唯心主义及不可知论,辩证法和形而上学,理性、科学与非理性主义的对立。因此,要把文化研究沿着正确的方向和道路推向前进,要力求首先把文化观和文化研究方法搞正确。在这方面,自觉地接受马克思主义的哲学即辩证唯物主义和历史唯物主义的普遍真理的指导是完全有必要的。当然,这并不意味着对西方和前人的文化理论和文化研究成果采取一概排斥的态度。恰恰相反,只有在马克思主义哲学的自觉指导下,才能对西方和前人的文化理论做出科学的分析,摒弃其中错误的东西,吸收其中正确的东西,以丰富和发展马克思主义的文化理论。同样,只有在马克思主义哲学的自觉指导下,才能对西方和前人的文化研究成果做出科学的分析,摒弃其中错误的东西,吸收其中正确的东西,以加速文化研究的开展。文化研究中"左"的东西,要坚决反对;那种迷信西方文化理论、不加分析地照搬的做法,也要坚决反对。由于文化研究具有一系列特殊性,不能保证一切都做得很好,但一定要努力探索。

第一章

中国文化的基本精神

中国文化丰富多彩，中国思想博大精深，因而中国文化的基本思想也不是单纯的，而是一个包括诸多要素的统一体系。这个体系的要素主要有四点：(1) 刚健有为，(2) 和与中，(3) 崇德利用，(4) 天人协调。其中"天人协调"思想主要解决人与自然的关系；"崇德利用"思想主要解决人自身的关系，即精神生活与物质生活的关系；"和与中"的思想主要解决人与人的关系，包括民族关系，君臣、父子、夫妇、兄弟、朋友等人伦关系；而"刚健有为"思想则是处理各种关系的人生总原则。四者以"刚健有为"思想为纲，形成中国文化基本思想的体系。

一 中国文化的基本精神

在具体阐述中国文化的基本精神之前,需要对"文化基本精神"一词的含义做一点说明。何谓"精神"?精神本是对形体而言,文化的基本精神应该是对文化的具体表现而言。文化的具体表现即文物、制度、习惯等,文化的精神即思想。就字源来讲,"精"是细微之义,"神"是能动的作用之义。文化的基本精神就是文化发展过程中精微的内在动力,也就是指导民族文化不断前进的基本思想。这种能够作为文化发展内在动力的基本思想,本身也是文化发展的产物,并随文化的发展变化而发展变化。因此,文化的基本思想,同时也一定是文化体系中起主导作用的中心思想,是文化体系中处于核心地位的基本观点。要而言之,文化的基本精神是一定文化创造出来,并成为该文化思想基础的东西。

中国文化丰富多彩,中国思想博大精深,因而中国文化的基本思想也不是单纯的,而是一个包括诸多要素的统一体系。这个体系的要素主要有四点:(1)刚健有为,(2)和与中,(3)崇德利用,(4)天人协调。其中"天人协调"思想主要解决人与自然的关系;"崇德利用"思想主要解决人自身的关系,即精神生活与物质生活的关系;"和与中"的思想主要解决人与人的关系,包括民族关系,君臣、父子、夫妇、兄弟、

>>> "刚健有为"的思想源于孔子,到战国时期的《周易大传》已见成熟。中国文化的基本思想是一个系统,其纲领"刚健有为"思想也自成系统。图为清代焦秉贞《孔子圣迹图·问礼老聃》。

夫子與南宫敬叔適周問禮於
老子亲子口吾畢曾南問於下
史狀知禮卻又所以問之
贊曰
維周柱史
習知禮文
乃執聖師
以師堅聞
猶此重華
好問好察
取人為善
異世同揆

朋友等人伦关系；而"刚健有为"思想则是处理各种关系的人生总原则。四者以"刚健有为"思想为纲，形成中国文化基本思想的体系。关于和与中、崇德利用、天人协调这三点，留到下章再做阐述，这里只讨论作为总纲的"刚健有为"思想。

"刚健有为"的思想源于孔子，到战国时期的《周易大传》已见成熟。中国文化的基本思想是一个系统，其纲领"刚健有为"思想也自成系统。

粗略地看，《周易大传》提出来的"刚健有为"思想包括"自强不息"和"厚德载物"两个方面。《象传》说："天行健，君子以自强不息。"天体运行，永无已时，故称为"健"。健含有主动性、能动性，以及刚强不屈之义。君子法天，故应"自强不息"。"自强不息"也就是努力向上，绝不停止。《周易大传》所说的"刚健"，除了发挥主动性、能动性，努力向上，绝不停止的意思外，还有"独立不惧"①"立不易方"②之义，"独立不惧""立不易方"也就是孟子所说的"富贵不能淫，贫贱不能移，威武不能屈"③的独立人格；还有老子"自胜者强"之义。《论语》有一段对话："子曰：'吾未见刚者。'或对曰：'申枨。'子曰：'枨也欲，焉得刚？'"④这是说，要做到刚毅不屈，欲望就不能太多。由此可见，刚强不屈不仅意味着一种对抗外部压力的能力，也意味着一种对付来自本身弱点的能力。这两方面结合起来，也就是《周易大传》所谓的"敬以直内，义以方外"⑤。"敬以直内"就是使心专一不放逸，就是控制自己对外来刺激的反应并加以抉择，"义以方外"就是使行为皆符合道德原则。《象传》又说："地势坤，君子以厚德载物。""坤"即顺，"地势"是顺，"载物"就是包容许多物类。君子应效法大地的胸怀，包容各个方面的人，容纳不同的意见，使他人和万物都得以各遂其生。《周易大传》认为，

---

① 《象传·大过》。
② 《象传·恒卦》。
③ 《孟子·滕文公》下。
④ 《论语·公冶长》。
⑤ 《文言·坤卦》。

健是阳气的本性，顺是阴气的本性，在二者之中，阳健是居于主导地位的。而从上述两句话的关系来看，自强不息是自立之道，厚德载物是立人之道；自立是立人的前提，立人是自立的引申。可见，刚健有为的思想以自强不息为主，同时包含厚德载物的系统。

如果仔细分析一下，《周易大传》所说的"自强不息"或刚健还含有"刚中""及时""通变"等引申的原则。

《周易大传》提出："能止健，大正也。"[1]据高亨考证，"能止健"当作"健能止"，"能"读为而。"健而止"即强健而不妄行，可止则止。《周易大传》认为，强健而不妄行，不走极端，是大正即最合乎中道的品德。《文言》认为，"乾"的品德就是这样。"大哉乾乎！刚健中正，纯粹精也。""乾"的品德是刚健而又不过刚，是最理想的品德。这里所谓"中正"，即孔子所谓"中庸"。刚健而中正，《周易大传》称为"刚中"。《彖传》说："刚中而应，行险而顺"，用刚健而中正的态度对待险恶，能吉利而无灾祸。

《周易大传》又提出："君子进德修业，欲及时也。"又说："终日乾乾，与时偕行。"所谓"进德修业""终日乾乾"即"自强不息"。所谓"及时""与时偕行"，即以自强不息与永恒变化的客观世界保持一致。也就是说，世界永恒变化的性质，就是人应自强不息的根据。《周易大传》不仅从自强不息引申出"及时"即顺应变化潮流的原则，而且将这个原则与"中"的原则结合起来，称为"时中"。"时中"即随时处中。也就是说，在《周易大传》看来，所谓"中正之道"，不是固定不变的，而是随时间的变化而变化的，人的生活行动也必须随时间的变化调整，按当时的情况确立标准。

《周易大传》还认为，"天地革而四时成"[2]，世界的流变是通过一系列变革、革新形成的，人要与时偕行，也必须"通变""革命"。这样，

---

[1] 《彖传》。
[2] 同上。

它又从及时的原则引申出"通变""革命"的原则。《周易大传》有一句至今脍炙人口的话，叫"穷则变，变则通，通则久"①。事物发展到不能再发展的地步，叫做"穷"。事物发展到极盛就要向反面变化，这叫"变"。通过变革或革命，原来"山重水复疑无路"的局面，就会一变而为"柳暗花明又一村"，这就是"通"，也就是"通则久"。正因为如此，《周易大传》把"通天下之变"作为一条重要原则。《周易大传》肯定革命与变革的重要意义。它说："革而信之。文明以说，大亨以正。革而当，其悔乃亡。天地革而四时成。汤武革命，顺乎天而应乎人。革之时大矣哉！"②

总之，《周易大传》把自强不息、厚德载物、刚中、及时、通变有机地结合起来，形成了一个以刚健为中心的宏大的生活原则体系。由于《周易大传》在古代一直被视为孔子所作，这些思想的影响很大，在铸造中国文化基本精神方面起了决定性的作用，对推动中国文化的发展也起了很大作用。

"形于中必发于外。"作为中国文化基本精神的"刚健有为"精神，其具体表现或凝结的文物、制度、风俗可谓无处不有、无时不有、俯拾皆是、不胜枚举。以文学人物形象而言，《列子·汤问》中每日挖山不止的愚公、鲁迅笔下"每日孳孳"的大禹，都体现了自强不息的精神，他们不过是被鲁迅称为"中国的脊梁"的无数英雄豪杰的写照，而这些形象又反过来激励千百万中国人民奋勇直前。以文学艺术题材而言，从古至今无数骚人墨客所吟咏、所描绘的青松、翠竹、红梅、苍鹰、猛虎、雄狮、奔马之类，也都体现了刚健有为、自强不息的精神。如果有幸到汉代民族英雄霍去病将军墓前看看那些雄浑粗犷的石刻，就会被汉代英勇豪迈的气概所折服；如果舍得花一点时间读一读唐人悲壮慷慨的边塞诗，将不难懂得唐朝的繁荣昌盛是靠什么精神力量支持的。以制度风俗而言，只要翻一翻历史，人们就不难发现中国的农民起义、农民革命何其多，改

---

① 《系辞下传》。
② 《彖传》。

中国文化基本精神的"刚健有为"精神，其具体表现或凝结的文物、制度、风俗可谓无处不有、无时不有，俯拾皆是，不胜枚举。以文学人物形象而言，《列子·汤问》中每日挖山不止的愚公、鲁迅笔下"每日挈挈"的大禹，都体现了自强不息的精神。图为清代谢遂《仿唐人大禹治水图》。

朝换代何其多，变法革新何其多，而把"汤武革命，顺乎天而应乎人""通变"当做变革和革命的理论根据或旗帜的又何其多。再看看厚德载物精神。它和刚健有为、自强不息一样，也是中国文学艺术的重要主题。中国古代的骚人墨客用大量的笔墨篇幅赞美祖国的大好河山，描绘在这大好河山中生长成遂的花鸟虫鱼、一草一木。他们的寄托虽各有不同，但有一点是共同的，即在其中渗透着对普载万物的大地母亲的情感，体现了中国人"天地以生物为心""天地之大德曰生"的意识，寄托着"民胞物与"的感情和理想。北宋哲学家程颢说："万物之生意最可观"①，可以说为中国的以山水花鸟虫鱼为题材的文学艺术作品的一般主题做了诠释。而这一切，都是厚德载物思想的体现及其引申、发挥。厚德载物精神见于制度、风俗的也很多。早在战国时期，就已有了"仁民爱物"、保护自然资源和生态环境的思想和制度。孟子说："不违农时，谷不可胜食也；数罟不入洿池，鱼鳖不可胜食也；斧斤以时入山林，材木不可胜用也。"②

据《周礼》等文献记载，周代对各种自然资源的开发利用，都有明确的限制规定，这叫"山虞泽衡，各有常禁"③。这种限制措施的意图，据后世儒者解释，一是保证"万物阜丰，而财用不乏"④；二是防止"物失其性"⑤，即要使万物各遂其生。这种制度和思想见之于民间风俗，就是一种反对"暴殄天物"的习惯，如中国农民对糟蹋粮食的行为深恶痛绝。汉唐时期，中华民族对域外和少数民族的文化产生极浓厚的兴趣，大力搜求，广泛吸收。从名马到美酒，从音乐到舞蹈，从科学到宗教，无不兼容并包，其气度之闳放、魄力之雄大确实令人赞叹。这是厚德载物精神在对待外来文化方面的表现，这种精神还广泛地表现在中国人处理民族关系、宗教关系的习惯上，关于这个问题，放在以后的章节再讲。

---

① 《二程遗书》卷十一。
② 《孟子·梁惠王上》。
③ 程颢：《论十事札子》。
④ 同上。
⑤ 同上。

二 析中国文化"主静"论

中国传统哲学中有所谓"动静之辩"。这种辩论在主张刚健有为的哲学家和主张虚静无为的哲学家之间展开,"主动""主静"之词即来源于此。19世纪80年代,中国驻法使馆幕僚钟天纬提出"西人之性好动""华人之性好静"之说,后来严复、梁启超及日本人也有类似说法,到"五四"时期,遂有人将它视为东西文化根本差异的总标志。这里抄录李大钊的一段文字,然后做一点分析。李大钊说:

> 东西文明有根本不同之点,即东洋文明主静、西洋文明主动是也。溯诸人类生活史而求其原因,殆可谓为基于自然之影响。盖人类生活之演奏、实以欧罗细亚为舞台。欧罗细亚者欧亚两大陆之总称也。欧罗细亚大陆之中央有一凸地曰"桌地"(Table land),此与东西文明之分派互有关系。因其地之山脉不延于南北、而亘乎西东、足以障阻南北之交通。人类祖先之分布移动乃以成二大系统,一为南道文明、一为北道文明。中国本部、日本、印度支那、马来半岛诸国、俾路麻、印度、阿富汗尼斯坦、俾尔齐斯坦、波斯、土尔基、埃及等为南道文明之要路。蒙古、满洲、西北(伯)利亚、俄罗斯、德意志、荷兰、比利时、丹麦、士坎的拿威亚(斯堪的纳维亚)、英吉利、法兰西、瑞西、西班牙、葡萄牙、意大利、奥士大利亚、巴尔干半岛等为北道文明之要路。南道文明者东洋文明也。北道文明者西洋文明也。南道得太阳之恩惠多、受自然之赐予厚、故其文明为与自然和解与同类和解之文明。北道得太阳之恩惠少、受自然之赐予啬、故其文明为与自然奋斗与同类奋斗之文明。一为自然的、一为人为的,

一为安息的、一为战争的，一为消极的、一为积极的，一为依赖的、一为独立的，一为苟安的、一为突进的，一为因袭的、一为创造的，一为保守的、一为进步的，一为直觉的、一为理智的，一为空想的、一为体验的，一为艺术的、一为科学的，一为精神的、一为物质的，一为灵的、一为肉的，一为向天的、一为立地的，一为自然支配人间的、一为人间征服自然的。南道之民族因自然之富、物产之丰、故其生计以农业为主。其民族为定住的。北道之民族因自然之赐予甚乏、不能不转徙移动、故其生计以工商为主。其民族为移住的。唯其定住于一所也，故其家族繁衍；唯其移住各处也，故其家族简单。家族繁衍故行家族主义；家族简单故行个人主义。前者女子恒视男子为多、故有一夫多妻之风，而成贱女尊男之习。后者女子恒视男子为缺、故行一夫一妻之制，而严尊重女性之德。东方舟则帆船、车则骡车、人力车；西方舟则轮船、车则马车、足踏车、火车、电车、摩托车。东人讲卫生则在斗室静坐；西人讲体育则在旷野运动。东人之日常生活以静为本位、以动为例外；西人之日常生活以动为本位、以静为例外。……更以观于思想、东人持厌世主义 (Pessimism)。以为无论何物皆无竞争之价值，个性之生存不甚重要。西人持乐天主义 (Optimism)。凡事皆依此精神以求益为向上进化发展、确认人道能有进步；不问其究竟目的为何、但信前事唯前进奋斗为首务。东人既以个性之生存为不甚重要则事事一听天命是谓定命主义 (Fatalism)。西人既信人道能有进步则事事一本自力以为创造是谓创化主义。东人之哲学为求凉哲学、西人之哲学为求温哲学。求凉者必静，求温者必动。东方之圣人是由生活中逃出，是由人间以向实在、而欲化人间为实在者也。西方之圣人是向生活里杀来、是由实在以向人间、而欲化实在为人间者也。更以观于宗教、东方之宗教是解脱之宗教、西方之宗教是生活之宗教。东方教主告诫众生以由生活解脱之事实，其教义以清静寂死为人生之究竟。……西方教主于生活中寻出活泼泼地之生命、自位于众生之中央、示人以发见新生命、创造新生命之理、其教义以永生在天、灵魂不死为人生之究竟。更以观于伦理、东方亲子间之爱厚、西方亲子间之爱薄。东人以牺牲自己为人生之本务、西人以满足自己为本务。故东方之道德在个性灭却之维持、西方之道德在个性解放之运动。更以观于政治、东方想望英雄、其结果为专制政治、有世袭之天子、有忠顺之百姓。政治现象毫无生机、几于死体、依一人之意思遏制众人之愿望、使之顺从。西方依重国民、其结果为民主政治、有数年更迭之元首之代议士、有随民意以为进退之内阁、政治现象刻刻流转、刻刻运行。随各个人之意向与要求、聚集各个势力以为发展。东人求治在使政象静止、维持现状、形成一种死秩序；稍呈活动之观则低之以捣乱。西人求治在使政象活泼、打破现状、演成一种活秩序、稍有沉滞之机则摧之以革命。……此东西文明差异之大较也。①

这里之所以不厌其烦地引用了大段文字，是为了让读者窥其全貌。李大钊在此文中力图把近代以来的中西文化比较研究深入文化基本精神的层次，并发表了不少精卓的见解，在学术史上有很大的价值。在东西文化的评价问题上，他认为"东西文明互有长短、不宜妄为轩轾于其间"②，主张二者"融会调和"③以产生"第三新文明"④，应该说也有合理之处。在中国的当务之急上，他主张"竭力以受西洋文明之特长、以济吾静止文明之穷、而立东西文明调和之基础"⑤，也确是切中时弊的金石之言。但是，作为一种学说，整体上看是错误的。其错误可从三方面分析。

第一，这篇文章中的文化观是一种完全建立在"地理环境决定论"

---

① 李大钊：《东西文明根本之异点》，载《言治季刊》1918年第7期。
② 同上。
③ 同上。
④ 同上。
⑤ 同上。

>>> 地理环境对历史和文化当然有很大的影响,但地理环境绝不是历史和文化的全部及最后的决定因素。图为明代陈洪绶《洪流巨津》。

基础上的文化观。地理环境对历史和文化当然有很大的影响,这一点马克思在讨论资本主义母国的地理环境和亚细亚生产方式的成因时都有精辟的议论。但地理环境绝不是历史和文化的全部及最后的决定因素。因此,用这种"地理环境决定论"的文化观研究文化,就不能不陷于谬误。

第二,由于这篇文章把东西文明的差异最后都归结到地理环境上,结果把许多明显地属于时代差别的东西也说成了因地理环境而形成的差别,这就为中西文化比较研究中只讲中外不讲古今的倾向张了本,并导致了只讲古今不讲中外的另一种错误倾向。例如文章中讲到东西方谋生方式之不同、舟车之不同、政治之不同,都明显地属于时代的不同而非地域的不同。其证据是西方在近代以前也和东方一样,是以农业自然经济为主,乘风力或畜力舟车,行封建专制政治的。有些差异如婚姻制度、家庭制度方面的差异,也是历史的而非地理环境直接或间接决定的。家族主义或宗族制度是原始社会末期父系氏族社会的产物,演进到文明前夜形成"氏族贵族"的统治,这是中外皆然的。所不同的是,希腊、罗马以新兴的奴隶主贵族推翻氏族贵族的形式进入阶级社会,而中国则以宗族贵族转化为奴隶主的形式进入阶级社会,这样,家族主义的遗风遂长久地留存在中国的文明中。类似差别在法、美与英国之间也可看到。法国资产阶级革命彻底铲除了贵族制,美国没有封建历史,所以在这两国的资本主义社会中也没有贵族主义遗风。英国则以资产阶级与封建贵族的妥协以及封建贵族转化为资产阶级的形式进入资本主义社会,所以直到今天英国也还没有完全摆脱贵族主义的遗风。一夫多妻制本身是奴隶制的产物,并且只是显要人物的特权,与妇女人数的多寡没有什么关系,所以它在东西文明中都曾经存在过。英雄时代的希腊人,希腊全盛时期的爱奥尼亚人、罗马人乃至塔西佗时代的日耳曼人都实行过一夫多妻制或事实上的一夫多妻。在希腊也和东方一样出现过专门用来监视妇女的阉人。西方古典时代男尊女卑的现象比东方也毫无逊色之处。西方人比东方人幸运的是,征服了罗马帝国的日耳曼人本身还处在原始社会末期,

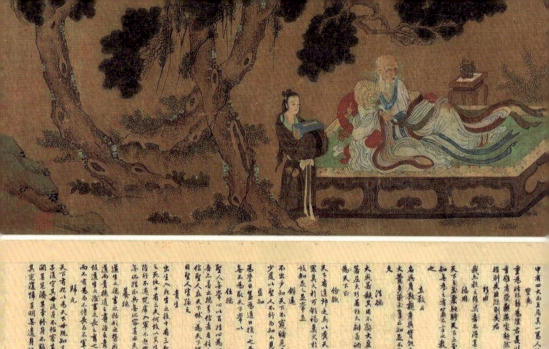

>>> 在这个时代，主张柔静无为的只有道家。老子认为："重为轻根，静为躁君。"动静两方面，静是根本的。他的生活原则是："致虚极，守静笃，万物并作，吾以观复。"他还主张"无欲以静，天下将自定"的治国方针。图为宋代李公麟《老子授经图》。

他们的婚姻形式还是对偶婚，他们还保留着母系氏族制的遗风。正是这一点，使得他们改革了一夫一妻制的古代形式，缓和了男子在家庭中的统治，给了妇女以比古典世界任何时期都更高的地位。

第三，由于这篇文章用地理环境的决定作用解释中西文明的差异，它又把许多本属于同一种文化内部对立的不同倾向机械地分割开来，使之成为所谓东西文明之间的对立差异。其主要论点——"东洋文明主静、西洋文明主动"即具有这样的性质。例如在中国文化中，既有主动的，又有主静的；既有主张积极有为的，也有主张自然无为的。西方文化也是如此。这样，这篇文章就不能不陷入片面性，甚至把次要的方面看成了唯一的东西。关于这一点，我们要结合中国文化发展史上的动静之辩做比较详细的考察。

动静之辩①始于先秦。先秦诸子百家中，儒家、墨家、法家、阴阳家等都是主张积极有为的。孔子被当时的隐士们讥为"知其不可为而为之"，他的生活态度是"为之不厌，诲人不倦"②，"发愤忘食，乐以忘忧，不知老之将至"③。这一传统为其门徒们所继承，并在《周易大传》中形成刚健自强的理论。墨子及其门徒刻意效法大禹治水的精神，工作"日夜不休，以自苦为极"④，墨家还"尚力""非命"，比儒家更强调积极有为。法家认为当时是"争于气力"之世，主张以耕战立国，走富国强兵的道路。在这个时代，主张柔静无为的只有道家。老子认为"重为轻根，静为躁君。"⑤动静两方面，静是根本的。他的生活原则是："致虚极，守静笃，万物并作，吾以观复。"⑥他还主张"无欲以静，天下将自定"⑦的治国方针。庄子

---

① 李大钊所谓的动静问题，范围很广，这里不能按他的范围进行讨论，只能就最主要的东西即自然与人为、动与静做一些考察。
② 《论语·述而》。
③ 同上。
④ 《庄子·天下》。
⑤ 《老子·二十六章》。
⑥ 《老子·十六章》。
⑦ 《老子·三十七章》。

及其后学更甚。庄子主张"心斋""坐忘",即忘掉人己、物我的一切区别,停止身心的一切活动,以达到"形如槁木,心如死灰"①的境地。庄子的后学更以为"夫虚静恬淡,寂漠无为者,天地之平而道德之至"②。老庄的这种观点在战国后期遭到以荀子为代表的儒家的批判。荀子批评庄子"蔽于天而不知人"③,并提出了"官天地役万物",即宰制天然利用万物的彻底有为的学说。这种思想是《周易大传》刚健有为思想向更激进方向的发展,这种思想与西方科学发祥初期征服自然的理想相类。

《周易大传》论证人应刚健自强的方式,是以为天是动的,人之活动有为,是效法天。这种思想,既不同于老庄的"自然无为",也不同于荀子的"官天地役万物",可称为"有为以合天"。《周易大传》的这种思想,为两汉儒者所继承。如西汉的董仲舒认为人乃"天之继",应顺天之道而有所创作("损益")。他还认为,"天生之,地养之,人成之"④,人的所作所为是万物的成就所不可少的。东汉的徐幹讲"德艺合一而贵智",其所谓"艺"指礼乐射御书数,其所谓"智"指"能殷民阜利,使万物无不尽其极"⑤的智力。儒家"有为"思想的广泛影响,使道家不得不对其"无为"之说加以修改。如汉初《淮南子》认为,"无为"并不是"感而不应,攻而不动",凡顺自然之趋势,"循理而举事,因资而立功",都是"无为"。只有违反自然之势,才是"有为"。

魏晋时期,老庄"虚静无为"之说复炽,何晏、王弼、阮籍、嵇康等人大畅玄风,"上及造化,下被万物,莫不贵无"⑥。乘虚而入的佛教也推波助澜,如僧肇作《物不迁论》,以为万物都是静而非动的。"旋

---

① 《庄子·齐物论》。
② 《庄子·天道》。
③ 《荀子·解蔽》。
④ 《春秋繁露·立元神》。
⑤ 《中论·智行》。
⑥ 裴頠:《崇有论》。

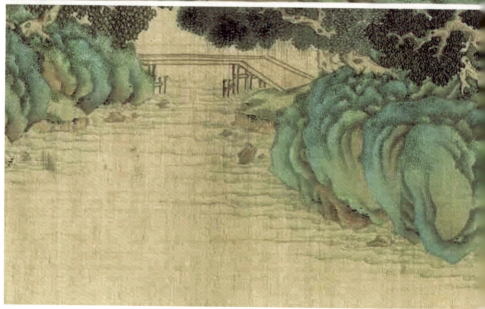

>>> 魏晋时期,老庄"虚静无为"之说复炽,何晏、王弼、阮籍、嵇康等人大畅玄风。图为明代李士达《竹林七贤图》。

岚堰岳而常静，江河竞注而不流，野马飘鼓而不动，日月历天而不周。"①不过，此期的"柔静无为"之说与先秦已有所不同，其中多少混杂进了《淮南子》那样的修正。如向秀、郭象认为"无为"并非拱默而不言不动，凡出于本性而活动，不违本性的活动，都是"无为"。君之静是"无为"，臣之动也是无为。尧舜"禅让"是无为，汤武征伐也是"无为"。魏晋时期这股"柔静无为"思潮并没有维持多久。因为鼓吹这种思想的多是魏晋两朝的名公巨卿，其学说不仅笔之于书，而且见之行事，由此而生发出来的消极后果，一方面使一些有识之士忧虑于前、痛斥于后，另一方面也使身及于难的大畅玄风之士后悔莫及。前者如裴頠、范宁，一个告诫于晋亡之前，一个口诛笔伐于西晋灭亡之后。后者如西晋的王衍，在被俘临刑之际对他的同僚们说："吾曹虽不如古人，向若不祖尚浮虚，勠力以匡天下，犹可不至今日。"②所以，魏晋以后，玄学即沉寂下去。这其间以"有为"之说批判"柔静无为"且在理论上有所发明的是裴頠。裴頠认为，人既有生，则必"保生"，应以"保生"为务，保生则必须"择乎厥宜"，即选择、创造生存的环境，要"用天之道，分地之利；躬其力任，劳而后飨；居以仁顺，守以恭俭；率以忠信，行以敬让；志无盈求，事无过用"③，即需要从事生产并维持一种合理的社会秩序。因此，"综世之务"与"功烈之用"皆是必需的。裴頠这种"有为"哲学，从人类生活的本质立论，颇为精湛，比起《周易大传》从人应效法天的角度引申出"有为"原则来，更加切实。

隋唐时期，儒门淡薄，对当时社会上实际奉行的刚健有为原则缺乏深刻的总结。值得一提的是刘禹锡的"天人交相胜说"。刘禹锡认为，天与人各有其特殊的功能。从一方面说，天胜过人；从另一方面说，人胜于天。他说："天之所能者，生万物也；人之所能者，治万物也。……

---

① 《物不迁论》。
② 《晋书·王衍传》。
③ 裴頠：《崇有论》。

天恒执其所能以临乎下，非有预乎治乱云尔；人恒执其所能以仰乎天，非有预乎寒暑云尔。"④刘禹锡区别了"天能""人能"，"天理""人理"，要求发挥人能、遵行人理(社会生活的准则)，以期胜天。这是对荀子激进的"有为"思想的发展，在理论上有深刻的意义。由于佛教昌炽，隋唐时期社会上刚健有为之风在思想领域里的反映，也主要表现在佛教哲学中。魏晋时期之佛学，依傍玄学，大讲"柔静无为"。隋唐佛学受中国主动思想的影响，力求将佛教教义修正得符合中国人的口味。此点冯友兰论之甚精。他说："'诸行无常，诸法无我，涅槃寂静'，乃佛教中之三法印。涅槃译言圆寂。佛之最高境界，乃永寂不动者；但中国人又注重人之活动。儒家所说之最高境界，亦即在活动中。如《易传》所说'天行健，君子以自强不息'。'自强不息'，即于活动中求最高境界也。……故中国人之讲佛学者，多以为佛之境界并非永寂不动，佛之净心，亦'繁兴大用'，虽'不为世染'，而亦'不为寂滞'(《大乘止观法门》语)。所谓'寂而恒照，照而恒寂'(僧肇语)。"⑤检查一下隋唐佛学，法相宗、华严宗、天台宗均如此，禅宗更是如此。(佛教的本质是消极的，佛教哲学对主动思想的容纳并不能使这种本质得以改变，相反，这种做法只能使"有为"思想变质。)这里所重视的只是：隋唐社会生活中的刚健有为之风的强大力量，甚至能够迫使像佛教这样主张消极出世的宗教也不得不改变其理论形式。

宋、元、明至清初，是哲学家们在自然与人为、动静等问题上展开激烈辩论的时期。在自然与人为的关系问题上，周敦颐、邵雍、张载、"二程"、朱熹、陆九渊、王守仁等均主"则天有为"，其中张载对"人为"尤为注重，他说："气与志，天与人，有交胜之理。"⑥又说："天能为性，人谋为能。大人尽性，不以天能为能，而以人谋为能。"⑦在动静、损益

---

④ 刘禹锡：《天论》上。
⑤ 冯友兰：《中国哲学史》，北京：中华书局1961年版，第662页。
⑥ 《正蒙·太和》。
⑦ 《正蒙·诚明》。

问题上，宋、元、明儒者颇受老庄影响。宋朝的周敦颐、明朝的陈献章主静，程、朱、陆、王主张动静合一而以静为本，张载主张动静合一而尤注重于动。周敦颐讲"圣人定之以中正仁义而主静，立人极焉"①，人极即人生的最高准则。朱熹讲"敬字工夫，贯动静而必以静为本"②。张载则倡"言有教，动有法，昼有为，宵有得，息有养，瞬有存"③之教，认为动静昼夜都有工夫，片刻亦须用力。这三种观点中，以"二程"、朱、陆、王之说最占势力，成为一时之主流。在损益问题上，张载主"益"，他说："益物必诚，如天之生物，日进日息。自益必诚，如川之方至，日增日得。施之妄，学之不勤，欲自益且益人，难矣哉。"④程、朱、陆、王主"损"，以为为学之目的在于"学以求复其初"，即恢复人性固有的圆满。按中国哲学中所谓的动与静、损与益，和自然与人为问题密切相关而稍有区别，动静损益问题可视为自然与人为问题的一个方面。老庄在一切问题上都讲静讲损，而宋、元、明的儒者则多在主体修养的意义上讲静讲损，虽与老庄的自然无为与主静主损内涵基本相同，但宋、元、明儒者讲静讲损并不包括废弃人事的含义，不能与老庄之说等量齐观。尽管如此，宋、元、明儒者的静损思潮仍产生了很大的流弊。这一时期的宿学名儒醉心于高深的哲学理论的钻研，轻视关系国计民生的各种"实学"（政治、经济、军事、农工商业）的研讨；而当时的统治者把精力放在强化中央集权防止人民的反抗和权臣的篡弑方面，在处理与境外民族之间的关系问题上采取妥协退让的政策，极大地挫伤了民族的锐气；这时的封建政治经济制度已发展到盛极而衰的地步，如人之将老，纰漏百出。这一切加上儒者在学问修养方面倡导的静损思潮，造成了国家积贫积弱、经济文化发展缓慢乃至停滞萎缩的严重局面，并接连几次酿成丧失民族独立的悲剧。明清之际的学者痛定思痛，都来反省学术文化之偏失，于是出现了一个

---

① 《太极图说》。
② 《答张敬夫》。
③ 《正蒙·有德》。
④ 《正蒙·乾称》。

强调有为、强调动和益的新思潮。这股思潮，大体上仍沿着《周易大传》的传统发展，其中特别值得注意的是王夫之、颜元、李塨、戴震等人的学说。

王夫之的"有为"思想，以"珍生""务义""相天""造命"为基本精神，而以"践形"为旨归。王夫之认为，人类不能脱离物质世界而生存，而生活实有其客观规律。人是有生命的，而"健"是生命的本性，"动"是生命的机能，"动"还是道德行为的枢纽，不动不生，因此，君子应"积刚以固其德，而不懈于动"①，即人生应以"健""动"为原则。这种从生命的本性和机能引申出生活原则的思想是很精湛的。王夫之又认为，人类有一种为禽兽所没有的东西，他称为"人之独"，亦称为"人道"，这就是"好学""力行""知耻"三种能动性，他主张依靠这种能动性去"官天府地，裁成万物"②，去"主持"自然，这叫"以人道率天道"③，也叫"相天"④。这也就是要发挥人的能动性去调整自然、治理万物，使自然界更合乎人的理想。王夫之此说，有向荀子的观点接近的倾向，但大体仍不出《周易大传》的路线。王夫之又有"造命"之说，造命即创造自己的命运。儒家所谓"天命"，是环境对人为的裁断，是竭尽了人力而仍无可奈何的东西，非世俗所谓的"宿命"。王夫之认为，无论君相还是一介之士，只要努力发挥主观能动性，都可以"与天争权"，可以创造自己的命运，"天之所死，犹将生之；天之所愚，犹将哲之；天之所无，犹将有之；天之所乱，犹将治之"⑤。这是对"尽人事，听天命"的儒家传统立场的突破，显示出王夫之"有为"学说达到了一个新的高度。王夫之把"健""动"乃生命的本性机能之说贯彻于人性论，提出"性日生论"。他认为，"性者生之理"⑥，性不是一成不变的，每天都在生成之中。这对宋、明儒者

---

① 《周易内传》三，上。
② 《思问录内篇》。
③ 同上。
④ 同上。
⑤ 《续春秋左氏传博议》。
⑥ 同上。

讲损以求复其初之说是釜底抽薪。王夫之珍生、尚动，所以也重形体，以"践形"为人生的原则。所谓"践形"，就是充分发展形体各方面的机能，并使形体的各部分无不合于道理。践形更必须即物以践之，内而发展耳目心思之机能，外而使五行百物各得其所，使君臣父子礼乐刑政各得其正。这种"践形说"，强调人应当以不懈的努力改造自然，并在此过程中发展自己的身心，是一种精湛的观点。

颜元"有为"哲学的中心观念是"践形以尽性"，而践形必须"见之事""征诸物"，要在事物中习行。颜元所谓的事物，包括"尧舜之正德利用厚生"和"周公之六德六行六艺"。"正德"，端正品德；"利用"，便利器用(用指工具器物之类)；"厚生"，丰富生活。颜元此说，对纠正宋、明以来沉溺于道德修养和哲理钻研，厌弃关系国计民生的切实学问的偏颇，对开清代实事求是的学风起了一定作用。颜元猛烈攻击虚静之风，认为唯有常动才有良好的生活。他说："一身动则一身强，一家动则一家强，一国动则一国强，天下动则天下强。"① 又说："养身莫善于习动，夙兴夜寐，振起精神，寻事去做，行之有常，并不困疲，日益精壮。但说静息将养，便日就惰弱。"② 戴震的"有为"哲学，以由自然归于必然、达情遂欲而去私解蔽为主旨。他所谓的"必然"，是当然或应当的意思。他认为，人的自然就是血气心知，亦即身心。有身心就有欲和情，即有声色饮食的欲望和喜怒哀乐的感情。欲是维持和发展生命的根本，情是沟通人我的本原，良好的人生不在绝情去欲，而在使欲和情得到合理的满足。这个满足的标准就是遂己之欲也遂人之欲，达己之情也达人之情。按这个标准去遂欲达情，也就是由自然而归于必然。戴震认为，"智"和"巧"是达情遂欲的关键，而人的德性开始时是处于蒙昧状态的，所以他在损益问题上主"益"。他说："唯学可以增益其不足，而进于智。盖之不已，

---

① 《言行录》。
② 同上。

朕獲承

祖宗右文之緒祇通

熊謀日孚

慈幾萬幾餘閒時求載籍

推述道統之傳自伏羲迄

于孟子凡達而在上其道

行窮而在下其教明採其

大指各為之贊雖未能採

賾精微姑以寫尊其所聞

之意云爾

必犧

繼天立極　為百王先

法度肇建　道德統全

八卦成文　三墳不傳

無言而化　至治自然

>>> 《周易大传》关于刚健和自强不息的思想，是主导的思想，而道家和部分宋儒的柔静学说，则是刚健思想的一种补充，两者互相对峙，互相引发，构成了中国传统文化的独特面貌。图为宋代马麟《道统五祖像·伏羲》。

至乎其极,如日月有明,容光必照,则圣人矣。"①

王夫之、颜元、戴震的"有为"哲学有一个共同的特点:他们都从生命、形体的本性和生存条件的角度,提出有为、尚动、主益的生活原则。这显然是深刻的。

根据以上叙述,可以得出如下结论:

第一,中华民族的传统文化中,既有"主动"、刚健有为的思想,也有"主静"、自然无为的思想。在"主动"、刚健有为的思想中,既有以荀子为代表的激进彻底的思想,也有以《周易大传》为代表的注重天人协调的全面的思想。三者中荀子的影响最小,"主静"、自然无为的思想次之,《周易大传》的影响最大。

第二,以实际的社会影响而言,刚健有为的思想在先秦、两汉、隋、唐占统治地位,在明清之际有复兴之势;柔静无为思想在魏末和两晋占统治地位,在宋、明两代有一定的影响。

第三,上述《周易大传》、老庄、荀子的思想在历史上都有不同程度的变化,而在理论上发展得最为充分而精湛的是《周易大传》的思想。这一系的思想至明清之际发展为从生命的本质和物质条件中引申出生活原则的论纲,在理论上达到了较高的水平。

要而言之,《周易大传》关于刚健和自强不息的思想,是主导的思想,而道家和部分宋儒的柔静学说,则是刚健思想的一种补充,两者互相对峙,互相引发,构成了中国传统文化的独特面貌。

---

① 《孟子字义疏证》。

三 动静之辩和文化发展、历史进步

之所以把《周易大传》提出的"刚健有为"思想视为中国文化基本精神的总纲,这不仅因为它在中国文化中占主导地位,不仅因为它是中国人处理各种关系的总态度,还因为这种思想在历史上起到了一定的推动中国文化发展和历史进步的积极作用。而"柔静无为"之说却不能够起这种作用。

道家"柔静无为"的思想和部分宋儒的柔静学说并非一无是处。在一些方面,它对"刚健有为"的思想有补充作用。其一,这种学说教人不以得失、祸福、毁誉、穷达扰心,即教人脱除名利的思想。这在生活的失意者那里,可使人得到一种精神的解脱;而在推动历史前进的人那里,可使人去掉种种的左顾右盼,增添勇往直前的锐气。一些宋儒之所以主张静为动之本,就有这方面的考虑。如"二程"说:"前日思虑纷扰,又非义理,又非事故,如是则只是狂妄人耳!惩此以为病,故要得虚静;其极欲得如槁木死灰,又却不是。盖人活物也,又安得为槁木死灰?既活则须有动作,须有思虑。"① 其二,这种学说教人减低欲望,勿过分地伤毁自然;保养自己的精力,勿胡乱消耗,也都有深意,可以救弊。其三,先秦道家的政治思想,极力反对统治者对人民生活的干涉,反对专制,反对分等级;先秦道家还对阶级社会里文明的虚伪性加以无情的揭露。反对干涉的思想在西汉初期的实践中起过积极的作用,反对专制、反对等级划分的思想则在不同时期里引发过反抗意识。其四,这种学说的一个方面是教人重视认识过程中的主体修养。如老子说:"涤除玄鉴,能无疵乎?"早在先秦,这方面的合理因素就被主张"有为"的思想家吸收。

---

① 《二程遗书》卷二,上。

>>> 柔静无为之说对中国文化发展和历史进步的消极作用突出表现在它对损益问题所持的主"损"立场。如庄子主张以"离形去知"为理想的生活境界。图为元代刘贯道《梦蝶图》。

如《管子》一书中有所谓的"静因之道",荀子有"虚一而静"。注重主体修养,是应该肯定的。但总的来看,它与生活前进的潮流背道而驰,对中国文化的发展和历史的进步所起的作用基本上是消极的。

柔静无为之说对中国文化发展和历史进步的消极作用突出表现在它对损益问题所持的主"损"立场。先秦道家所谓的"损",是认为人生不应该要求增益,而应该减损人为所添加的,以复返于本来的原始状态,也就是要去思虑、去知识、去情欲、去作为,举凡人为所创造的一切,无论是物质文明、制度文明还是精神文明,都要去掉。如老子说:"为学日益,为道日损,损之又损,以至于无为。"他所要"损"的,包括学、智、圣等,他还主张不"益生"。如庄子主张"忘其肝胆、遗其耳目","堕肢体、黜聪明"①,以"离形去知"为理想的生活境界。至庄子后学,更系统地提出要"绝圣弃知","焚符破玺","掊斗折衡","殚残天下之圣法","擢乱六律、铄绝竽瑟,塞瞽旷之耳","灭文章、散五采、胶离朱之目","毁绝钩绳,而弃规矩,攦工倕之指","削曾史之行、钳杨墨之口,攘弃仁义"②,以复归"同与禽兽居,族与万物并"的所谓"至德"时代。这种极端的主张当然并不曾实行也不可能实行。但是,它所散布的消极情绪及对文化和历史发展的消极作用却不可低估,特别是在它成为一时占统治地位的思想之时。魏末和两晋就是这样的时代。晋代的裴𬱟描述当时的情形说:"虚无之言,日以广衍,众家扇起,各列其说。上及造化,下被万物,莫不贵无。""唱而有和,多往弗反,遂薄综世之务,贱功烈之用;高浮游之业,卑经实之贤。……是以立言借于虚无,谓之玄妙;处官不亲所司,谓之雅远;奉身散其廉操,谓之旷达。"③鲁迅也指出,虽然何晏、王弼、阮籍、嵇康这些人能作文、能办事,但流风所及,"社会上便多了没意思的空谈和饮酒。许多人只会无端的空谈和饮酒,

---

① 《二程遗书》卷二,上。
② 《庄子·胠箧》。
③ 《崇有论》。

无力办事，也就影响到政治上，弄得玩'空城计'，毫无实际了。在文学上也这样，嵇康阮籍的纵酒，是也能做文章的，后来到东晋，空谈和饮酒的遗风还在，而万言的大文如嵇阮之作，却没有了。"①晋代是中国历史发展的一个大转折时期。秦汉盛极一时的汉民族政权在少数民族的抗争中被打垮，而文明程度较低的少数民族又没有能力建立统一巩固的政权，文明昌盛的中国北方遂成为焚杀淫掠的战场，直到魏孝文帝实行汉化政策，才出现了文化历史发展的新转机。对于这次大挫折，魏晋玄学的柔静无为之说是负有一定责任的。部分宋儒鼓吹的主"损"，乃主张"学以求复其初"的意思。他们认为人性本来圆满，后来被形气所累或物欲所蔽，于是有不善，因此要通过学问修养的功夫，去掉这种累和蔽，以复返于原始的圆满的人性。这种主"损"说也产生了很大的流弊。程、朱、陆、王在哲学上都有重要的建树，但他们于崇德、利用、厚生三方面，只讲了一个崇德，轻视了经世致用的实学，这是"学以求复其初"之"一偏"；他们于身、心两方面的发展，只讲了一个"心"字，轻视了身体的锻炼，使读书人个个成了手无缚鸡之力的白面书生，这又是"一偏"；陆王心学不重知识，专重内心修养，不读书，一些人不立文字，而在"安坐瞑目、用力操存"上下功夫，以体会此心光明洞彻、澄莹中立的境界，这又是"一偏"。这"三偏"给宋、元、明时代文化的发展和历史的进步造成了巨大损失：其一，轻视实学和身体发展的结果是使这一时代的知识分子缺乏政治、经济、军事等方面的实际才能和从事实际事务的精力，而宋、明两代又重文绌武，这对宋、明两代国防的巩固、军事的发展是不利的。颜元讥讽宋、明儒者说："无事袖手谈心性，临危一死报君王。"宋、明经济中都有相当大的市民经济乃至资本主义萌芽的成分，如能顺利发展，中国历史将改观。但汉族政权一亡于金元，二亡于清朝，一再中断了历史的正常进程。其二，中国古代的科学技术发展到宋、元，

---

① 《魏晋风度及文章与药及酒之关系》，见《而已集》，北京：人民出版社1973年第1版，第96页。

需要有知识分子的参与才可能向近代形态发展，但正是在此时，多数知识分子却醉心于心性之谈，这就使得中国科技的领先地位逐渐丧失。

胡适曾在《治学的方法与材料》一文中，列表比较了1606年至1687年中西学术的发展，认为双方所用的方法相同，只是研究的材料不同，中国人用来整理古文献而西方人用以探索自然，结果是西方人走上了自然科学的大道，而中国人则还在钻故纸堆。这虽是明末清初的事，但道理是相通的。

与柔静无为的消极作用成为鲜明对照的，是刚健有为精神的积极作用。这种学说强调人应发挥自己的能动性、主动性和独立性，以百折不挠的精神去战胜艰难险阻，去发展或增益自己的知识、技能和道德。孔子、孟子、荀子、《周易大传》、张载、王夫之、戴震等都是主"益"的。孔子认为，学有益于人，所以特别提倡学，主张日进无疆而增益不已。孟子主张增益能力、扩充四端。荀子主张"化性而起伪"[①]，即改变人的天性并有所创造。荀子最重"积思虑，习伪故"，以达到"长迁而不反其初"[②]的理想境界，也就是要积累，发展思维能力，学习继承创造的成果，不断地从人自身的自然状态中提升出来。上述诸家的主"益"说虽有所不同，但在一点上是共同的：它们都重视充分发挥人的主观能动性，改造人自身及身外的自然，特别是重视文化知识的创造、继承和思维能力、道德水平的提高，重视制度文明和物质文明。这种态度，显然有利于文化的发展和历史的进步。如前所述，刚健有为的精神在战国、秦、汉、隋、唐都是占统治地位的，而这也是中国文化兴旺发达繁荣昌盛的时期。在这些时期，立国于中原的汉民族以极其坚强的毅力击退了西北草原荒漠地带崛起的一个又一个剽悍的游牧民族的攻击，以闳放雄大的气魄广泛吸收外域或少数民族的文化，在生产力、物质生活、文学艺术、科学技术、道德礼义等各方面都居于世界领先地位。刚健有为的精神还哺育了无数政

---

① 《荀子·性恶》。
② 《荀子·不苟》。

治家、军事家、科学家、文学家、思想家，推动他们建功立业，名垂青史。对刚健有为精神的这种作用，颜元深有体会。他说："三皇五帝三王周孔，皆教天下以动之圣人也，皆以动造成世道之圣人也。五霸之假，正假其动也。汉唐袭其动之一二以造其世也。晋宋之苟安，佛之空，老之无，周程朱邵之静坐，徒事口笔，总之皆不动也。而人才尽矣，圣道亡矣，乾坤降矣。吾尝言：一身动则一身强，一家动则一家强，一国动则一国强，天下动则天下强。"①颜元受儒家将古代理想化和王霸义利说的影响，对战国、汉唐评价未免过低，但这段话的基本意思是不错的。刚健有为的精神不仅在民族兴旺发达时期起过巨大的积极作用；而且在民族衰败危难的时候，也是支持仁人志士英勇奋斗的精神支柱。宗泽、岳飞、辛弃疾、文天祥、史可法、张煌言，或者用慷慨捐躯的行动，或者用悲壮的诗文，或者二者兼用，召唤着"至大至刚"的"浩然之气"；王夫之、顾炎武、黄宗羲、朱之瑜用哲学的反思和身体力行，高扬刚健有为的精神，他们的思想和业绩，终于在清末成为激励人民起来革命的巨大力量。可以说，中华民族之所以没有像一些国家一样一旦失去民族独立就一蹶不振，能够一次又一次地复兴起来，与刚健自强精神的支持是分不开的。在这个意义上，刚健自强的精神也就是中华民族的民族精神。中华民族在东方能够延续几千年，能够不断发展壮大，能够创造出举世瞩目的光辉灿烂的封建文化，能够在一次次异族征服中重新站立起来，与刚健自强这个精神支柱是分不开的。

---

① 《言行录》。

四　刚健自强精神在近现代

把刚健有为的思想视为中国文化的基本精神，视为中华民族的民族精神，还因为它在近现代反帝反封建、救亡图存、民族振兴的斗争中和社会主义革命、建设事业中仍然起着精神推动的作用，并在这种作用中得到提高和发扬，添加了新的时代内容。

鸦片战争前夜，感受到封建末世"日之将夕，悲风骤至"凄凉景象的龚自珍，发出了"九州生气恃风雷，万马齐喑究可哀，我愿天公重抖擞，不拘一格降人才"的呼号。他呼唤田横、荆轲一类的豪侠之士出现，他用《周易大传》"穷则变，变则通，通则久"的权威鼓吹"更法"，他对封建专制制度造成的"一人为刚，万夫为柔"的局面痛心疾首。他的这些思想，为鸦片战争后中国思想文化的变迁开了风气之先，因而为晚清进步知识分子所敬仰，他那慷慨、怅惘、悲愤、凄婉的诗歌也在晚清风靡一时。可以说，龚自珍是从清朝两百余年统治所造成的精神麻木中最先觉醒过来、最先召唤中华民族精神的人。

两次鸦片战争的失败，引起了朝野的震动，"举国醉梦于承平"的沉闷空气被打破了。林则徐的朋友魏源在"凡有血气者所宜愤悱，凡有耳目心知者所宜讲画"的爱国热情中，写出了当时东方各国了解西方和抵抗西方的典籍《海国图志》，提出了"以夷制夷"和"师夷长技以制夷"两大反侵略纲领。他还朦胧地意识到专讲"船坚炮利"还不能解决"本"的问题，他反对不切实用的"汉学""宋学"，倡导一种"经世致用"的人生态度和治学作风。林则徐的学生、处在东南沿海亲历了两次鸦片战争的冯桂芬，则发出了"自强""雪耻"的吼声。他说："有天地开辟以来未有之奇愤，凡有心知血气，莫不冲冠发上指者，则今日之以广远万里地球中第一大国,而受制于小夷也。……如耻之,莫如自强。夫所谓不如,实不如也。忌嫉之无益,文饰之不能,勉强之无庸……道在实知其不如之所在,彼何以小而强,我何以大而弱,必求所以如之,仍亦存乎人而已矣。"①

基于这种自强、雪耻的思想,他探讨了中国不如人之处,要求"博采西学",努力学习资本主义工业、科学的知识和史地、语文知识,并提出了内政、外交、军事、文化全面改革的主张。

作为资产阶级改良派的先驱,魏源、冯桂芬等人变法改革的思想在19世纪70年代以前并未引起人们的重视,但他们"自强"的呼号和"师夷长技以制夷"的主张,却很快产生了重大影响。特别是在1860年英法联军之役后,竟出现了"人人有自强之心,亦人人为自强之言"的局面。洋务运动正是在这种舆论背景下,打着"自强新政"的旗号出台的。尽管洋务运动的核心人物打定主意,办洋务的真正目的是为镇压人民的反抗,所谓"自强""御侮"不过是虚张声势,尽管这场运动最后遭到了可耻的失败,但它毕竟引进了一批近代工业,客观上刺激了中国资本主义的发生、发展。同时,这个有名无实的"自强新政"的重重弊端和最后失败,也不能不引起那些真心求"自强"的人的反思。正是在这种追求自强之路的反思中,一批批具有改良主义思想的人物逐渐从洋务派中分化出来,如19世纪70年代的王韬、马建忠、薛福成,80年代的郑观应、陈炽。王韬在为郑观应的《盛世危言》所作的跋中说:"……且恃其所能从而凌侮我挟持我,求无不应,索无不予,我于此而尚不变法以自强,岂尚有人心血气者哉!故杞忧生(指郑观应)之书大抵发奋之所为作也……此杞忧生所以发上指而笔有泪也。……时淞北逸民(指王韬自己)久病垂死……磨墨伸笔,作此以抒愤懑,惮我杞忧生知天下尚有伤心人也。"②这时的改良主义者已认识到,洋务派对西方的学习只是"徒袭皮毛",

---

① 《制洋器议》,见《校邠庐抗议》卷下。
② 《易言跋》,《易言》即《盛世危言》的初版本。

>>> 鸦片战争前夜,感受到封建末世"日之将夕,悲风骤至"凄凉景象的龚自珍,发出了"九州生气恃风雷,万马齐喑究可哀,我愿天公重抖擞,不拘一格降人才"的呼号。图为当代王西京《龚自珍小像》。

西人富强的根本不在洋枪洋炮，而在于"工商为先"，于是提出了"商战为本，兵战为末"①的自强战略和大力发展商办企业的政策。1884年中法战争的失败，使人们进一步认识到，自强之本在于政治制度和文化教育的改革。例如郑观应说："乃知其治乱之源，富强之本，不尽在船坚炮利，而在议院上下同心，教养得法；兴学校，广书院，重技艺，别考课，使人尽其才；讲农学，利水道，化瘠土为良田，使地尽其利；造铁路，设电线，薄税敛，保商务，使物畅其流。……育才于学校，论政于议院，君民一体，上下同心……此其体也；轮船、火炮、洋枪、水雷、铁路、电线，此其用也。"②

中日甲午战争的失败，不仅宣告了洋务运动的破产，也使早已孕育在其中的改良主义思想破壳而出，迅速走向成熟。早期改良主义者虽已认识到不能单单依靠船坚炮利走上自强之路，但他们仍认为中国的道德、学问、制度、文章天下第一，并提出了"中学其本也，西学其末也；主以中学，辅以西学"③的主张。成熟的改良主义则不同。他们已经有了一套资产阶级性质的社会政治理论和哲学观点作为变法的理论基础。特别是严复，他已把"自强之本"追寻到"民力""民智""民德"的问题上。他认为，这三者是"经数千年之尽递积累，本之乎山川民土之攸殊，导之乎刑政教俗之屡变，陶冶炉锤而成此最后之一境"④。这"最后之一境"是文化的核心之意。在他看来，中国要自强，必须在"鼓民力""开民智""新民德"的"自强之本"上下功夫。正是在这种"自强保种"的旗帜下，他把大量的西方哲学、自然科学、政治、经济、伦理思想注入了"自强之本"这个概念中。如果说资产阶级改良派给"自强""变法"等古老的术语注入了近代的内容，那么，推动他们做出这样的工作的精神动力，还是刚健自强的精神。康有为在其著名的"公车上书"中，提出拒和、迁都、

---

① 《盛世危言·自序》。
② 《盛世危言》。
③ 同上。
④ 《原强》。

练兵、变法等主张,并把《周易大传》的刚健精神作为这些主张的总依据。他说:"自强为天行之健,志刚为大君之德,《洪范》以弱为六极,《大易》以顺为阴德。"他在这篇文章中,反复强调《周易大传》确立的刚健、有为、尚动、通变等原则,反对虚静、无为、柔弱、保守的思想。这篇文章作为资产阶级改良派的宣言,产生了极大影响。它不仅说明了改良派走上政治舞台的精神动力之所在,也标志着民族精神的觉醒。

如果说洋务运动和百日维新是在"自强""变法"的旗号下开展起来的,受刚健自强思想的推动并给这些古老的术语注入了近代内容,那么,以孙中山为代表的资产阶级革命运动则受到《周易大传》"革命"精神的鼓舞,并使这个古老的术语获得了近代内容。在《周易大传》中,刚健、中正、及时、通变、兼容是一个逻辑上层层推出的系统;而在近代,对它全面的继承发扬却表现为一个时间上逐渐展开的过程。在近代,宣传革命影响最大的莫过于邹容的《革命军》。在这本书中,邹容把革命看成是"天演之公例""世界之公理""争存争亡过渡时代之要义",看成是"顺乎天而应乎人"的法则。它集中体现了邹容对中国传统思想的继承。"顺乎天而应乎人"语出《周易大传》,无需多说。《周易大传》是从天的运动不息推论、引申出人也应是自强、及时、通变的,近代思想家在自然界运动不息这个传统思想的基础上接受了进化论,并用中国传统语言宣传这种思想。无论是康有为还是孙中山,都从宇宙演化的前提引申出变革与革命的必要。"天演之公例"一语即道出了邹容的"革命"观念在形而上根据方面与中国传统思想的联系。"世界之公理"一语道出了邹容"革命"观念来源的多元性,其一源显然是中国传统的"革命"观念。在近代,中国人首先意识到要自强,然后才逐渐认识到自强必须富国强兵、必须变法、必须革命,"争存争亡过渡时代之要义"一语即这一思想进程的概括。邹容一方面借重《周易大传》的权威来证明革命的合理性,一方面又给"革命"这个术语注入时代内容。他区别了两种不同的革命并明确指出,他所主张的革命不是改朝换代,而是英、

>>> 以孙中山为代表的资产阶级革命运动则受到《周易大传》"革命"精神的鼓舞,并使这个古老的术语获得了近代内容。图为孙中山和先驱们。

美、法那样的革命,是"去腐败而存良善之革命,由野蛮而进文明之革命,除奴隶而为主人之革命,牺牲个人以利天下,牺牲贵族以利平民,使人人享其平等自由之幸福"①。这样的"革命",显然具有崭新的时代内涵。

五四运动以后,中国近代那种袭用古老的术语演出历史新场面的习惯很少再出现。但是,这并不等于说刚健自强的思想不再起作用。这种思想可以仍然看做是现代文化活的灵魂。在鲁迅"横眉冷对千夫指,俯首甘为孺子牛"的名句中,在他塑造的"每日孳孳"的大禹形象中,在毛泽东高度赞扬的鲁迅的硬骨头精神和闻一多、李公朴的精神中,在中国共产党人"愚公移山"的奋斗历程中,都可以看到刚健有为思想发出的熠熠光辉。

毋庸讳言,由于种种原因,无论近代还是现代,对刚健有为精神的认识、提高、发扬光大的工作还是做得很不够的。尤其是在哲学领域中,把这种精神作为中心观念的鸿篇巨制还不曾出现。爱因斯坦指出:"真理必须一次又一次地为强有力的性格的人重新刻勒,而且总是使之适应雕塑家为之工作的那个时代的需要;如果这种真理不总是不断地重新创造出来,它就会完全被我们遗忘掉。"②对中国文化的基本精神,不能满足于"日用而不知"或知其然而不知所以然的状态,而应当像爱因斯坦所说的那样,根据时代的需要去重新刻勒它,也就是要改造它、提高它。

---

① 参见邹容:《革命军》,北京:中华书局1958年版。
② 爱因斯坦:《爱因斯坦文集》第1卷,北京:商务印书馆1978年第1版,第84页。

第二章

中西文化的基本差异(上)

近代以来中国学者所谓的中西文化比较，虽然范围很广，但重点是中国封建文化与西方近代文化的比较。本章所谓的中西文化，也主要是指中国封建文化与西方近代文化。关于这两种文化的时代差异，这里不准备讨论，只讨论二者的民族差异。在本书导言中已指出，文化的民族差异可以从人与自然的关系、民族关系、家庭关系、宗教关系等方面来分析。

一 天人合一与征服自然

中西文化基本差异的表现之一是在人与自然的关系问题上。中国文化比较重视人与自然的和谐，而西方文化则强调征服自然、战胜自然。

西方文化强调征服自然、战胜自然的思想渊源，可以追溯到基督教经典《圣经》。《圣经》认为，世界是上帝创造的，人也是上帝创造的。上帝按自己的形象造人，是要派他们去管理自己所创造的一切。《圣经》还说，人和自然本来相处得很好，由于人类的始祖亚当和夏娃犯罪，吃了伊甸园里的禁果——智慧果，受到上帝的惩罚。上帝让蛇与人世世为仇，让土地长出荆棘和蒺藜来，使人必须终年劳苦、汗流满面，这样才能得到吃的。这些说法隐含着一系列对人与自然关系的思想观念：其一，人是站在自然界之上、之外的，有统治自然界的权力。其二，人与自然界是敌对的。其三，人要在征服、战胜自然的艰苦斗争中才能求得自己的生存。这些思想观念影响深远，在很大程度上铸造了西方文化在人与自然关系上的基本态度。因此，中外学者在讨论西方文化中人与自然的关系时，每每提及它。20世纪20年代，泰戈尔到瑞士、德意志等国讲学，宣传印度的"森林文明"，遭到瑞士伯尔尼大学哲学教授赫尔褒兹(Richard Her bertz)的反驳。其中有一段就引证了"创世说"来证明征服自然的必要,他说:"人——思想者,文化占有者——已从天真的亚当更进了一步。他已偷尝了智识之果。他已从'消极经验的无意识的降服自然的'乐园里,被撵了出来。所以他已不能安安稳稳的依靠自然,他只好流了额汗自己去赚自己的面包——智慧的面包也包括其内。所以只能用'占有的权力'以代'联合的权力'。"①这里"占有的权力"与"联合的权力"均为泰戈尔的用语,前者指征服自然、战胜同类,泰戈尔视为西方文明的要素;后者指人和宇宙全体的联合,泰戈尔视为东方文明的要素。

征服和战胜自然的观念在西方文化中是如此深入人心,以至于思想家们都不愿花气力去讨论这个问题本身,他们讨论得最多的是如何去征服和战胜自然。在这方面,对西方文化影响最大的是培根的观点。培根提出了著名的"知识就是力量"的口号,他认为,人们追求科学的目的,不是为了在争辩中征服对方,而是为了在行动中支配自然,但"要命令自然就必须服从自然"。因此要研究自然,探求自然界的规律。与培根的主张相同的还有法国的笛卡尔和德国的歌德。笛卡尔说,可以获得一种对生活非常有益的知识,找到一种实践哲学来代替学校中所讲授的思辨哲学,借助实践哲学,就可以像了解手工业者的各种职业一样,清楚地了解火、水、空气、星球以及周围的其他一切物体的力量和作用,这样就能在一切适合的地方利用这些力量和作用,从而使自己成为自然的主人和占有者。②培根、笛卡尔、歌德分别是英、法、德三国近代哲学发轫时期的泰斗,他们的主张影响极大,其结果是把古希腊、罗马文明中崇力与求知的传统召唤回来,并与征服自然的观念相结合,形成新的极为兴盛的"力的崇拜"和对科学技术的热烈追求,对西方科学技术和工业的发展产生了巨大的推动作用。但是,培根、笛卡尔的思想也有明显的片面性:其一,他们都过分夸大了精神、思维在征服和战胜自然中的作用。马克思说:"笛卡尔和培根一样,认为生产形式的改变和人对自

---

① 转引自愈之:《台莪尔与东西文化之批判》,原载《东方杂志》第18卷,第17号。
② 参见马克思:《资本论》第1卷,第428页。

然的实际统治,是思维方法改变的结果。"①这种倾向,在德国哲学家费希特那里以主观唯心主义世界观的形式表现出来。费希特把人与自然的对立抽象成"自我"与"非我"的对立。"自我"不依赖于其他任何东西,它本身不是物质、自然的产物,相反,"非我"即物质、自然,是由"自我"建立的。"非我"一旦建立起来,就成为"自我"的限制和障碍。据此,费希特主张:人们生存的目的就是行动、实践,即从能动的"自我"去克服"非我"的限制和阻碍。这种观点,被日本学者北聆吉视为"欧人自然观之纲领"。这个评价并不恰当,但费希特的观点确实也反映了西方文化在人与自然关系上的偏颇。

其二,他们都夸大了科学技术的作用,以为只要通过科学技术征服、战胜了自然,人类就可获得幸福的生活。但事实并非如此。在资本主义那样利用科学技术的情况下,征服自然的成果不仅不能增进人类生活的幸福,还有可能产生灾难。这样,随着资本主义物质文明的发展,不能不引起一些人的反对。卢梭、拜伦、托尔斯泰等就是这种思潮的代表,他们抱怨工业文明的发展导致心灵的堕落,希望回到自然中去,过淳朴的生活。卢梭认为,人的心灵,随着科学技术的进步而日益堕落……奢侈、荒嬉、奴性都是人所应受的罪,因为人类只想逃出无知无识的乐园。其实那才是人类永久的贤德所生之地。他还认为,物质文明的发展不仅不能使人摆脱自然的支配,相反却是使本来自由自在的人"不得不受整个自然界的支配",因为正是它引起了"无数新的需要"②。

其三,他们都忽视了征服、战胜、占有自然可能引起的来自自然界的报复。在这方面提出批评的是黑格尔和恩格斯。黑格尔认为:"对自然的实践态度一般是由利己的欲望决定的;需要所企求的,是为我们的利益而利用自然,砍伐它,消磨它,一句话,毁灭它。……但人用这种

---

① 参见马克思:《资本论》第 1 卷,第 428 页。
② 卢梭:《论人类不平等的起源和基础》,北京:法律出版社 1958 年第 1 版,第 125 页。

方式并不能征服自然本身，征服自然中的普遍的东西，也不能使这种东西服从自己的目的。"① 他强调要采取"概念的认识活动"的方式，在认识自然和改造自然的统一中去克服这种片面性。恩格斯则根据历史经验告诫人们"不要过分陶醉于我们对自然界的胜利"，而要正视自然界对人类的"报复"，要学会估计离人类生产行动比较远的"自然影响"和"社会影响"。他指出："我们统治自然界，绝不像征服者统治异民族一样，绝不像站在自然界以外的人一样——相反地，我们连同我们的肉、血和头脑都是属于自然界，存在于自然界的。"② 恩格斯的这些批评，一方面驳斥了主要由基督教发展起来的"把精神和物质、人类和自然、灵魂和肉体对立起来的荒谬的、反自然的观点"；一方面指出了在这种观念支配下征服自然所引起的种种问题，即生态环境遭到破坏的问题。可惜的是，后者没有引起当时人们的高度注意。

西方近代思想家特别是唯物主义哲学家，早就不同意基督教把人置于自然界之外、之上的观点。他们坚信人也是自然界的产物，是自然界的一部分。这一观念随着生物进化论的问世逐渐为人们所公认。但是，这一认识并没有能在人对自然界的态度问题上引起改变。进化论者在人与自然界的关系上，仍然只看到它们之间的对立，如赫胥黎在其宣传进化论的名著《进化论与伦理学》中，就反复强调"自然状态与人为状态的对抗""宇宙过程与园艺过程的对抗"。不仅如此，一些进化论者还把"生存竞争、适者生存"的观念从生物学推广到社会领域，宣扬弱肉强食的社会达尔文主义。究其根源，这显然是进化论片面标榜斗争的结果。

在西方思想史上，最早认识到人与自然不仅存在对立而且存在和谐的是马克思和恩格斯。他们虽然也主张征服自然，但在马克思看来，这种征服意味着使自然界成为"人的精神的无机界"和"人的无机的身体"③，

---

① 黑格尔：《自然哲学》，北京：商务印书馆1986年第1版，第6—7页。
② 恩格斯：《自然辩证法》，北京：人民出版社1971年第1版，第158—159页。
③ 马克思：《1844年经济学哲学手稿》，见《马克思恩格斯全集》第42卷，第95页。

变成人的本质即生命表现的对象,意味着在更高阶段上恢复人同自然界的统一,这种统一是"人同自然界的完成了的本质的统一,是自然界的真正复活,是人的实现了的自然主义和自然界的实现了的人道主义"①。但这还只能算是代表一个阶级的思想。西方人比较一致地反省过去征服自然、战胜自然思想的偏颇,还是近几十年的事。托夫勒在谈到西方世界近几十年的思想大变动时,把人们对自然形象的改变列在首位。他说:"旧观念的崩溃,最明显地表现在我们改变了对自然形象的认识。在过去十年间,由于地球生物圈发生了根本性的、潜在的危险变化,出现了一场世界范围的环境保护运动。这场运动不仅仅是防止污染,反对制造合成食品,反对核反应堆、高速公路及美发的喷雾剂。这场运动完成的事情还要多得多。它还迫使我们去重新考虑关于人类对自然界的依赖问题。结果非但没有使我们相信人们与大自然处于血淋淋的争斗之中,反而使我们产生一种新的观点:强调人与自然和睦共处,可以改变以往对抗的状况。"②

20世纪20年代从事中西文化比较的学者,对西方文化比较强调人与自然的对立和斗争的特点,已经有了清楚的认识。但是,他们对中国文化在这方面的特点的把握却不准确。在当时的许多学者看来,中国或东方文化在这方面正好与西方相反。李大钊认为,西方文化是"人间征服自然的",东方文化是"自然支配人间的"。日本学者北聆吉认为,"西洋之文化为求精神之自由,先倾其全力以利用自然、征服自然",东洋诸民族则"不欲制御自然、征服自然,而欲与自然融合、与自然游乐是也"③。印度的泰戈尔也认为,西方文化主张征服自然,而印度文化则主张自我扩大即放大思想感觉之范围,以与自然一致。其实,这种看法不正确,至少是不全面的。

---

① 马克思:《1844年经济学哲学手稿》,见《马克思恩格斯全集》第42卷,第122页。
② 托夫勒:《第三次浪潮》,北京:三联书店1984年第1版,第383页。
③ 李大钊:《东西文明根本之异点》,载《言治季刊》1918年第7期。

>>> 人与自然的关系问题,中国古代思想家的观点大体可分为三个类型。一是以老庄为代表的"服从自然说",一是以荀子为代表的"征服自然说",这两种学说均有一定影响,但都没有占主导地位。荀子三次出任齐国稷下学宫的祭酒,图为稷下学宫讲学的场景。

人与自然的关系问题，中国古代思想家的观点大体可分为三个类型。一是以老庄为代表的"服从自然说"，一是以荀子为代表的"征服自然说"，这两种学说均有一定影响，但都没有占主导地位。占主导地位的是以《周易大传》为代表的"天人协调说"。

《周易大传》在本体论上持一种可称为"太极阴阳说"的朴素唯物主义观点。按照这种学说，太极是天地的根源，天地是万物的根源，"有天地，然后有万物；有万物，然后有男女；有男女，然后有夫妇"①。这就肯定了，人类是自然界的产物，是自然界的一部分。《周易大传》又认为，人类虽是自然界的产物，但天人在性质功能上又有所不同。《系辞》说："显诸仁，藏诸用，鼓万物而不与圣人同忧，盛德大业至矣哉！"天地的根本性质是生，这叫"显诸仁"，天地含有生成万物的内在功能，这叫"藏诸用"。天地生成万物是无目的无意识的，故良莠不齐，善恶并育，不与圣人同其忧虑。《系辞》又说："天地设位，圣人成能。"圣人居于天地之中，具有重要功能。《周易大传》对圣人的这种功能有种种说法。

其一是《象传》所说的"裁成天地之道，辅相天地之宜，以左右民"。郑玄注："裁，节也。辅相、左右，助也。"孔颖达疏："天地之道者，谓四时也，冬寒、夏暑、春生、秋杀之道。天地之宜者，谓天地所生之物各有其宜。"朱熹云："财成以制其过，辅相以补其不及。"财成、辅相都是指对自然加以调整。

其二是《系辞》所说的"范围天地之化而不过，曲成万物而不遗"。朱熹说："天地之化无穷，而圣人为之范围，不使过于中道，所谓裁成者也。"这是说，圣人能调节自然的变化，而委曲成就万物。这里的"范围"，亦即节制、调整。

其三是《文言》所说的"先天而天弗违，后天而奉天时"。《文言》说："夫大人者，与天地合其德，与日月合其明，与四时合其序，与鬼神合其吉凶。先天而天弗违，后天而奉天时，天且弗违，而况于人乎？"

---

① 《序卦》。

孔颖达疏引庄氏说："与天地合其德者，谓覆载也。与日月合其明者，谓照临也。与四时合其序者，若赏以春夏、刑以秋冬之类也。与鬼神合其吉凶者，若福善祸淫也。先天而天弗违者，若在天时之先行事，天乃在后不违，是天合大人也；后天而奉天时者，若在天时之后行事，能奉顺上天，是大人合天也。""先天"指在自然变化之前对自然加以引导，"后天"指遵循自然的变化。"先天而天弗违，后天而奉天时"，即天、人协调一致。

总而言之，国君、圣人、大人在天地间具有调整、引导自然的功能，当然，圣人也必须遵循自然的变化规律。这也就是说，《周易大传》认为人对于自然既应有所因任，又应有所改造，人既应遵循自然规律，又应发挥自己的能动性。尽管《周易大传》认为只有国君、圣人、大人才有这种栽成辅相的功能，打上了明显的历史唯心主义烙印，但这种天人协调说仍不失为一种全面而辩证的观点。

与《周易大传》天人协调说相接近的观点还有《中庸》的"与天地参"的学说和孟子"亲亲、仁民、爱物"说。《中庸》提出："唯天下至诚，为能尽其性。能尽其性，则能尽人之性。能尽人之性，则能尽物之性。能尽物之性，则可以赞天地之化育。可以赞天地之化育，则可以与天地参矣。"就是说，圣人能够尽量了解自己的本性，也就能了解天地万物的本性，这样就可以赞助天地化育万物，就可以与天地并立为三。《中庸》这种参天地、赞化育的观点，就其主要从圣人的道德修养处立论而言，与《周易大传》有明显的区别，但就其对圣人在自然界中之地位、作用的观点，则与《周易大传》相同。"赞天地之化育"，也就是调整、引导。孟子主张："君子之于物也，爱之而弗仁；于民也，仁之而弗亲。亲亲而仁民，仁民而爱物。"[①] 此说有两重意义。从伦理的意义上说，它主张一种有级差的泛爱，这种级差是以与主体的血缘关系远近为标准规定的，其中隐含着"民胞物与"的万物一体意识，这种意识后来被张载、

---

① 《孟子·尽心上》。

王守仁等大加发挥。从人与自然关系的意义上说，它主张爱惜自然资源、保护生态环境。孟子目睹了齐国牛山植被受到破坏的情景，提出了保护生态环境的主张。他说："不违农时，谷不可胜食也；数罟不入洿池，鱼鳖不可胜食也；斧斤以时入山林，材木不可胜用也。"①

汉、宋以降，《周易大传》的天人协调思想融入"天人合一"的观念中，并得到进一步的发展和发挥。"天人合一"思想并不仅仅是一种人与自然关系的学说，而且是一种关于人生理想、人的最高觉悟的学说，它发源于周代，经过孟子的性天相通观点与董仲舒的人副天数说，到宋代的张载、程颢、程颐而达到成熟。"天人合一"的基本思想包括四个方面：

第一，人是自然界的一部分，是自然系统不可缺少的要素之一。中国古代思想家大多承认，人是自然界的产物，而且是自然界最优异的部分，因为人有知觉、有道德，能以自己的智慧、群体的力量改造和利用自然。基于此，许多思想家主张"天地万物一体"说，即认为天地万物和人形成一个有机的整体，而人则是这个系统中不可缺少的主导要素之一。汉代思想家董仲舒说："天地人，万物之本也。天生之，地养之，人成之。天生之以孝悌，地养之以衣食，人成之以礼乐。三者相为手足，合以成体，不可一无也。"②又说："人下长万物，上参天地，故其治乱之故，动静顺逆之气，乃损益阴阳之化，而摇荡四海之内。"③人与天地同为万物之本，与天地合成一个不可分割的整体，人的活动能影响自然变化。王符说："天本诸阳，地本诸阴，人本中和。三才异务，相待而成，各循其道，和气乃臻，机衡乃平。……人行之动天地，譬犹车上御驷马、篷中擢舟船矣。虽为所覆载，然亦在我何所之可。"④人是统理万物的，可以通过自己的作为感动天地，像车上的驭手和船上的篙手一样，可以决定自然系统的变化方向。宋代哲学家张载认为万物同属一气变化，人物之性本来同一，

---

① 《孟子·梁惠王上》。
② 《春秋繁露·立元神》。
③ 《春秋繁露·天地阴阳》。
④ 《潜夫论·本训》。

>>> "天人合一"思想并不仅仅是一种人与自然关系的学说,而且是一种关于人生理想、人的最高觉悟的学说,它发源于周代,经过孟子的性天相通观点与董仲舒的人副天数说,到宋代的张载、程颢、程颐而达到成熟。图为清代康涛《孟母断机教子图》。

我与物、内与外，原无间隔；但人习于以小我为我，遂以外物为外。所以人生的最高原则，是泛爱所有的人，兼体所有的物。他在著名的《西铭》中以比喻讲人生。以天喻父，以母喻地，以同胞兄弟喻人与人，以同类喻人与物之关系。张载的这些思想，实质上也认为人是自然系统中的一个要素。程颢认为，宇宙的根本原则是生，而宇宙是一个生生的大流，人与万物皆在此生生之大流中，实息息相通，原属一体。

第二，自然界有普遍规律，人也服从这普遍规律。张载说："若阴阳之气，则循环迭至，聚散相荡，升降相求，絪缊相揉，盖相兼相制，欲一之而不能，此其所以屈伸无方，运行不息，莫或使之，不曰性命之理，谓之何哉？"①又说："一物而两体，其太极之谓与！阴阳天道，象之成也；刚柔地道，法之效也；仁义人道，性之立也。三才两之，莫不有乾坤之道。"②这里的"一物两体"，是张载对于对立统一规律的用语。这两段话的意思都是说，阴阳相互作用、相互推移的对立统一规律是贯通自然界与人类的普遍规律。

第三，人性即天道，道德原则和自然规律是一致的。张载说："性与天道云者，易而已矣。"③性与天道具有同一内容，即变易。程颐认为："道未始有天人之别，但在天则为天道，在地则为地道，在人则为人道。"④这里的"道"指理，即"仁义礼智"的道德原则。朱熹发挥了这种思想，认为道在天地即"元亨利贞""四德"，亦即动植物发生、发展的规律，在人则为"仁义礼智"。

第四，人生的理想是天人的调谐。《周易大传》论天人协调，主要从人类应发挥自己的能动作用去调整、引导自然处立论。宋代哲学接受了这种观点。如张载说："老子言天地不仁，以万物为刍狗，此是也。圣人不仁，以百姓为刍狗，此则异矣。圣人岂有不仁？所患者不仁也。天

---

① 《正蒙·参两》。
② 《正蒙·大易》。
③ 《正蒙·太和》。
④ 《程氏遗书》卷二十二，上。

地则何意于仁？鼓万物而已。圣人则仁耳。此其为能弘道也。"① 又说："天能为性，人谋为能。大人尽性，不以天能为能，而以人谋为能。故曰天地设位，圣人成能。"② 这是认为，人不仅应该尽天性，还须尽人谋，以补自然之不足。不过，宋代哲学家更从本体论和道德修养角度论证天人协调的人生理想。张载、程颢都认为，人与天地万物本来是一体的，但因为私欲作怪，人往往只以小我为我，而不懂得天下无一物非我。据此，他们主张通过道德修养，达到人与天地万物本来一体的自觉。他们认为，只有达到了这样的认识，才是人的自觉。如张载肯定"天人合一"是"诚明"境界，"诚"是最高的道德修养，"明"是最高的智慧。以"天人合一"为诚明，也就是以"天人合一"为最高觉悟。程颢强调"人与天地一物也"，如果不承认"人与天地一物"，就是"自小"，就是"麻木不仁"。这就是说，唯有承认天地万物"莫非己也"，才是真正自己认识自己。宋代哲学家的这些论证，一方面为《周易大传》的天人协调说补充了本体论的根据，另一方面也为天人协调说增添了神秘主义的性质和泛爱主义的空想的社会内容。因为在宋代哲学家看来，"天人合一"是依靠道德修养和直觉达到的精神境界，"天人合一"不仅包括人与万物的一体性，还包括人与人的一体性。

以上分析表明，中国古代的天人协调说与天人合一说并不否认人对自然加以改造、调节、控制、引导的必要。这种学说异于西方征服自然说的地方在于：它以为人在自然中处于辅助参赞的地位，人既应改造自然，亦应适应自然，人类活动的目标不是统治自然，而是把自然调整、改造得更符合人类的需要，与此同时，必须注意不破坏自然，让自然界的万物都能生成发展。要而言之，就是比较注重人与自然的和谐。由此可见，"五四"时期中外思想家对中国文化在人与自然关系方面的思想的把握是不准确的。

---

① 《横渠易说·系辞上》。
② 《正蒙·诚明》。

中国古代的天人合一学说经历了漫长的历史发展过程，内容复杂，其中既有正确的观点，也有错误的观点和严重的缺陷，需要加以分析，不宜笼统地肯定或否定。中国思想家肯定人是自然界的一部分，是自然系统中一个重要的要素，其活动对自然系统的演化具有重要作用，因而要求人们审慎地采取行动，在调整自然使其符合人类的愿望的同时，不要破坏自然，而应使人类与自然相互协调。中国古代思想家强调，人类应遵从自然的普遍规律，以辅助者的身份引导自然朝人类需要发展的同时，要"曲成万物而不遗"，即使万物都能普遍地生长成遂。中国古代思想家还把肯定人与自然界的统一视为人的自觉。这些观点，今天看来是正确的、有巨大价值的。天人合一说的错误和严重缺陷在于：

第一，它忽略了物质生产这个建立、保持和发展人与自然统一的关键环节。《周易大传》的天人协调说本来是从农业生产的经验中总结出来的。裁成天地之道的本义是调节寒暑，辅相天地之宜的本义是根据土地的性质种植合适的作物，以人工去辅助地宜。这些本来是农业劳动者的功能，但《周易大传》囿于历史唯心主义的偏见，把它们视为国君、大人、圣人的功能，这就必然把人们的注意力从物质生产这个关键环节引开。汉代思想家如董仲舒把颇为神秘的"天人感应"作为天人协调的中介，宋代哲学家则主张通过道德修养和直觉达到"天人合一"的境界，这就走错了方向。由于这一严重缺陷，中国的裁成辅相说没有像西方那样激起人们对科学技术的热忱追求，思想学说的这一缺陷在一定时间必然影响科学技术的发展。

第二，宋代哲学家以人与天地万物一体的方式讲人与自然界的统一，夸大了人与自然界的统一，掩盖了人与自然界的分立和斗争。

"体"的本义是身体。汉儒讲天地人合以成体，是把人作为自然系统中一个重要的不可缺少的要素看待的。宋儒讲人与天地万物一体，则是把"我"与天地万物均视为宇宙总体的一部分，而忽视了人与自然界的分立和对立，使人们追求道德上、精神上的"天人合一"，而忽视对自然界的改造和斗争。

第三，它主张道德原则与自然原则一致，力图从自然原则引申出道德原则来。这在理论上是不能成立的，在实践上则是把封建道德绝对化、永恒化，把当时占统治地位的道德原则抬高为天经地义。

第四，它过多地强调了自然界与人类具有共同的规律，而忽视了或在一定程度上掩盖了自然界与人类历史各有其特殊规律。

二 家族本位与个人本位

中西文化基本差异的表现之二是在家庭问题上。中国文化以家族为本位，注意个人的职责与义务；西方文化以个人为本位，注重个人的自由和权利。

中西文化的这一差异，早在"五四"时期就被人们清楚地揭示出来了。不过，在这一差异的成因问题上，人们的见解却各有不同。有人认为这一差异是亘古如斯的，原因在于地理环境和种族的不同。如李大钊说："南道之民族因自然之富、物产之丰，故其生计以农业为主。其民族为定住的。北道之民族因自然之赐予甚乏、不能不转徙移动，故其生计以工商为主。其民族为移住的。唯其定住于一所也，故其家族繁衍；唯其移住各处也，故其家族简单。家族繁衍故行家族主义；家族简单故行个人主义。"① 又如陈独秀说："五方风土不同，而思想遂因以各异。世界民族多矣。以

---

① 李大钊：《东西文明根本之异点》，载《言治季刊》1918 年第 7 期。

人种言,略分黄白。以地理言,略分东西两洋。东西洋民族不同,而根本思想亦各成一系。若南北之不相并,水火之不相容也。请言其大者。……西洋民族以个人为本位,东洋民族以家族为本位。"① 也有人认为个人本位主义纯粹是近代的产物,家族本位主义则是封建时代的东西。如王润生、王磊认为:"个人本位主义作为对社会本位主义的否定,是文艺复兴运动时开始出现的思潮,其实质是自我意识的觉醒。原始社会的人缺乏自我意识,奴隶社会和封建社会的人虽然产生了自我意识,但被社会本位主义压抑了。所以,到了资本主义社会,人类的自我意识才真正开始觉醒。"② 这里涉及对这两种不同传统的现实态度。如果家族本位主义是一种纯粹过时的历史陈迹,与现代化格格不入,那就应该及早把它抛弃;如果个人本位主义是现代化不可缺少的要素,那么不管它有多大流弊,还是应该吸收过来。

中国古代的家族本位主义确实打着深刻的封建印记,西方近代的个人本位主义也确实具有明显的资本主义的时代内容。但这只是问题的一方面。中西文化的这一差异固然是时代的,同时也是民族的。因为这一差异有其历史的根源。中国的家族本位主义根源于一种变质的家长制家庭公社。西方的个人本位主义根源于以财产个人所有为基础的个体家庭。这种个体家庭虽然只是在近代才得到充分发展,但它早在中世纪即已取代了家长制家庭公社。

按照摩尔根和恩格斯的研究,人类家庭经历了血缘家庭、普那路亚家庭、对偶家庭、一夫一妻制家庭四个发展阶段。柯瓦列夫斯基更指出,在母权制的家庭与近现代的个体家庭之间,存在着家长制家庭公社这样一个中间过渡阶段。家长制家庭公社与个体家庭的区别在于:第一,家长制家庭公社是包含几代人亦即包含多个个体家庭的大家庭,个体家庭则只包含一夫一妻及其未成年的子女;第二,家长制家庭公社实行土地

---

① 陈独秀:《东西民族根本思想之差异》,载《新青年》第1卷,第4号。
② 王润生、王磊:《中国伦理生活的大趋势》,贵阳:贵州人民出版社1986年第1版,第89页。

的共同占有和共同耕作，衣食都出自共同的储存，共同占有剩余产品，这一特点，用中国古已有之的话说，叫"同居共财"，个体家庭则建立在财产个人所有的基础上，例如西方近代的个体家庭，不仅父子兄弟各有各的个人财产，即使夫妇也各有各的个人财产。

家长制家庭公社是原始社会父系氏族阶段的产物，它最初是作为原始共产制的基层单位而存在的。它具有二重性质：它既是共同占有、共同耕作氏族部落公有土地的基层单位，它又是牲畜、奴隶等私有财产的所有者；一是由全体家庭成员组成的家庭会议以民主的方式执掌着最高权力，公社又处于一个家长的最高管理之下。此外，家庭中还包括一些非自由人，并且与后来的个体家庭一样，以男子对妇女的奴役为特征。

在西方，家长制家庭公社在进入阶级社会以后还存在。例如在入主罗马帝国的日耳曼人中，这种家庭公社经过了几个世纪，才演变为农村公社或马尔克公社，即土地已交由个体家庭耕作并逐步成为个体家庭永久占有的财产。因此，按照柯瓦列夫斯基的见解，家长制家庭公社不仅是由母权制家庭到个体家庭的中间阶段，也是由共产制的氏族到由个体家庭永久占有土地的中间阶段。

在中国，家长制家庭公社不仅在进入阶级社会以后还存在，而且一直存在于整个奴隶社会和封建社会，直到新中国成立前，在农村还到处可以看到它的迹象。特别值得注意的是，中国的家长制家庭公社与西方的家长制家庭公社有一系列明显的差异：

首先，西方的家庭公社的原始淳朴性质保留得比较多。公社虽然处在一个家长的最高管理之下，但权力受到限制并且是经选举产生的。家庭的最高权力集中在家庭会议，即全体成年男女的会议。这就保证了土地的共同占有和共同耕作的制度不变质，保证了个人自由和个人权利不致受到压抑和剥夺。而在中国，从殷周时期开始，家庭公社就处于家长的统治之下，这不仅使得同居共财的共产制严重变质，而且使个人自由受到严重压抑。

其次，在西方，家庭经历了一系列进步性的演变。罗马的家庭是包

>>> 在中国，家长制家庭公社不仅在进入阶级社会以后还存在，而且一直存在于整个奴隶社会和封建社会。图为清代佚名《父母图》。

括奴隶在内的,日耳曼人的家庭最初也包括若干非自由人。但这种家内奴隶制随着奴隶制为封建制取代的历史进程而销声匿迹。另外,男子对妇女的奴役在形式上也逐渐温和,特别是在日耳曼人入主罗马帝国后,丈夫的统治具有了比较温和的形式,而使妇女至少从外表上看来有了古典时代所从未有过的更受尊敬和更加自由的地位,从而为现代个人性爱的产生、发展创造了条件。而在中国,家长制在封建社会广泛盛行,父权、夫权变本加厉,不断强化,很难看出有多少进步的变化。

再次,在西方,从希腊、罗马开始一直实行一夫一妻制,古希腊、罗马的男子们虽然常常占有女奴,但没有由此发展出一夫多妻的制度。而在中国,一夫多妻制一直在富人和显贵人物的家庭中盛行。

总之,在西方,财产公有的家庭公社以比较原始淳朴的性质广泛存在于古代和中世纪,并较早地过渡到财产个人私有的个体家庭。而在中国,这种家庭公社的性质发生了严重变化,并且以家长制的形式一直延续到近代。这就是中西家庭在古代和中世纪的主要差异。

在西方,中世纪中后期和近代,由于私有制深入家庭内部,父子兄弟乃至夫妻各有各的私有财产,这就为每个成员的独立性奠定了基础,法律关系、权利关系也就必然要进入家庭内部,成为家庭成员之间最主要的关系。相形之下,父权、夫权就不能不退居次要地位,非维系家庭之所需。这也就为个人本位主义的产生、发展提供了条件。对于这种情况,陈独秀有很好的描述。他说:"西洋民族之重视法治,不独国政为然,社会家庭,无不如是。……父子昆季之间,称贷责偿,锱铢必较,违之者不惜诉诸法律。……夫妇关系乃法律关系、权利关系,非纯然爱情关系也。约婚之初,各要求其财产而不以为贪,既婚之后,各保其财产而不以为吝。……西俗成家之子,恒离亲而别居,绝经济之关系。所谓吾之家庭者,必其独立生活也,否则必曰吾父之家庭,用语严别,误必遗讥。其结果,社会各人,不相依赖,人自为战。以独立之生计,成独立之人格,各守分际，不相侵渔。"①

在中国古代，由于几代同堂的大家庭实行"同居共财"的制度，各个家庭成员在经济上不独立，必须仰赖家庭的共同财产生活，家庭的命运也就是个人的命运。这样，就不能不以家族为本位。同时，由于民主管理机制的丧失，父权、夫权及调节家庭成员之间关系的一整套伦理道德原则也显得必不可少。对于中国这种"同居共财"的大家庭，陈独秀也有很好的描述。他说："若夫东洋民族，夫妇问题，恒由产子问题而生。不孝有三，无后为大，旧律无子，得以出妻。重家族轻个人，而家庭经济遂蹈危机矣。蓄妾养子之风，初亦缘此而起。亲之养子，子之养亲，为毕生之义务。不孝不慈，皆以为刻薄非人情也。……亲养其子，复育其孙……况夫累代同居，传为佳话。虚文炫世，其害滋多。男妇群居，内多诟淬，依赖成性，生产日微。貌似家庭和乐，实则黑幕潜张，而生机日促耳。昆季之间，率为共产，倘不相养，必为世议。事蓄之外，兼及昆季。至简之家，恒有八口，一人之力，曷以肩兹。因此，被养之昆季习为游惰，遗害于家庭及社会者亦复不少。交游称贷，视为当然，其偿也无期，其质也无物，惟以感情为条件而已。仰食豪门，名流不免。以此富者每轻去其乡里，视戚友若盗贼，社会经济，因以大乱。"②陈独秀在从事中西文化比较时持"弱者政策"，对西方的个人本位持全盘肯定的态度，对中国的家族本位持全盘否定的态度，故他对中国家庭的描述，每多贬词。但他对中国家庭诸特点的描述，还是相当准确的。

中西家庭形态上述差异形成的原因是十分复杂的，其中既有时代的因素，也有民族的因素。家长制家庭公社本质上是原始共产制的遗存，它之所以在阶级社会里还能继续存在或长或短的一段时间。一方面是因为私有制对原始共产制的瓦解是一个渐进的历史过程，人类一般并不需要等私有制完全发展成熟才进入阶级社会；另一方面是因为在奴隶社会、

---

① 陈独秀：《东西民族根本思想之差异》，载《新青年》第1卷，第4号。
② 同上。

封建社会，农业生产是决定性的生产部门，自给自足的自然经济占统治地位，人们安土重迁。个体家庭本质上是私有制深入家长制家庭公社内部的产物，商品经济的发展、人口频繁的流动是它的催化剂，所以它在资本主义时代必然得到典型的发展，并成为西方近代标准的家庭形态。从这个意义上说，家长制家庭公社与个体家庭的区别及以此为基础的家族本位主义与个人本位主义的区别，具有明显的时代性。从历史上看，西方家长制家庭公社早在中世纪已经解体，而中国则贯彻于封建时代的始终。

恩格斯指出，西方家庭在古代与中世纪之交发生的进步性变化要归功于日耳曼人的野蛮因素，"即德意志人还生活在对偶家庭中，他们在可能的范围内把适应对偶家庭的妇女地位搬用于一夫一妻制"[1]，归功于他们在入主罗马帝国前"还没有达到充分发展的奴隶制：既没有达到古代的劳动奴隶制，也没有达到东方的家庭奴隶制"[2]。中国则不同。在中国，北部草原上的游牧民族也曾多次入主中原，有时也带进来一些有益的野性因素，如唐代妇女的地位就比较高，但总体来说，他们把更多的奴隶制因素带进了中原，强化而不是削弱了中原家庭的固有形式。

中国的家长制家庭公社没有像西方家长制家庭公社那样较早较自然地过渡到个体家庭。在奴隶制与封建制之交的战国时期，曾经出现过家庭公社瓦解的自然趋势，当时的法家也曾用法律和行政手段推进过这一过程，以至在西汉时期，五口之家成了农民家庭的通式。东汉以后，家长制家庭公社又重新兴盛起来。

中国家庭本位的主要表现是把家庭看得比个人更重要，特别重视家庭成员之间的伦理关系，如父慈子孝、兄友弟悌、夫唱妇随之类。这些伦理关系的实质是对家庭各个成员应负的责任和应尽的义务加以规定。例如，父母对子女有抚育的义务，子女对父母有奉养的义务。这对实行

---

[1] 恩格斯：《家庭、私有制和国家的起源》，见《马克思恩格斯选集》第4卷，第65页。

[2] 同上书，第153页。

同居共财制和家长专制制度的家庭来说，是必不可少的。因为按照这种制度，家长掌握家庭的全部财产和收入，子女不管长到多么大，经济上不能独立，必须由家长"抚养"。

中国的家庭伦理道德所规定的家庭成员之间的关系，包括两个方面：一是互尽义务的关系，一是单向服从（子女对父母、妻对夫、家庭成员对家长）的关系。前者对于实行同居共财制的家庭来说是必要的，后者则属于奴隶制和封建制对家庭关系的影响。

西方的个人本位主义的主要表现是强调个人自由、个人权利、个人的独立性，而缺乏个人对家庭的责任感和义务感。由于有财产个人所有制作为基础，个人本位主义在西方近代发展得相当强大。个人本位主义强调个人自由、个人权利、个人的独立性，有其明显的优越性，它使西方的家庭比中国民主、平等得多，同时也使西方人习惯于依靠自己的力量去奋斗，去独立地求生存、求发展，而不依赖父母，不依赖家庭。例如里根当选总统，而他的儿子却在职业登记所里寻找职业，这在中国传统观念看来是难以想象的，而按个人本位主义，则是理所当然。但不重视个人对家庭的责任、义务，把家庭关系也置于冷冰冰的现金交易中，却不能不说是一个弱点。由于私有制深入家庭内部，家庭成员之间天然的感情必然受到严重的损害，个人越来越变得孤独。个人本位主义发展到极端，甚至会酿成家庭的解体。西方国家近年出现的家庭危机正是其表现。家庭很难维持，许多人不愿结婚，结婚后不愿生孩子，生了孩子不愿养孩子，孩子大了不愿照顾老人。例如在美国，据托夫勒说，仍然生活在标准的小家庭（丈夫工作，妻子管家，有两个孩子）中的人，只占总人口的百分之七，即使放宽定义，也仍有三分之二或四分之三的家庭生活在小家庭模式之外。与此同时，独居的人口迅速膨胀，不合法律手续的同居的人数增长得非常快，许多人有意识地选择不生育的生活方式，还出现了诸如同性恋婚姻、嬉皮士等的"群居村"之类。这些事实使托夫勒相信，美国已进入一种"非小家庭的生活方式"的新时代。但更多的人则不这样认为,他们希望恢复传统的小家庭,并将这视为他们面临的头号问题。

个人本位主义在西方近代不仅是人们处理家庭关系的基本准则,也是处理个人与社会、个人与非家庭成员的他人之间关系的准则。在中国古代,家族本位主义则被引申发展为一种独特的社会本位主义。先秦的儒家强调由己及人,所谓"老吾老以及人之老,幼吾幼以及人之幼","天下如一家,中国如一人",宋儒则更有"民胞物与""仁者与物浑然同体"之说。这种社会本位主义的特点是把国家和社会视为一个大家族,因而主张将孝慈友悌之类的家庭道德推广开来,用以处理个人与社会、个人与他人的关系。和个人本位主义与家族本位主义在处理家庭内部关系中各有利弊一样,应用于社会关系中的个人本位主义与中国古代特殊的社会本位主义也各有利弊。

由于特殊的历史条件,中国没有经过资本主义充分发展的阶段,从半殖民地半封建社会直接进入社会主义社会。在公有制占主导地位的情况下,不能也没必要把个人本位主义引进来。但西方那种重视个人权利、个人自由、个人独立性的传统仍值得借鉴。应把这种传统与中国家族本位主义中重视个人职责和义务的传统结合起来,形成新的社会本位主义,用以协调社会关系和家庭关系。20世纪以来,特别是新中国成立以来,中国的家庭形态已发生巨大的革命性变化。个体家庭迅速增长,已成为家庭的主要形式,几代同堂的大家庭的性质也发生了根本变化。现代中国的个体家庭和几代同堂的大家庭,在本质上都不同于西方近代的个体家庭或中国古代的家长制家庭公社。中国的农民已习惯于"儿大分家"的做法,这对于充分调动每个人的生产积极性无疑是有好处的。但中国农民仍忠实于父母有义务为子女成家立业(盖房、娶亲、置办必不可少的生产生活用具等),子女有义务奉养丧失劳动能力的老人的传统,并在老人丧失生活自理能力时与老人共同生活。这种家庭形式,本质上既优越于传统的家长制家庭公社,也优越于近代西方的个体家庭,是中国农民在优秀传统基础上的新创造。中国城市中的家庭形式更是丰富多彩。由于成年男女都有工资收入、老年人有退休金，"共财"的传统已经消失。在那些仍保留几代同堂习惯的家庭里，通常的做法是每人拿出工资中的一定份额交家长支配，作为家庭伙食、公有财产购置的费用，以及作为未成年成员学习或未婚成员结婚成家的费用，等等。即使在那些因住房、工作及其他种种原因而以小家庭为生活单位的情况下，人们也通常不让年老的父母孤独地生活，而是形成许多介于几代同堂的大家庭与严格意义上的个体家庭之间的家庭，即老人与一个儿子或女儿的个体家庭一起生活。这些形式的家庭，也是一种在优秀传统基础上的新创造。对于上述这些既继承了优秀传统，又适应现代生活的家庭形式，应予以提倡，应根据变化了的实际情况提炼出新的家庭道德规范，以协调新的家庭关系。同时，旧传统中一些不好的东西如家长制、父权、夫权仍有相当大的影响，一些青年人受个人主义影响，遗弃虐待老人或者利用旧传统盘剥老人（如利用父母有义务为子女成家立业的传统，逼迫父母拿出大笔钱财大操大办婚事，或逼迫父母运用手中的权力通过不正当的方式为自己安排工作）的行为也日渐严重。这就需要进一步肃清旧家庭道德中的封建遗毒，抵制个人本位主义中的消极因素，同时还要根据变化了的新的家庭生活，改造和发扬传统家庭道德中的积极成分。

三 "协和万邦"与征服世界

中西文化基本差异的表现之三是在民族关系问题上。中国有一个传统,就是既要维护自己民族的独立,又不向外扩张,其理想的民族关系模式是通过道德的教化去"协和万邦"。这是中国爱好和平的优良传统。西方在民族方面讲究竞争、讲究斗争,许多思想家主张征服其他民族甚至统治世界,而这些思想往往被当权的统治阶级采纳并付诸行动。

这一差异,也早已被人们发现。例如,明代万历年间来华的意大利传教士利玛窦指出,明朝的军队是他所见到过的世界上数量最庞大、装备最精良的军队,但他发现这支军队完全是防御性的,中国人没有想到过要用这支军队侵略别国。20世纪20年代,英国著名哲学家罗素来中国讲学时曾说过,中国是爱好和平的,不像西方人那样好勇斗狠。李大钊和陈独秀亦以"一为安息的,一为战争的"言中西差异,如陈独秀说:"西洋民族以战争为本位。东洋民族以安息为本位。儒者不尚力争,何况于战。老氏之教,不尚贤,使民不争,以佳兵为不祥之器。故中土自西汉以来,黩武穷兵,国之大戒。佛徒戒杀,益堕健斗之风。……若西洋诸民族,好战健斗,根诸天性,成为风俗。自古宗教之战、政治之战、商业之战,欧罗巴之全部文明史无一字非鲜血所书。英吉利人以鲜血取得世界之霸权,德意志人以鲜血造成今日之荣誉。"[①]

近代西方的民族,是在日耳曼蛮族征服西罗马帝国以后,在资本主义经济发展的基础上逐渐形成的。但在古代和中世纪,西方人已经以希腊人与野蛮人、基督徒与异教徒对立的形式意识到民族差异的问题。

古希腊的大思想家亚里士多德在为奴隶制辩护时,论及希腊人与野

---

① 陈独秀:《东西民族根本思想之差异》,载《新青年》第1卷,第4号。

蛮人的对立。他认为，奴隶制是必要的而且是完全自然的。他断言，有些人天生就注定应该是奴隶，野蛮人就是这样。野蛮人和奴隶是同一的概念。希腊人无论走到哪里都不应该成为奴隶，相反，野蛮人天生注定就是奴隶。奴隶和其他人的差异程度就如灵魂与躯体、人与动物的差别一样。他把奴隶主描绘成天性上优越于奴隶，天生就是经济的组织者。这种理论，是希腊人为掠夺奴隶、土地、财富，不断向外侵略、扩张的行为辩护而炮制的。在希腊后期，斯多葛派还提出了世界国家的概念，认为每一个人天然属于全宇宙，是统一的世界国家的公民。这是马其顿帝国对希腊的统一及其将东方殖民化在思想意识上的反映。这种思想在继希腊人之后统治了地中海沿岸广阔地域的罗马帝国十分盛行。在当时的人们看来，罗马是世界的中心，世界帝国的首脑有无限权力。他们用这种理论，为罗马对被征服民族的统治辩护。

罗马帝国后期的基督教思想家奥古斯丁把全人类分为选民和非选民，即注定得救的人和注定灭亡的人，与此相对应，有所谓国家与"神国"即教会的对立，前者的任务仅仅是满足世俗的目的，而没有真理，它只是一种力量的统治，与强盗匪帮并没有区别，只有后者才拥有真理，才能实现团结一致和永久和平的普遍愿望。奥古斯丁还要求采取残酷的手段与反对正统教义的教派做斗争。这种理论在中世纪影响很大。特别是在11世纪至13世纪，神权论风靡一时。这种神权论是为基督教各族向异教各族进行侵略扩张制造理论根据。这种向外侵略扩张的性质在十字军东征中表现得十分明显。要而言之，神权论是一种为罗马天主教会和罗马教皇征服、统治全世界的野心服务的理论。

在西方近代民族的形成发展中，有两个起重要作用的因素：其一是征服了西罗马帝国的日耳曼人所保留的高级阶段野蛮人的品质，如个人才能和勇敢，爱好自由、民主本能等；其二是中世纪中期以后商品经济的发展和市民阶级的形成。而其形成发展的具体形式则是各国国王在市民阶级的支持下，一方面镇压封建贵族，结束封建割据状态，形成有统一法律、统一关税和国内市场的君主集权制民族国家；另一方面与教皇和教会做斗争，摆脱他们的控制。所以，西方民族在形成发展中的理论表现，也首先集中在这两方面。早在 11 世纪至 13 世纪，世俗封建主及其拥护者就针对当时的神权论和教皇权力至高无上论，提出相反的理论。他们从罗马法中寻找根据，认为政权和整个国家领土都是属于皇帝和国王的。

现代西方各民族是与资本主义的发展一起登上历史舞台的。随着资本主义的发展，英、法、德、意等国先后摆脱了罗马教会的控制，结束了内部封建割据，建立了民族国家，形成了一个个有共同语言、共同地域、共同经济生活和有表现于共同文化上的共同心理状态的共同体。与这一历史发展过程同步，民族主义的思潮也应运而生，并成为资产阶级处理民族问题、民族关系的原则和政策。民族主义在不同的历史条件下起着不同的作用。在资本主义上升时期，在对外反抗神权论和基督教世界主义、争取民族的独立自主的斗争中，在对内结束分裂割据、形成统一的民族国家的斗争中，它起了进步作用。资本主义发展的过程同时也是一个西方国家疯狂对外扩张，把广大的亚洲、非洲、美洲变成殖民地的过程。因此，即使是在资本主义上升时期，民族主义也有其丑恶的一面，即具有支持向后进地区侵略扩张的一面。要而言之，一方面主张保持自己民族的独立和自由，另一方面又主张征服、压迫别的民族，是西方资产阶级民族主义的重要特点。

中国自秦、汉以来就是一个统一的多民族国家，作为主体民族的汉族也是历史上融合、同化了许多其他民族而形成的。在中国历史上，如何处理境内各民族之间的关系及与周边民族之间的关系问题，一直是一个重大的政治课题。中国古代民族问题的焦点是中原地区从事农业的诸民族(主要是汉族)与西北草原地区从事畜牧业的诸民族之间的关系问题。双方既互相依存、互相吸引，因为游牧民族离不开农业民族的丝、茶、盐、铁，农业民族也需要游牧民族的牛、马、皮、毛，又经常发生尖锐的矛盾，

>>> 中国自秦、汉以来就是一个统一的多民族国家,作为主体民族的汉族也是历史上融合、同化了许多其他民族而形成的。在中国历史上,如何处理境内各民族之间的关系及与周边民族之间的关系问题,一直是一个重大的政治课题。图为明代仇英《职贡图》(局部)。

冲突乃至战争，特别是在这些游牧民族大举南下的情况下，冲突达到非常激烈的程度。中国各民族间的关系，从本质上看，是在漫长的历史过程中，经过政治、经济、文化诸方面愈来愈密切的接触，形成了一股强大的内聚力，尽管历史上各民族间有友好交往，也有兵戎相见，历史上也曾不断出现统一和分裂的局面，但各民族间还是互相吸收，互相依存，逐渐接近，共同缔造和发展了统一的多民族的伟大祖国，促进了中国历史的发展。这就是历史上民族关系的主流。

中国历史上民族关系这一主流的形成，有一定的经济基础，但也与作为主体民族的汉族(其前身为华夏族)在处理民族关系方面的理论和政策有关。这种理论和政策，不仅对长期掌握多民族统一国家政权的汉族统治者有重大影响，对历史上多次入主中原掌握政权的其他民族统治者也有重大影响。

中国古代处理民族关系的基本理论，最早见于《尚书》的《尧典》和《禹贡》。《尧典》的写作最早不早于殷末周初，最晚不晚于战国，《禹贡》也是如此。

《尧典》有一段文字赞扬古代圣王尧的德行和政绩："曰若稽古，帝尧曰放勋，钦明文思安安，允恭克让，光被四表，格于上下。克明俊德，以亲九族。九族既睦，平章百姓，百姓昭明，协和万邦，黎民于变时雍。"译成白话文就是："考察古时传说，帝尧的名字叫做放勋。他恭敬地处理政务并注意节约，明察是非，态度温和，诚实恭谨，能够推贤让能，因此他的光辉照耀四海，以至于上天下地。他能够举用同族中德才兼备的人，使族人都亲密地团结起来，族人团结了，便又考察百官中有善行者，加以表彰，以资鼓励；百官中的事务处理妥善了，又努力使各个邦族之间都能做到团结无间，亲如一家。天下臣民在尧的教育下，也都和睦相处起来。"[①]这段话中特别值得注意的是"克明俊德，以亲九族。九族既睦，平章百姓，百姓昭明，协和万邦"数语。这里的"九族"，即以自

---

① 王世舜：《尚书译注》，成都：四川人民出版社1982年第1版，第4页。

己为本位,上推四代(父、祖、曾祖、高祖),下推四代(子、孙、曾孙、玄孙)。亲九族也就是首先把自己的家族或宗族治理好。百姓指百官族姓,一国之中有许多个宗族,其贵族总称百姓。"百姓昭明"也就是继而把自己所在国治理好。国治理好了,进而使各国都团结起来,这就是"协和万邦"。这几句话用后来儒家常用的话来说,就是修身、齐家、治国、平天下。殷周时期的中国,邦国林立,其中既有众多的华夏族邦国(古称"诸夏"),亦有许多蛮夷戎狄部族和邦国。《尧典》的上述数语所反映的,正是这个时代的人们处理邦国之间关系的一种原则和理想。这种原则就是以道德修养和教化为本,以治理好自己的家园为前提,并以此去感化其他邦国,以达到"协和万邦"的理想。这也就是《周易大传》所谓的"圣人感人心而天下和平"。

《禹贡》叙述大禹治水完毕以后,将四海之内亦即"天下"按距王城的远近划分为"五服",并根据各服的情况分别采取不同的治理方法。王城以外的五百里为甸服,即国王的领地。甸服的人民要向国王贡纳粮食。甸服以外五百里为侯服,侯服即为国王担任警卫的地区。侯服的人民要为国王服劳役或担任戍守之责。侯服以外的五百里为绥服,绥服即安服天子政教的区域。绥服的人民要接受教化,熟通武事,保卫天子。绥服以外五百里为要服,要服即通过盟约而使之服从的地方。对要服的人民只要求守平常之教,其赋役也减轻。要服以外五百里是荒服,荒服即政教荒忽,只能顺其俗而治之的地区,这里的礼仪简单,人民流动无定居。《禹贡》希望通过这种方式,"东渐于海,西被流沙,朔南暨声教,讫于四海",亦即使普天下都领受国王的德教。《禹贡》的这种五服理论,显然有空想的成分,这可从其对五服整齐而机械的划分看出来,但它亦以理想化的形式总结了周代处理民族关系的历史经验。西周初年,周王将其子弟分封到殷商故地和其他有戎狄居住的地方。他们采取的统治方式就是顺俗施化。如在殷周故地,是"启以商政,疆以周索"[①],而在戎

---

① 《左传·定公四年》。

>>> 北魏孝文帝推行汉化政策,迁都洛阳,改用汉姓,"断诸北语,一从正音",改官易服,不仅得到了北朝汉族地主阶级的拥护,连南朝士人也开始对北朝刮目相看。图为北魏帝后礼佛浮雕。

族地区则"启以夏政,疆以戎索"①。为了安抚殷商遗民,满足其宗族感情的需要,西周统治者一方面封封王之子禄父于殷商故地,以奉商之宗祀,一方面录用殷商贵族,让他们"帅其宗氏,辑其分族,将其类丑,以法则周"②。此外,他们还通过册封的方式,把参加灭商的功臣、盟友及殷商贵族置于"宗周"的控制之下。五服制度即在这时从殷商遗制发展而来。《尚书》的《康浩》《酒浩》中有所谓"侯、甸、男邦、采、卫"。《史记·周本纪》亦云:"夫先王之制,邦内甸服,邦外侯服,侯卫宾服,蛮夷要服,戎翟荒服。"在部落、邦国林立的时代,周朝统治者一方面通过分封子弟的方式在全国各地建立据点,一方面通过册封各部落和原有邦国的方式将诸部落、邦国置于自己的控制之下,这对华夏族与蛮夷戎狄族在以后的数百年间逐渐同化、融合起了很大的作用。

《尚书》被后来的儒家尊为经典,因而《尧典》《禹贡》等古代文献中关于处理各邦国、各部族之间关系的原则、政策和理想,也就成为历代封建统治者处理民族关系的标准。

在中国古代,传统的用来表示民族区别的用语是"华夏与夷狄"。所以,民族关系也就是华夷关系。中国古代思想家在《尧典》《禹贡》的思想基础上,逐步形成了自己的民族理论。其要点是:

第一,华夷之别是文化高低之别,特别是有无道德礼教之别。

中国古代思想家讲华夷之别,多从地域(如"中国与四夷""蛮夷要服""戎狄荒服"),语言,生产和生活方式,文化与心理(如"诸夏亲昵""非我族类,其心必异")等方面立论,而从不诉诸种族。华夏族本指中原地区最先进的人民,其中也有来自戎族和夷族的。在古代人看来,戎狄蛮夷也是炎黄子孙,如战国、秦、汉成为严重边患的匈奴,就被认为是夏后氏之后。这种思想比较接近真理,并且有利于民族的同化和融合。因为按照这种理论,只要各民族间语言、文化、生产生活方式方面

---

① 《左传·定公四年》。
② 同上。

的差异消失了,疆域界限消失了,民族差异也就消失了。中国的主体民族汉族之所以能在历史上不断同化、融合众多的其他民族,与这种传统有密切的关系。例如,南北朝时,南方的汉族政权视北朝为夷狄,北方的汉族与占统治地位的少数民族之间的矛盾也很尖锐。北魏孝文帝推行汉化政策,迁都洛阳,改用汉姓,"断诸北语(鲜卑语),一从正音(汉语)"①,改官易服,不仅得到了北朝汉族地主阶级的拥护,连南朝士人也开始对北朝刮目相看。有一个戏剧性的故事。南朝的陈庆之出使北魏,在宴会上声称:"正朔相承,当在江左。"北朝的杨元慎把南朝痛骂了一顿,称颂北魏"移风易俗之典,与五帝而并迹;礼乐宪章之盛,凌百王而独高"。这表明,在北方的汉族士大夫看来,南朝已经不是正统所在了。陈庆之回南朝后,就对人说:"自晋、宋以来,号洛阳为荒土。此中谓长江以北,尽是夷狄。昨至洛阳,始知衣冠士族,并在中原。礼仪富盛,人物殷阜,目所不识,口不能传。"②

不过,中国古代思想家的民族理论也有严重的问题,主要是华夏中心主义。他们认为,华夷之分是文化高下之分,华夏族文化最高,且居于天下之中,因而蛮夷戎狄应当接受华夏族天子的教化,而不能反过来"用夷变夏"。例如,战国时赵武灵王胡服骑射,实行军事改革,就曾受到一大批华夏中心论者的反对。公子成说:"臣闻之,中国者,聪明睿知之所居也,万物财用之所聚也,贤圣之所教也,仁义之所施也,诗书礼乐之所用也,异敏技艺之所试也,远方之所观赴也,蛮夷之所义行也。今王释此,而袭远方之服,变古之教,易古之道,逆人之心,畔学者,离中国,臣愿王图之。"③华夏族最聪明、最富有、最有道德文化,一切都比夷狄强,因而应当成为夷狄观摩学习的榜样。这种思想不仅是华夏族向其他民族学习和文化交流的严重心理障碍,而且成为华夏族与其他民族交往的有害因素。中原政权自视为天朝上国,在与其他民族交往时

---

① 《魏书·咸阳王禧传》。
② 《洛阳伽蓝记·城东》。
③ 《战国策·赵策》。

>>> 以汉族为主的中原农业民族对西北草原地区游牧民族的袭扰和入侵，基本上采取了防御政策，长城即这一政策的生动体现。图为当代卢雨《蒙恬戍边》。

不愿平等待人。这种夜郎自大的心理和政策对各民族之间的友好交往造成了不应有的损失。特别是在近代,清王朝碰到了各方面都比自己强的对手,为了维护自己的腐朽统治,不惜割地、赔款,与此同时却在外国使节朝见皇帝的礼节、外国使团驻京之类的问题上仍以天朝上国自居,显得十分愚蠢可笑。

第二,珍视本民族的独立和文化传统,对其他民族则采取"顺俗施化"的政策。

汉民族对本民族的独立和文化传统极其珍视,对游牧民族的袭扰和入侵进行了英勇顽强的抵抗,对入主中原的少数民族统治者推行的强迫同化政策也进行过英勇悲壮的反抗。这是"刚健自强"精神的重要表现。中原汉族自古以来就是一个农业民族,在许多时期,如春秋战国时期、秦汉时期、隋唐时期、明朝,都在与游牧民族的斗争中取得了胜利,在宋、辽、金、元时期和清朝,以汉族为主的中原农业民族也进行了顽强的抵抗。

以汉族为主的中原农业民族对西北草原地区游牧民族的袭扰和入侵,基本上采取了防御政策,长城即这一政策的生动体现。虽然历代都有一些热衷于开疆拓土的帝王向外进行侵略扩张,但他们往往得不到社会舆论的支持甚至因此而归于失败。杜甫有一首诗说得好:"挽弓当挽强,用箭当用长。射人先射马,擒贼先擒王。杀人亦有限,列国自有疆。苟能制侵陵,岂在多杀伤。"① 在与西北草原地区游牧民族的斗争中,以汉族为主的中原农业民族还很注意在坚决抵抗的同时,兼用"怀柔""抚和"政策,如和亲、会盟、开放"互市"、赠送大量布帛丝茶,等等。这些政策的理论根据就是《尚书》对"要服""荒服""顺俗施化"的原则。西汉时匈奴呼韩邪单于请求朝见,在讨论朝见礼仪时,萧望之说:"单于非正朔所加,故称敌国,宜待以不臣之礼,位在诸侯王上。外夷稽首称藩,中国让而不臣,此则羁縻之谊、谦亨之福也。《书》曰'戎狄荒服',言其来服,荒忽无常。如使匈奴后嗣,卒有鸟窜鼠伏,阙于朝享,

---

① 《前出塞》九首之一。

不为叛臣。信让行乎蛮貊，福祚流于无穷，万世之长策也。"①对态度反复无常的游牧民族，宽大为怀，给以优待，以保护其友好交往的积极性。这种政策，显然是正确的。对于入侵失败而请求"内附"的游牧民族，汉、唐两代还采取了容纳的政策，即让他们进入长城以内在指定的地区居住，并让其上层人物继续统领部众。这种政策也是正确的。

对境内的少数民族，历代王朝也采取了"顺俗施化"的政策。唐朝对于境内各少数民族，一般不改变其生产方式、社会制度和风俗习惯，多用加封各族首领为都督、刺史的形式，让他们继续统辖本族。在经济上基本不征赋税，并时常给各族贵族大量赏赐。这种政策早在殷周和汉代即有先例，并被后来的王朝继承。明代实行"内安诸夏、外托四夷，一视同仁，咸期生遂"的政策，对元亡以后留在境内的蒙古人、色目人给以与汉人无差别的待遇，对在元代进入中国版图的各民族地区，采取"土官与汉官参治"的办法，"顺俗施化，因人受政"。应当指出，这种"顺俗施化"的政策绝不意味着否定民族歧视、民族压迫，因为它是建立在华夏族的道德文化高于其他民族、天子对普天下的人民有教化之责任的理论之上的。但它比起那种用暴力强迫同化的政策又有明显的优越性，能够促进各民族相互了解、相互接近乃至自然融合、同化的过程。

如果说珍视本民族的独立和文化传统是"刚健自强"精神在民族关系问题上的表现，那么，以"怀柔""抚和"和"顺俗施化"为主的政策，则是"厚德载物"精神在民族关系问题上的表现。

以上所述表明，中国古代的民族理论和民族政策具有明显的封建烙印。这主要表现为华夏中心主义，表现为追求以华夏为中心的"四夷宾服"的理想。但其中也有明显的民族特性，这主要表现为不以征服为手段，而以道德教化为手段去追求"协和万邦"。从这个意义上可以说，既主张维护自己民族的独立又不向外扩张，是中国文化的特点，是中国爱好和平的优良传统。

---

① 《汉书·宣帝本纪》。

第三章

中西文化的基本差异(下)

文化模式是一个包括思维方式、知识结构、价值取向、审美趣味的综合体。从这个意义上可以说，中西民族文化的基本差异是文化模式的差异，这个基本差异就是：中国传统文化重和谐与统一，西方近代文化重分别与对抗。

文化上民族差异的形成原因，都在生产力的一定发展程度上才得以发挥作用。因此，民族是一个历史范畴，它不是超历史的存在，不是纯自然的存在。因而，文化上的民族差异也是历史的、可变的、相对的。

一　和谐与斗争

上一章从人与自然、家庭、民族三个方面分析了中西文化基本差异的表现形式。分析表明，在这些问题上，中华民族和西方各民族的要求、态度、认识和行动各有特点。把这些特点联系起来思考，不难发现，其中又有一以贯之的地方，即中国传统文化比较重视人与自然、人与人之间的和谐与统一；西方近代文化则比较重视人与自然、人与人之间的分别和对抗。如果说，一个民族的共同文化即这个民族不同阶级的人对于人与自然的关系、民族关系、家庭关系等问题处理方式的总和，那么，这些处理方式中一以贯之的东西就是该民族的共同思想或共同心理。这里所谓心理其实应该叫做"心习"，也就是心态习惯。共同心习一方面是共同的要求、理想、愿望，另一方面是共同的认识、观念。共同的要求就是它的价值观念，共同的认识主要表现为共同的思维方式。这一切，可以总称为文化模式。文化模式是一个包括思维方式、知识结构、价值取向、审美趣味的综合体。从这个意义上可以说，中西民族文化的基本差异是文化模式的差异，这个基本差异就是：中国传统文化重和谐与统一，西方近代文化重分别与对抗。

与注重和谐统一的文化特点相应,中国传统哲学的首要特点就是主张把差异和矛盾当做统一体的固有内容来把握,同时又主张把统一与和谐当做差异和矛盾的本来根据来把握。

这种思维方式的本体论根据,就是认为在矛盾的同一性和斗争性中,同一性更为根本,而对立与差异是包含在统一与和谐之中的。两(对立)乃一(统一)的固有内容,一乃两之本来根据。中国古代对辩证法研究极精的北宋哲学家张载说:"太和所谓道,中涵浮沉、升降、动静相感之性,是生絪缊、相荡、胜负、屈伸之始。"①"道"是中国传统哲学的最高范畴。张载认为,所谓道就是太和,太和即气(物质)的总体。这所谓太和,即至高无上的和谐,这和谐不是排斥差异和矛盾的,相反,浮沉、升降、动静等对立和对立面之间的相互作用("相感"),乃太和所固有的,而这对立面及其相互作用又是事物外在对抗与冲突(絪缊、相荡、胜负、屈伸)的根源。张载又说:"气本之虚则湛一无形,感而生则聚而有象。有象斯有对,对必反其为;有反斯有仇,仇必和而解。"②阴阳未分且无形质可见的太虚之气是气的"本体",即本然状态,由此气内部所固有的阴阳相互作用而产生出来的万物均有形象可见,有形象就有对立,有对立就有相互排斥,有相互排斥就有相互斗争,而这种斗争又必然最终和解,也就是复归于阴阳未分的太虚。

根据这种把同一性看得更为根本的本体论,中国传统哲学发展了一种有中国特色的辩证的思维方法。这种思维方法,在不同的哲学家中有不同的名目。老子谓之"观复",庄子谓之"以明",《易大传》谓之"通乎昼夜之道而知",如此等等。所谓"观复",是一种从动必复归于静的过程看动静,以静为根本并统一于静的方法,其要领是"致虚极,守静笃",也就是从动静的统一中把握动静的对立。所谓"以明"即"反复相明"(郭象注语),以对立者反复相明,通过对立的相对性及对立面

---

① 《正蒙·太和》。
② 同上。

>>> 中国古代对辩证法研究极精的北宋哲学家张载说："太和所谓道,中涵浮沉、升降、动静相感之性,是生絪缊、相荡、胜负、屈伸之始。""道"是中国传统哲学的最高范畴。图为当代顾长平《范仲淹与张载》。

的相互转化、相互渗透，以见对立者的齐一。其要领是找出"彼是(此)莫得其偶"的"道枢""以应无穷"，即以不分彼此的统一的道去把握对立。所谓"通乎昼夜之道而知"，即一种以对立面的转化和统一的原理来把握对立面的方法。昼夜既是最明显的对立现象，也是最明显的对立面相互转化的现象。到北宋张载揭出"两一"范畴，他说："两不立则一不可见，一不可见则两之用息。两体者，虚实也，动静也，聚散也，清浊也，其究一而已。"①凡观物要察其一中之两，及两体之一。于一观其两，于两观其一。这种方法把差异和矛盾当做统一体的固有内容来把握，同时把统一与和谐当做差异与矛盾的本来根据来把握。

中国传统哲学的上述思维方法，与其企求和谐、统一的价值取向及审美情趣是一致的。

西方古代哲学比较注重分别和对抗。西方辩证法的奠基人赫拉克利特认为统一是由斗争产生出来的。他特别强调对立和斗争的意义，他说："战争是万物之父，也是万物之王。它使一些人成为神，使一些人成为人，使一些人成为奴隶，使一些人成为自由人。"②又说："战争是普遍的，正义就是斗争，一切都是通过斗争和必然性而产生的。"③赫拉克利特也赞美和谐，并且认为和谐是由互相排斥的东西结合在一起而形成的。在西方哲学中，赫拉克利特注重对抗和斗争的传统一直保留了下来。在古希腊，辩证法是一种论战术，其目的是使有局限性的主张自己取消自己，自己驳斥自己。在康德那里，辩证法就是一系列的二律背反，或者用黑格尔的话说，就是指示出矛盾是属于思维规定之本性的。这种传统，直到黑格尔才起了变化。在黑格尔看来，"辩证法乃在于从对立面的统一中把握对立面，或者说，在否定的东西中把握肯定的东西"④。即使在

---

① 《正蒙·太和》。
② 《欧洲哲学史资料简编》，北京大学哲学系自编教材，第6—7页。
③ 同上。
④ 黑格尔：《逻辑学》上卷，北京：商务印书馆1961年第1版，第39页。

黑格尔那里，西方辩证法重视分别与斗争的传统也表现得很鲜明。他在解释矛盾是一切运动和生命力的根源这一命题时说："内部的、本身的自己运动、一般的冲动……不外是由于在同一关系中有某物自身和它的空无，即某物自身的否定的一面。抽象的自我同一，还不是生命力，但是肯定的东西由于在自身中就具有否定性，所以它可以超出自身，并引起自己的更化。"[①]这一解释显然更侧重于强调矛盾的斗争性在推动事物发展中的作用。

在绝对不相容的对立中思维的形而上学的思维方式，在西方近代文化中占统治地位。它是通过培根和洛克从自然科学移植到哲学中来的。它和西方古代辩证思维本质上是对立的，但在注重分别和对抗这一点上又有相通的地方。这种思维方式的基础是抽象的同一性观点，即认为每一个事物和它自身同一，一个事物不能同时是它自身又是别的。这种观点，和中国的"和而不同"传统大相径庭。在中国哲学家看来，统一物内部总是包含着差异、对立和变化。西方思想家从抽象同一性的观点出发，陷入一系列不相容的对立中，并在这些不相容的对立中思维。用这种思维方式把握世界的结果，就是机械的、形而上学的世界观。要而言之，形而上学思维方式一个致命的弊病是把本来包含在统一物内部的差异和矛盾，变成外在的不相容的对立和不可克服的矛盾。

应当指出，中西辩证思维的上述差异，可以说是各有所见亦各有所蔽，应综合二者之长。因为双方在矛盾的同一性与斗争性两个方面，各自较充分地阐发了一个方面，而于另一方面则有所忽略。至于形而上学思维方式，在历史上也曾起过有益的作用。中国古代儒家哲学和道学哲学都不重视细密的分析，应该承认，这是一个明显的缺点。

---

① 参见列宁：《哲学笔记》，北京：人民出版社1956年第1版，第146—147页。

二 析中西文化方向不同论

梁漱溟是中国现代著名的社会活动家和思想家,1921年以来写过几本关于文化问题的专著。他在文化问题上有一套很系统、很彻底的理论,也发表过一些很精辟的议论。他认为,中国、西方、印度文化的不同是方向的不同,或谓人生态度的不同,而这不同又由于"意欲之所向不同"。这一基本断案,在他看来是"百世以俟,不易吾言"的,而在我们看来,却很难苟同。他的思想前后有不少变化,但基本思路是始终一致的。这里只据其自称"大端已立"的《东西文化及其哲学》一书,做一些分析。

要了解梁漱溟对中西文化差异的上述断案,必须先了解他据以立论的前提。这些前提包括:文化的定义、人类生活可能有的三种路径样法、生活的问题分类及正确的解决方法。他把文化定义为"生活的样法",他说:"你且看文化是什么东西呢?不过是那一民族生活的样法罢了。生活又是什么呢?生活就是没尽的意欲(will)——此所谓'意欲'与叔本华所谓'意志'略相近——和那不断的满足与不满足罢了。通是个民族,通是个生活,何以他那表现出来的生活样法成了两异的彩色?不过是他那为生活样法最初本因的意欲分出两异的方向,所以发挥出来的便两样罢了。"[①]

这里所谓"生活的样法",亦即生活问题解决的方法。他认为,此种解决问题的方法即生活的样法有三种。

---

① 梁漱溟:《东西文化及其哲学》,见《中国现代哲学史资料汇编》,辽宁大学哲学系自编教材,第119—120页。

（一）本来的路向：就是奋力取得所要求的东西，设法满足他的要求；换一句话说就是奋斗的态度。遇到问题都是对于前面去下手，这种下手的结果就是改造局面，使其可以满足我们的要求，这是生活本来的路向。

（二）遇到问题不去要求解决，改造局面，就在这种境地上求我自己的满足。譬如屋小而漏，假使照本来的路向一定要求另换一间房屋，而持第二种路向的遇到这种问题，他并不要求另换一间房屋，而就在此种境地之下变换自己的意思而满足，并且一般的有兴趣。这时下手的地方并不在前面，眼睛并不往前看而向旁边看；他并不想奋斗的改造局面，而是回想的随遇而安。他所持应付问题的方法，只是自己意欲的调和罢了。

（三）走这条路向的人，其解决问题的方法与前两条路都不同，遇到问题他就想根本取消这种问题或要求。这时他既不像第一条路向的改造局面，也不像第二条路向的变更自己的意思，只想根本上将此问题取消。这也是应付困难的一个方法，但是最违背生活本性。因为生活的本性是向前要求的。凡对于种种欲望都持禁欲态度的都归于这条路。①

按照这段文字的表述方式，似乎可以得出结论：第一条路向是正确的，其他两条路向是错误的。但这不是他的意思。在他看来，人类生活并没有什么好，人类文化也没有什么价值，人类除了解破根本"二执"——我执、法执之外，根本没有得救的希望。因此，是否符合生活的本性，并非正确与否的标准。不仅如此，他还把人生问题按可满足与否分为四类（或三大项），并认为上述三种路向因这三大项问题而各有其必要与不适用。他认为，人生问题按可满足与否分为四类：

---

① 梁漱溟：《东西文化及其哲学》，见《中国现代哲学史资料汇编》，辽宁大学哲学系自编教材，第 133 页

（一）可满足者。此即对物质世界——已成的我——之奋斗；这时只有知识力量来不及的时候暂不能满足，而却本是可以解决的问题。譬如当初的人要求上天，因为当时的知识力量不及所以不能满足，而自发明轻（氢）气球、飞机之后也可以满足；可见这种性质上可以解决的要求终究是有法子想的。

（二）满足与否不可定者：如我意欲向前要求时为碍的在有情的"他心"，这全在我的要求范围之外，能予我满足与否是没有把握的。例如，我要求旁人不要恨我，固然有时因为我表白诚恳可以变更旁人的"他心"，而有时无论如何表白，他仍旧恨我，或者口口声声不恨而心里照旧的恨。这时我的要求满足与否毫无一定，不能由我作主的。因为我只能制服他的身体而不能制服他的"他心"，只能听他来定这结果。

（三）绝对不能满足者：此即必须遵循的因果必至之势，是完全无法可想的。譬如生活要求永远不老死，花开要求永远不凋谢，这是无论如何做不到的，绝对不可能的，所以这种要求当然不能满足。

（四）此条与以上三条都不同，是无所谓满足与否的。这种生活是很特异的，如歌舞音乐以及种种自然的情感发挥，全是无所谓满足与否或做到做不到的。①

梁漱溟认为，此四类问题中之前三项有高下次第之分，适用的解决方法也不同。他说："我们在第三章中曾列举人类生活有可满足的，不定得满足的，绝对不能满足的，三次第问题，人类是先从对于自然界要求物质生活之低的容易的问题起，慢慢解决移入次一问题，愈问愈高，问到绝对不能解决的第三问题为止。……唯第三问题要用第三路向，唯

---

① 梁漱溟：《东西文化及其哲学》，见《中国现代哲学史资料汇编》，辽宁大学哲学系自编教材，第132页。

第二问题要用第二路向,唯第一问题要用第一路向。"① 根据以上所述的前提,梁漱溟提出了对中、西、印三种文化的差异的观点。他说:

> 西方文化是以意欲向前要求为其根本精神的。②

> 中国文化是以意欲自为、调和、持中为其根本精神的。印度文化是以意欲反身向后要求为其根本精神的。③

同样根据以上所述的前提,他提出了对中、西、印文化的基本评价和对世界未来文化的展望。在他看来,由于中、西、印文化路向不同,故其成绩也不同。西方文化在对自然界要求物质生活方面大有成就,中国文化在解决人对人的问题方面大有成就,印度文化在解决个人自己对自己的问题方面大有成就。"自其成绩论,无所谓谁家的好坏,都是对人类有很伟大的贡献。"④但从态度看,却有个合宜不合宜。"西洋文化的胜利,只在其适应人类目前的问题,而中国文化印度文化在今日的失败,也非其本身有什么好坏可言,不过就在不合时宜罢了。人类文化之初,都不能不走第一路,中国人自也这样,却他不待把这条路走完,便中途拐弯到第二路上来,把以后方要走到的提前走了,成为人类文化的早熟。"⑤他更认为,西方人的第一路向已经走到尽头,不久的将来将是中国文化的复兴,而后继之以印度文化的复兴。基于此,他主张中国人现在应持的态度:一是要排斥印度的态度;二是对于西方文化全盘承受,而根本改过,就是对其态度要改一改;三是批评地把中国原来态度重新拿出来。

梁漱溟的主张系统、严整而彻底,涉及的问题太多、太广、太复杂。这里只能就几个最主要问题做一些分析:

---

① 梁漱溟:《东西文化及其哲学》,见《中国现代哲学史资料汇编》,辽宁大学哲学系自编教材,第159页。
② 同上书,第120页。
③ 同上书,第133页。
④ 同上书,第197页。
⑤ 同上。

第一，他对文化的看法，很明显地属于我们在导言中所指出的德国传统，因而具有这一传统的长处和短处。具体地说，其问题集中表现在两个问题上：其一是在文化动因上的唯意志论。他认为，文化只有主观的因，没有客观的因，法国传统所说的"因"（如地理环境决定论）及唯物史观所说的"因"（生产力）只是缘，不是因。这主观的因即意欲。因而文化之所以不同，是由于意欲之所向不同。这是典型的唯意志论。其二是把生活的样法（文化）和生活中的成绩品（文明）割裂开来、对立起来。他认为："生活中呆实的制作品算是文明，生活上抽象的样法是文化。"⑥实际上，这二者是紧密联系在一起的。人类的生活当然由其意欲的推动，但意欲这个东西并不是自本自根的，而是由人的生理、心理所决定的。生理决定于人的物质构造，心理则不仅决定于人的物质构造，而且决定于一定的文化——广义的文化。

马克思指出："任何人类历史的第一个前提无疑是有生命的个人的存在。因此第一个需要确定的具体事实就是这些个人的肉体组织，以及受肉体组织制约的他们与自然界的关系。"⑦人之所以只有从自然界获得一些特定的生活资料才能生存，正因为它是一种特定的耗散结构，它只有在不断与外界交换物质和能量的条件下才能生存。人类对食物等的意欲即本诸此。他又说："人们用以生产自己必需的生活资料的方式，首先取决于他们得到的现成的和需要再生产的生活资料本身的特性。这种生产方式……在更大程度上是这些个人的一定的活动方式，表现他们生活的一定形式、他们的一定的生活方式。"⑧人的肉体组织决定了人需要特定的生活资料，而这些特定生活资料的特性又决定了生产它们的方式即生活方式，或者用梁漱溟先生的用语，亦即生活的样法。你要以野兽为食吗？那么你就要去打猎。你要以谷物为食吗？那么你就要去种地。在

---

⑥ 梁漱溟：《东西文化及其哲学》，见《中国现代哲学史资料汇编》，辽宁大学哲学系自编教材，第132页。
⑦ 马克思：《德意志意识形态》，见《马克思恩格斯选集》第一卷，第24页。
⑧ 同上书，第25页。

这里,意欲并不能创造出任何生活样法,而只能被生活资料本身的特性牵着走。从这些生活资料是由人加工过的意义上说,就是一定的文明或"生活的成绩品"制约着人的生活样法。由于物质需要的满足与否决定于人们进行生产的物质条件,在物质条件还不具备的情况下,就难免有狐狸吃不着葡萄,就说葡萄是酸的一类聊以自慰的说法跑出来。就是说,意欲究竟是向前还是调和、持中,也要受到客观物质条件的制约。

马克思主义还指出,人的欲求、需要,不仅取决于人的肉体组织、取决于生理,在更大程度上还取决于人类的文化积累。人所要求的人的生活是随文化发展程度的不同而很不相同的。衣服不仅要能御寒,还要美观,你给他一件破麻衣,他会抗议:这是牛马之衣,你不把我当人看!再说,人的肉体组织也不是一成不变的。类人猿不穿衣服可以过冬,人就不行;太古的人能吃生肉、喝生水,现在的人就不行。

要而言之,人的意欲,不仅是人的肉体组织的产物,更是人类本身文化成就的产物,因此,意欲是文化的动因,同时又随文化成就的改变而改变。这些道理,对于唯物主义者来说是不言自明的,但梁漱溟却不屑一顾,察其根本原因,在于他在什么是人、什么是人的生活问题上持一种唯心主义的态度。在他看来,"现在的我"即人是一种"看不见,听不见,摸不着的非物质的东西",亦即人们所谓的"心"或"精神",用他自己的话说,"现在的意欲就是'现在的我'",而生活就是"'现在的我'对于'前此的我'之一种奋斗努力"[①]。这里所谓"前此的我",即包括人自身的肉体在内的物质世界。用这样一种唯心主义的态度看待人和人的生活,怎么可能不得出唯意志主义的结论呢?由此可见,我们和他的分歧,归根结底还在物质与意识、自然界与精神的关系这一哲学基本问题上。

既然意欲并不是什么自本自根的东西,它由人本身的肉体组织及人

---

① 梁漱溟:《东西文化及其哲学》,见《中国现代哲学史资料汇编》,辽宁大学哲学系自编教材,第131页。

在历史过程中对人本身的自然和身外自然的改变所决定,那么,把文化不同根源归结为意欲所向不同之说就不能成立了。

第二,梁漱溟指出人生有三大项问题,即人对自然问题、人对人的问题和人自己对自己的问题,这是有合理成分的。但他以为这三者在解决的先后方面有次第的不同,解决的方法也不同,这就难以苟同。

他承认:"人类头一步问题是求生存;所有衣食住种种物质的需要都是要从自然界取得的"[①],而人类从自然界取得这些生活资料的方法是生产。一说到生产,就离不开两种关系:人对自然的关系和人对人的关系。因为人是社会性的动物,人类的生产从来都不是单个的个人面对自然界,而是以一定的方式组织起来面对自然界。马克思主义已经雄辩地证明,人类组织起来从事社会生产的方式及由这种方式决定的人与人的物质关系——生产关系,由生产力决定并随生产力的改变而改变,而人与人的其他关系——政治关系、伦理关系、法律关系等又由生产关系这一原始关系决定。因此,人生这前两项问题是不可分离地联系在一起的,它们的解决也是互相关联的,或者说是同步的,即人对自然的关系的改变(生产力的变化)决定并要求人对人的关系随之改变,人对人的关系的改变适应并反作用于人对自然关系的改变。

人们从事社会生产的目的,不仅仅是求生存,而且是求享乐、求发展。生存需要生存资料,享乐和发展需要享乐和发展的资料。人类发展到资本主义阶段,生存资料可以说得到基本解决。但享乐和发展的资料则远远没有解决并且本质上永远也不可能完全得到满足。因为人类的物质需要是无止境的,旧的需要满足了,新的需要接踵而至。正因为如此,马克思主义把发展生产力视为社会主义的首要任务。这说明,人对自然问题和人对人问题的解决本质上是一个并肩前进的无限过程,根本不可能出现先解决一个再解决一个的次第,更不能据此划分人类文化的时期,

---

① 梁漱溟:《东西文化及其哲学》,见《中国现代哲学史资料汇编》,辽宁大学哲学系自编教材,第182—183页。

不能把不同的文明机械地划分为物质文明和精神文明。

宇宙是一个永恒流变的过程,有限的生命处于这永恒流变的过程中,也逃不脱生老病死。这确实是一个大问题,一个引起古往今来无数思想家苦苦思索的大问题。但这个问题也不能够与前两个问题截然分开。它本质上还是一个人与自然、人与人的关系问题,不过表现形式比较特殊而已。生命本身有其解决这个问题的自然方式,那就是种的繁衍。这种方式在动物界表现为求生的本能和生殖的本能,后者往往比前者表现得更强烈。但无论是动物还是原始人类,都没有把自己与自然界分开,没有把个体与他体分开,只是到了阶级社会里,人才获得了把人己物我分开的"自我意识",而且这种"自我意识"从一开始就打上了私有观念的烙印。正像一个私有者在处理人与自然、人与人关系时以个人为本位一样,在处理死这个问题上也以个人为本位。这样就出现了怕老病死、希望长生的意欲。这种意欲,不论表现为基督教的灵魂不灭,还是表现为道教的肉体成仙,抑或表现为佛教的涅槃寂静,其实质都是一个私意。这一点是早经宋、明理学家揭示出来的。如程颢说:"佛学只是以生死恐动人,可怪二千年来,无一人觉此,是被他恐动也。圣贤以生死为本分事,无可惧,故不论死生。佛之学,为怕死生,故只管说不休。下俗之人固多惧,易以利动。至如禅学者,虽自曰异此,然要之只是此个意见,皆利心也。"① 由此可见,个体生命的有限与生命要求永远长生不死的矛盾,并不是什么永恒的不可解决的矛盾,因为要求永远长生不死的意欲本身就是一定时代的产物,并且会随着历史的发展而归于消失,亦即随着人与自然、人与人关系的逐渐解决而消解。

梁漱溟提出的人生三大问题不仅是紧密联系在一起的,而且解决的方法也是一致的。从态度来看,人与自然的关系,一方面固然需要以改造局面的方式解决;另一方面也需要适应自然,要十分慎重地估计人的行动对自然界产生的影响,防止破坏自然、破坏环境、破坏生态平衡。

---

① 《二程遗书》卷一。

>>> 这样就出现了怕老病死、希望长生的意欲。这种意欲，不论表现为基督教的灵魂不灭，还是表现为道教的肉体成仙，抑或表现为佛教的涅槃寂静，其实质都是一个私意。图为日本镰仓时代《释迦牟尼佛涅槃图》。

他认为只要一味地向前去征服自然就能解决人对自然的问题，今天看来显然是片面的。人与人的关系，一方面固然需要以"反求诸己"的精神去解决，另一方面也需要奋斗精神。一个人如果不能刚健自强，不能对各种压迫和欺凌奋起反抗，那他就很难得到别人的尊重，不能获得平等和自由。在一直存在人剥削人、人压迫人的阶级社会里，这后一方面尤其重要。他不是也承认："德谟克拉西……是对于种种威权势力反抗奋斗争持出来的"①吗？中国古代哲人还向我们昭示，对于病、老、死之类的问题，也需要同时有两种精神才能解决。一方面是发挥人的奋斗精神，与疾病衰老做斗争，以求尽其天年；另一方面，对于生固有死以理智达观的态度顺应之。陶渊明说："纵浪大化中，不喜亦不惧。应尽便须尽，无复独多虑。"②中国古代哲学家用这种态度坚决抵制了佛教以生死恐动人诱人出世的宣传，其成功的经验值得我们借鉴和发扬。要而言之，历史的经验证明，人生的三大问题都需要同时持奋斗和顺应的态度才能逐步获得解决。

他之所以把人生三大问题视为相互孤立、各有各的解决方法、解决有先后次第的问题，在于他对这些问题特别是人对人的问题的唯心主义解释。

他把生活定义为"现在的我"对"前此的我"的一种奋斗努力，并对此做了一番修订。他认为，作为生活之"碍"的不仅有物质世界，他把这个物质世界视为"我自己的真异熟果"，还有"其他有情的'他心'"，还有"宇宙间一定的因果法则"，特别是"凡生活皆须老死"的规律。这三种"碍"，就是他所谓人对自然、人对人、人自己对自己三大问题。而所有这些说法，都是唯心主义的。

在他看来，物质世界是已成的我、前此的我、我自己的真异熟果。这是佛教唯识宗的观点。物质世界既然不过是已成的我、前此的我，那

---

① 梁漱溟：《东西文化及其哲学》，见《中国现代哲学史资料汇编》，辽宁大学哲学系自编教材，第133页。

② 《形影神》诗。

么这种"碍"能够被现在的我即意欲克服、征服、改造，就似乎是没有问题了。他以为只要意欲向前就能解决人对自然问题的结论即本诸此。其实，按照唯物主义的观点，问题并不那么简单。要征服自然，必须认识自然、服从自然，亦即遵循自然规律去利用自然。在自然规律方面，也如"凡生活皆须老死"的规律（这也是自然规律），人类除了服从、顺应之外，实在也无法可想。这一点正是培根等人所特别强调的。由此可见，他在把西方态度概括为"以意欲向前要求为其根本精神"时，已对这种精神做了歪曲，做了唯心主义的理解。

在唯物主义看来，人与人的关系首先是一种物质关系，即生产关系和人类本身再生产中的关系（如父子、夫妇），其他关系都是以此为基础的。由于生产关系由生产力决定，故人对自然与人对人的问题本质上是一个问题的两个方面，不能分什么先后次第，更不能分别用两种截然不同的方法解决。但他对这两个问题的划分却有一套纯粹唯心主义的说法。他说："为碍的不单是物质世界——已成的我——就是，不仅是我自己的真异熟果。还有另外一个东西——就是其他的有情。譬如我将打猎所得的禽兽食肉剥皮，这时虽是对于其他有情的根身之一种改变局面，其实还是对于'已成的我'的奋斗；因为其他有情的根身实在就是我的器界——已成的我；所以这时为碍的异非另外的有情，仍是我自己的'真异熟果'。真正为碍的是在其他有情的'他心'，而不在其根身。譬如我要求他人之见爱，或提出一种意见要求旁人同我一致，这时为碍的即是'他心'；这才是真正的其他有情，并非我的'已成的我'，而是彼之'现在的我'；这时他究竟对我同意与否尚不可知，我如果要求大家与我同意，就须陈诉我意，改造'他心'的局面。"① 这就是说，所谓人对人的关系仅仅是指意欲之我与意欲之他或我心与他心的关系，其他统统不是。对野兽食肉剥皮、对他人的肉体施以压迫，统统属于"现在的我"与"前此的我"

---

① 梁漱溟：《东西文化及其哲学》，见《中国现代哲学史资料汇编》，辽宁大学哲学系自编教材，第131—132页。

的斗争。甚至于连我自己的根身——肉体也属于前此的已成的我。他的这一划分可谓十分清晰，但却是彻底的唯心主义。按照这样的划分，人对自然的问题和人对人的问题当然就成了相互孤立的、需要以不同的方法解决的和可以依先后次第逐项解决的。但按唯物主义的见解，这样的划分是荒谬的。精神——思维、意志、情感、意识等——是人的肉体的机能和对客观世界能动的反映，人与人的关系首先是人在生产中和种的繁衍中形成的物质关系。历史的经验还告诉我们，人的意欲并不像梁先生想象的那样是绝对自由的。垄断了物质生产资料的阶级同时也垄断了精神生产，因而历史上的剥削阶级不仅可以征服他人之身，也可以征服他人之心。如果不是这样，那么由一小撮剥削者统治绝大多数劳动者的历史状况就简直成为奇迹了。

梁漱溟认为，人对物质世界的问题是现在之我对前此之我的问题，人对人的问题是我心对他心的问题，独有人自己对自己的问题属于绝对不能满足的问题，属于必须遵循的因果必然之势的问题。这种划分也有其唯心主义的根据。按照唯物主义的见解，自然界和人类社会的发展都有客观的因果规律，因而无论在人对自然、人对人方面，人们都存在一个必须遵循客观规律的问题，"凡生活皆须老死"只是这许多规律中之一种。因而这三方面的问题，无论在解决的方法或解决的时间上都不能判然划分。但他这"凡生活皆须老死"的规律却是由其唯心主义的宇宙观引申出来的。在他看来，生活就是相续，宇宙也是相续，而生活是包括生物的"根身"即肉体与"器界"即物质世界在内的，因而宇宙也就是生活，或者说，"宇宙实成于生活之上，托乎生活而存者也"[①]。既然生活、宇宙都是相续，而"相续即无常"[②]，那么，生活皆须老死就成为必须遵循的因果必然之势了。正因为如此，他才能把第三个问题与第一、第二个问题判然划分开来。

[①] 梁漱溟：《东西文化及其哲学》，见《中国现代哲学史资料汇编》，辽宁大学哲学系自编教材，第130页。

[②] 同上书，第155页。

梁漱溟对人生三大项问题及解决方法、次第的判然划分，是他据以评价中、西、印三种文化并推测世界未来文化的理论基础。这个理论基础一破，他对中、西、印文化的评价及他对世界未来文化的推测也就不能成立。

第三，梁漱溟对中、西、印三种文化的基本精神的分析是不能成立的。

应当承认，梁漱溟对生活路径样法的分析是有一定道理的。

人们在遇到困难时，确有不同的态度。有的奋斗前行，有的随遇而安，有的则采取"鸵鸟政策"。但这种分析却不适用于中、西、印三大文化系统。在我们看来，能够创造出光辉灿烂的物质文明和精神文明，并将其不断地继承、发展的，只有积极向上的人生态度，至于第二、第三种态度，虽然并非一无是处，但只能作为第一种态度的补充，如果以这些态度作为人生的根本态度，那就不会有任何文化成果。这也就是说，中、西、印三大文化系统本质上都遵循着同一路向。

说第二、第三种态度并非一无是处，是基于如下考虑。人生需要很多，限于主客观条件，不可能都得到满足。例如，我既反对民族压迫，也反对阶级压迫，但当民族灾难极其深重，威胁到民族生存时，我就要集中全力于反对民族压迫，而对阶级压迫暂时采取调和、持中的态度。此其一。其二，人生需要得不到满足时，会产生痛苦，痛苦太多，不仅妨碍奋斗，还会伤身。这样，对于不同的痛苦就需要采取不同的方法。当我正集中全力于反对民族压迫时，我要着意渲染这种压迫的痛苦，使人们从麻木中清醒过来，奋起抗争。而对于其他痛苦，如阶级压迫之苦、物资匮乏之苦、战争中失去亲人之苦，我就要设法解脱，或者随遇而安，或者暂时忘却。要而言之，为了使我的精力和情绪有利于在主要方向上保证我奋斗前行，在其他次要方向上来一些随遇而安或暂时取消某些要求是必要的。但如果不是把这些态度作为奋斗的态度的补充，那就无可取了。

一个人如果不论遇到什么问题都随遇而安或根本取消这个问题，那他是不会有任何成就的。一个人是这样，一个民族也是这样。我们对文化的定义与梁漱溟先生不同，对文化与文明关系的看法也不同。在我们看来，文化是对人自身的自然与身外自然的改造，是活动方式与活动成果的辩证统一。一个人如果对什么问题都随遇而安，或者根本取消问题，那他就不会有任何活动、任何创造、任何成绩，也就不会有任何文化。而他则以为，文化就是生活的样法，随遇而安和转身向后要求既然也是生活的样法，那也就是一种文化。

马克思主义认为，看一个人不应看他的宣言，而要看他的行动。历史上有许多思想家是鼓吹随遇而安或取消问题的，但他们也有许多文化成果。例如庄子的思想和文采，就有很高的成就。这本质上是言行不符的结果。庄子主张"同与禽兽居，族与万物并"，如果他忠实地实践这一主张，他就应该不说话、不写文章，一说话、一写文章，就不是"同与禽兽居，族与万物并"了。

我们说推动中、西、印文化的都是奋斗精神，不仅仅是理论的分析，而且有充分的事实根据。即以中国文化而言，中国文化中不仅有一种刚健自强的精神，而且这种精神被广泛地应用于人生问题的各个方面，对推动中国文化的发展和中华民族的进步起了重大作用。

中国文化在天人关系方面的主导思想是天人调协。这种天人调协，不是某些人理解的"不欲制御自然征服自然而欲与自然融合与自然游乐"，而是在主张发挥人的能动性去调整、引导、改造自然以满足人的需要的同时，又主张适应自然、保护自然、顺应自然规律。这种态度虽与西方单纯讲征服自然有异，但其中贯彻着奋斗精神则一。

在人与人的关系问题上，除了法家的主张与西方类似，即强调人与人的对立、抗争外，其他各家均倾向于注重统一和谐。这种统一和谐并不是像梁漱溟先生所讲的抽象的"互以对立为重"或"礼让为国"，它至少包括三重规定性：其一是强调等级名分，即尊卑贵贱；其二是强调各个个人按一定的等级名分尽其义务，如治于人者食人、治人者食于人，又如父慈子孝、兄友弟恭之类；其三是互相尊重对方人格的尊严，如君使臣以礼之类。这里值得注意的是，所谓人格的尊严是随等级的不同而不同的。君使臣以礼，是礼贤下士式的"敬"，是将臣下视为股肱之类的"敬"，不是要把臣下抬到与自己平等的地位。要而言之，中国人主张的和谐统一，是一种建立在不平等的对等原则基础的和谐统一。孟子说："君之视臣如手足，则臣视君如腹心；君之视臣如犬马，则臣视君如国人；君之视臣如土芥，则臣视君如寇仇。"① 又说："无罪而杀士，则大夫可以去；无罪而戮民，则士可以徙。"② 这些话，清楚地表明了不平等的对等原则。应当指出，要实现这种建立在不平等的对等原则基础上的和谐统一是很不容易的。它一方面取决于等级高的一方的自我约束能力和道德表率作用，另一方面取决于等级低的一方的自重、自强和抗争精神。例如，在地主阶级和农民阶级之间，只有通过农民无数次地举行起义，才迫使地主阶级认识到"水则载舟，水亦覆舟"的道理，稍微约束一下自己。又如在君主专制确立以后，臣下的地位急剧恶化而且越来越恶化，孟子的主张差不多完全没有实现的可能。正因为如此，儒家非常看重"天爵""良贵"，即天赋的人格，非常强调"富贵不能淫，贫贱不能移，威武不能屈"的大丈夫气概，非常看重对各种等级名分及其权利义务做出规定的"礼"。由此可见，中国人在人对人问题上的态度并不是一味地随遇而安，一味地反求诸己，相反，是很看重奋斗精神的，是主张一方面刚健自强，一方面厚德载物，以求达到和谐统一的。

基督教强调人生来有罪，教导人舍弃人间的快乐，去追求天国里灵魂的永生和幸福；佛教强调人生"苦海无边"，教导人出家修持，去追求断绝生死轮回的无生的大自在。虽然基督教并不等于西方文化，佛教也不等于印度文化，但它们在西方和印度毕竟具有或曾经具有很大的势力。在这个意义上，基督教文化是一种罪感文化，佛教文化是一种苦感文化。在中国，占主导地位的儒家坚决主张以生为乐。儒家和道家都认

---

① 《孟子·离娄》。
② 同上。

为生死乃自然规律，主张以理智达观的态度顺应之，儒家更主张要在有限的人生历程中充分实现自己的价值。但中国文化中也有关于人自己对自己的理论，这种理论不是讨论生死问题的，而是讨论"大体"与"小体"，或者说精神生活与物质生活之间的关系。这种关系，用传统的语言说，即正德与利用、厚生之间的关系。

春秋时期有"三事"说。晋国贵族郤缺说："正德、利用、厚生，谓之三事。"[①]正德，指端正品德；利用，指便利器用，亦即发明与改进各种工具器物；厚生，指丰富生活。正德是提高精神生活，利用、厚生是提高物质生活。楚国贵族申叔时论三者关系说："民生厚而德正，用利而事节。"[②]齐国晏婴则说："夫民，生厚而用利，于是乎正德以幅之。"[③]这就是说，利用、厚生是正德的基础，正德是利用、厚生的目的，德行端正了还可对利用、厚生加以节制。这种兼重物质生活和精神生活的"三事"之说，是全面而且相当深刻的。

《周易大传》对"崇德"与"利用"的关系也有精彩的论述。《系辞下传》说："精义入神，以致用也。利用安身，以崇德也。过此以往，未之或知也，穷神知化，德之盛也。""义"指事物的规律，"神"指微妙的变化。精研事物的规律，以至于理解深微的变化，是为了实用；便利实际运用，是为了提高道德。

战国以降，兼重"正德"与"利用厚生"的思想发生了分化。儒家特重"正德""崇德"，对"利用厚生"问题研究得不多。商、韩等法家则特重富国强兵而不重视乃至鄙弃道德。道家反对"利用"，也不赞成"厚生"。这种分化致使"正德、利用、厚生"的全面思想在理论上没有得到进一步发展，直至明清之际才由王夫之、颜元等人发展起来。但历代都有一些自然科学家，对"利用厚生"的实际问题进行过切实的研究。因而，

---

① 《左传·文公七年》。
② 《左传·成公二十八年》。
③ 《左传·襄公二十八年》。

它仍不失为中国文化史上重要的指导思想。

中国古代文化曾取得多方面的辉煌成就，并在长达十几个世纪里长期走在世界前列，只是15世纪、16世纪以后才逐渐落后。这一事实，已经得到中外学者的公认。这里，只把中国古代科学技术的情况与梁漱溟的断言做一对照。他断言，中国人在物质生活方面"很少向前要求有所取得的意思。他很安分知足，享受他眼前所有的那一点，而不作新的奢望，所以其物质生活始终是简单朴素，没有那种种发明创造"[①]。他还断言，中国古代文化与西方近代文化在这方面的差异根本不是先进与落后，不是一个走得快，一个走得慢，而是走了不同的方向。他说："我可以断言假使西方文化不同我们接触，中国是完全闭关与外间不通风的，就是再走三百年、五百年、一千年也断不会有这些轮船、火车、飞行艇、科学方法和'德谟克拉西'精神产生出来。这句话就是说：中国人不是同西方人走一条路线。因为走得慢，比人家慢了几十里路。若是同一路线而少走些路，那么，慢慢的走终究有一天赶的上；若是各自走到别的路线上去，别一方向上去，那么，无论走好久，也不会走到那西方人所达到的地点上去的！中国实在如后一说，质而言之，中国人另有他的路向态度与西方人不同的，就是他所走并非一条向前要求的路向态度。"[②]如果说在"五四"时代，由于历史研究特别是中西科技史的比较研究还很差，这样说还情有可原的话，在现在还守此旧说，就未免太不顾事实了。因为中外学者的比较研究已雄辩地证明，从秦汉至宋元的千余年间，中国的科学技术曾长期处于世界领先地位，并对整个人类文明的进步做出了重大贡献。例如英国科学史家李约瑟指出，中国人"在许多重要方面有一些科学技术发明，走在那些创造出著名的'希腊奇迹'的传奇式人物的前面，和拥有古代西方世界全部文化财富的阿拉伯人并驾齐驱，并在

[①] 梁漱溟：《东西文化及其哲学》，见《中国现代哲学史资料汇编》，辽宁大学哲学系自编教材，第176页。

[②] 同上书，第138页。

公元 3 世纪到 13 世纪之间保持一个西方所望尘莫及的科学知识水平"[1]。事实非常清楚，在改造自然方面，中国人不仅与西方人走在同一条路线上，而且长期走在前面，只是在晚近几百年才落后了。

第四，梁漱溟的中西文化方向不同论不仅从前提到结论都经不起推敲，而且引出了许多在实践上很有害的主张。

他的中西文化方向不同论，不仅否认了文化的时代性，而且否认了文化的民族性。他虽也有西方文化合乎时宜、中印文化不合时宜的说法，但他所谓"时宜"与我们所说的时代性不是一个概念。而且照他的说法，西方文化是第一期文化，中国文化在本性上属于第二期文化，因为第一期文化未能完成而进入第二期，所以是"早熟"的文化。他虽也用了"民族"之类的字眼，但他根据唯意志论的观点断言："文化这样东西点点俱是天才的创作，偶然的奇想，只有前前后后的'缘'，并没有因。"[2]这样，也就割断了文化与民族的联系。这样，既不利于对中国传统文化的封建毒素进行彻底的批判与清洗，也不利于对其中优秀的民族传统的继承和发扬。

梁漱溟根据他的中西文化方向不同论和关于文化分期的观点，断言在不远的将来将是中国文化的世界性复兴。在他所讲的那个意义上，这种希望是完全不可能成为现实的。这种观点的实际效果，只能是为顽固守旧的人们撑腰打气，这在"五四"时代是一种逆时代潮流而动的做法。

他反对在当时先进的人们中相当流行的中西融合论。在他看来，由于中西意欲之所向不同、路向不同，所以二者根本无法融合。

最后，梁漱溟主张中国应当持一种"修正的变化的西洋态度"[3]，即一种既奋往向前，又推斥向外逐物颓流的态度。他说："现在只有先根

---

[1] 李约瑟：《中国科学技术史》（中译本）第 1 卷，第 1 分册，北京：科学出版社 1957 年版，第 3 页。

[2] 梁漱溟：《东西文化及其哲学》，见《中国现代哲学史资料汇编》，辽宁大学哲学系自编教材，第 128 页。

[3] 同上书。

本启发一种人生,全超脱了个人的为我,物质的欲慕,处处的算账,有所为的而为,直从里面发出来活气——罗素所谓创造冲动——含融了向前的态度,随感而应……只有这样向前的动作可以弥补了中国人夙来缺短,解救了中国人现在的痛苦,又避免了西洋的弊害,应付了世界的需要。"①从逻辑上看,这种用中国态度去"含融"西方态度的说法,与他一贯主张的三条路向只能择一的说法是矛盾的。

三 析文化"有古今无中外论"

"五四"以来的文化研究中,曾出现两种对立的但同样片面的主张:一种认为中西文化的差异纯粹是时代性的,可称为"有古今无中外论";一种认为中西文化的差异纯粹是民族性的,可称为"有中外无古今论"。前者的影响,直到今天仍可感觉到,有必要做一些辨析。

主张文化有古今无中外的,大体上有两种人:一种是持历史唯物主义观点而对历史唯物主义了解并不深刻的人,一种是持文化社会学观点的人。前者可以瞿秋白为代表,后者可以胡适、陈序经为代表。

瞿秋白在1923年以屈维它的笔名发表文章《东方文化与世界革命》。在这篇文章中,他指出,"西方文化,现已经资本主义至帝国主义,而

---

① 梁漱溟:《东西文化及其哲学》,见《中国现代哲学史资料汇编》,辽宁大学哲学系自编教材,第202—203页。

>>> 主张文化有古今无中外的,大体上有两种人:一种是持历史唯物主义观点而对历史唯物主义了解并不深刻的人,一种是持文化社会学观点的人。前者可以瞿秋白为代表。图为现代徐悲鸿《瞿秋白与鲁迅》。

东方文化还停滞于宗法社会及封建制度之间"①,二者均已"魂游墟墓";指出只有西方的无产阶级与东方的弱小民族一致起来反抗帝国主义,颠覆宗法社会、封建制度、世界的资本主义,方是走向新文化的道路。这些观点和主张显然是正确的、先进的、革命的。但这篇文章也有严重的片面性,他说:"东西文化的差异,其实不过是时间上的"②,"文化本无东西之别"③。这种只认古今不认中西的观点,显然是片面的。

瞿秋白说:"东西文化的差异,其实不过是时间上的。人类社会的发展,因为天然条件所限——生产力发达的速度不同,所以应当经过的各种经济阶段的过程虽然一致,而互相比较起来各国各民族的文化于同一时代乃呈先后错落的现象。若详细分析起来,其中因果关系非常复杂,而一切所谓'特性''特点',都有经济上的原因,东方和西方之间,亦没有不可思议的屏障。正因人类社会之发展有共同的公律,所以东方文化与西方文化有相异之处;这却是由于彼此共有同样的主要原因,其仅因此等原因之发展程度不同,故有差异的结果,并非因各有各的发展动力,以至于结果不同。此处的异点正足以表示其同点——是时间上的迟速,而非性质上的差异。"④

这里问题的关键出在以为文化的一切特性、特点都有经济上的原因。这是对历史唯物主义的机械的形而上学的曲解。恩格斯在晚年写了一系列书信,纠正这种错误。这里只引几段,以见一斑。

恩格斯说:"普鲁士国家也是由于历史的、归根到底是经济的原因而产生出来和发展起来的。但是,恐怕只有书呆子才会断定,在北德意志的许多小邦中,勃兰登堡成为一个体现了北部和南部之间的经济差异、语言差异,而自宗教改革以来也体现了宗教差异的强国,这只是由经济的必然性所决定,而不是也由其他因素所决定……要从经济上说明每一

---

① 瞿秋白:《东方文化与世界革命》,载《新青年》1923年第1期。
② 同上。
③ 同上。
④ 同上。

个德意志小邦的过去和现在的存在，或者要从经济上说明那种把苏台德山脉至陶努斯山脉所形成的地理划分扩大成为贯穿全德意志的真正裂痕的高地德意志语的音变的起源，那么，要不闹笑话，是很不容易的。"①

恩格斯又说："以家庭的同一发展阶段为前提的继承权的基础就是经济的。尽管如此，也很难证明：例如在英国立遗嘱的绝对自由，在法国对这种自由的严格限制，在一切细节上都只是出于经济的原因。……至于那些更高地悬浮于空中的思想领域，即宗教、哲学等，那么它们都有它们的被历史时期所发现和接受的史前内容，即目前我们不免要称之为谬论的内容。这些关于自然界，关于人本身的本质，关于灵魂、魔力等的形形色色的虚假观念，大都只有否定性的经济基础……虽然经济上的需要曾经是，而且愈来愈是对自然界的认识进展的主要动力，但是，要给这一切原始谬论寻找经济上的原因，那就的确太迂腐了。"②

在恩格斯看来，经济状况是基础，是归根结底的决定性因素，如果把历史唯物主义的这一基本原理加以歪曲，"说经济因素是唯一决定性的因素，那么他就是把这个命题变成毫无内容的、抽象的、荒诞无稽的空话"③。由此可见，瞿秋白企图将中西文化的一切差异都归结为经济的原因，其在方法论上的错误是非常明显的。正因为如此，在许多问题的具体解说上，他不能不陷入恩格斯所说的"迂腐"，例如，他认为，中国文化中的"和平好让"是因宗法社会中经济发展薄弱，虽争亦不能有所得；东方人的习静、养心、绝欲、诚意是因为在恬静的农村生活中，在威严的君主政治下，求不到什么"物"，所以只好"养心"。

瞿秋白以为文化有古今无中外的片面观点，在幼年时期的中国共产

---

① 《恩格斯致约•布洛赫(1890年9月21—22日)》，见《马克思恩格斯选集》第4卷，第478页。
② 《恩格斯致康•施米特(1890年10月27日)》，见《马克思恩格斯选集》第4卷，第484—485页。
③ 《恩格斯致约•布洛赫(1890年9月21日)》，见《马克思恩格斯选集》第4卷，第477页。

党人和其他先进分子中有很大的代表性。胡绳在1948年说:"二十多年来,自五四运动以后,中国新文化运动的主流的方向一直是朝着民主与科学的方向,但是也曾有过一个错误,以为既然是新文化,就不能带有任何民族的色彩,因此就抹杀了一切民族文化的传统,甚至抹杀中国民族生活的特点。这样就使得新文化难以在民族的土壤中根深蒂固。抗战时期的文化运动,一方面克服了抗战初期的一时偏向,并与倒退的民族思想坚决对立,一方面又改正了过去文化运动中抹杀民族特征的错误。……人们懂得了中国新文化的进一步的发扬光大,一定是民族的形式,民主科学的内容。"① 胡绳的这一回顾,表明文化"有古今无中外论"在新文化运动的主流中有何等的影响。应当指出的是:如果把民族性仅仅视为形式问题,仍然没有真正克服文化"有古今无中外论"。在同一时期,冯契正确地指出:"所谓地域性的特色或民族风格,绝不只是形式方面的问题而已。普通讲到中国气派,常只提到民族形式。其实,形式和内容决不能分成两截,而风格正存在于内容与形式的统一。"② 但是,直到现在有不少人在讲到文化的民族性时,仍然只讲民族的形式。

　　胡适在一篇批评梁漱溟中西文化方向不同论的文章中,提出了他的文化观。他虽然不完全否认文化在空间上即地域上的个性区别,但以为那只有很次要的意义,文化的差异根本上是时代性的。胡适说:"我们的出发点只是:文化是民族生活的样法,而民族生活的样法是根本大同小异的。为什么呢?因为生活只是生物对环境的适应,而人类的生理的构造根本上大致相同,故在大同小异的问题之下,解决的方法,也不出那大同小异的几种。这个道理叫'有限的可能说'。例如饥饿的问题,只有'吃'的解决。而吃的东西或是饭,或是面包,或是棒子面……而总不出植物与动物两种,决不会吃石头。……我们承认那'有限的可能说',所以对于各民族的文化不敢下笼统的公式。我们承认各民族在某一时代

---

① 《新文化的方向和途径》,载《中国建设》(第2卷),1948年第4期。
② 《时与文》第1卷,1947年第2期。

>>> 主张文化有古今无中外的,大体上有两种人:一种是持历史唯物主义观点而对历史唯物主义了解并不深刻的人,一种是持文化社会学观点的人。后者可以胡适、陈序经为代表。胡适在一篇批评梁漱溟中西文化方向不同论的文章中,提出了他的文化观。图为胡适像。

的文化所表现的特征,不过是环境与时间的关系,所以我们不敢拿'理智''直觉'等简单的抽象名词来概括某种文化,我们拿历史眼光去观察文化,只看见各种民族都在那'生活本来的路'上走,不过因环境有难易,问题有缓急,所以走的路有迟速的不同,到的时候有先后的不同。"①

胡适肯定各民族都在"生活本来的路"上走,即文化都是向前发展的,并且认为各民族文化的差异有一定限度,即只是在一定可能的范围内的差异。这些都是很有见地的。但他却以此为理由,只承认文化有古今之别,而基本不承认文化有中外之别,这就有问题了。从文化都是向前发展的,并且各民族文化的差异有一定限度的前提,并不能推出文化无民族差异或虽有差异而无足轻重的结论。例如,虽然"言语的组织,总不出几种基本配合",但语言的不同却能够使人们不能自由地交流思想。又如,穿衣打扮,也只有一些有限的可能,但某种方式一旦成为某个民族的标志,就会远远超出其本来的意义。清初的留辫子和民初的剪辫子,就充分表明了文化民族差异的存在及其重要性。

胡适的观点与瞿秋白的观点虽同属于文化"有古今无中外论",但又有重要的差别。瞿秋白用唯物史观的方法看待文化,所以其立论虽有片面性,但大方向是正确的。胡适用所谓"历史的精神和方法"观察文化,全盘否定中国文化,全盘肯定西方文化,所以虽然在"五四"时期起过一定的积极作用,但很快就与新文化运动的主流分道扬镳。胡适这一派的观点影响也很大,是"全盘西化"论的理论基础之一。

文化"有古今无中外论"的根本错误,在于忽视乃至抹杀人类社会以民族的形式存在这一历史事实。人是社会性动物,个人总是存在于一定的社会群体之中。在原始时代,社会的基本形式是氏族、部落;在阶级社会,社会的基本形式是民族。在原始社会,部落之外即法律之外,氏族内部自由平等友爱的关系在部落之间统统不存在;在阶级社会,民

---

① 《读梁漱溟先生的〈东西文化及其哲学〉》,见《胡适文存》第2集,第2卷,上海亚东图书馆1925年版。

族是一个有共同语言、共同地域、共同经济生活以及表现于共同文化上的共同心理的共同体。民族与民族之间存在隔膜、矛盾甚至对抗。人类社会在一定的历史阶段既然是以民族的形式存在，那么，人类文化在此阶段也一定要以民族文化的形式存在。文化的民族差异不仅是人类以民族为单位生活的自然结果，而且是这种生活的前提和条件。共同地域、共同语言、共同经济生活、共同文化和共同心理不仅是把一定数量的人民凝聚在一起的东西，也是把这些人与其他人区别开来的东西。如果文化完全没有民族差异，那么民族这种人类社会存在的历史形式早已不存在了，民族的差别也早已不存在了。人类社会以民族为基本形式这一事实还告诉我们，具体的文化总是各种各样的民族文化，而一般的人类文化只能存在于这些具体的民族文化之中。离开了各种各样具体的民族文化，所谓一般的人类文化只是一种虚构。因此，文化"有古今无中外论"既离开了实事求是的基本原则，也违背了一般又能通过特殊而存在的辩证法。

文化方面民族差异的形成原因是多方面的、复杂的。

首先，地理的隔绝机制是民族差异形成的基本条件。在文化史上，有所谓"一元说"与"多元说"的争论。其实，多元并不是民族差异形成的必要条件。"多元说"虽然能很自然地得出文化有民族性的结论，但"一元说"也不能妨碍这一结论。即使人类的文化起源完全是一元的，随着人类从一个中心扩散到世界各地，并因为地域的辽阔、山海的阻碍等因素而各自独立地生存，文化上差异的产生也不可避免。例如，随着地理上的隔绝，同一种语言会分化为各种各样的方言，当这些操不同方言的人达到了不能互相交谈的地步时，这些方言就会成为独立的语种。语言是思想的物质外壳和形式，语言又是人类最重要的信息媒介。同一起源的人群一旦被不同的语言隔离开来，就很难沟通思想。又如，随着地理上的隔绝，会形成相对独立的经济生活网络和不同的"市民社会"。在这个网络中，有特定的度量衡、特定的货币、特定的交易方式和在长期的贸易中逐渐形成的各种商品的价格。这种相对独立的经济网络的形成不仅造成了事实上的内外区别，而且造成了不同的经济利益之间的矛盾。再如，人们之间的思想感情是靠相互交往来产生和维持的，在地理、语言隔绝和经济往来很少的情况下，人们的思想感情也会疏远、隔膜起来。

其次，地理环境的差异是民族差异最重要的自然根源。

文化是人类的活动方式及对自然的改造成果的统一。这里的自然，包括人本身的自然和身外的自然。因此，寻求文化的民族差异，自然而然要追索到种族的自然差异和地理环境的自然差异上去。二者比较起来，地理环境的差异更为重要。马克思指出，自然是"人的无机的身体"。自然作为自然科学的对象和艺术的对象，"都是人的意识的一部分，是人的精神的无机界，是人必须事先进行加工以便享用和消化的精神食粮"；而在实践上，自然也是"人的生活和人的活动的一部分"，是"人的生命活动的材料、对象和工具"[①]。这样，地理环境的差异不仅会对生活在不同地理环境中的人们的生产力、生产方式产生直接影响，而且会对他们的科学、艺术、宗教等产生直接影响。前者如：早在古代，在不同地理环境下，就分别产生了农业部族、畜牧业部族及少数以工商为主的部族；后者如：在一些有活火山的国度里，产生了以为火山口是地狱入口的观念，而在没有活火山的国度里，这种观念就无从产生。

其三，一定范围内自由创造的可能性是民族差异形成的重要机制。

在文化发生学上，英、美传统的文化史研究者特别重视文化与种族、地理环境之间的必然联系，德国传统则特别重视人的自由意志和自由创造，这二者都是片面的。种族、地理环境、文化传统等是人们从事文化创造的基础，同时也是对文化创造天地的限制，而自由创造只是在这一定范围内的自由创造。因而，文化的发展既非绝对必然的，也非完全自由的，而是自由和必然的统一、偶然与必然的统一。由于文化的创造有一定的自由度和偶然性，我们就不可能事事到诸如地域、经济、种族、

---

① 马克思：《1844年经济学哲学手稿》，见《马克思恩格斯全集》第42卷，第95页。

文化传统中去找原因。

其四，不同文化发展成果对人类自身的不同改造是民族差异的最高表现。

文化是人创造出来的，但文化发展的成果又不断地反作用于人本身，对人本身进行改造。马克思说："只有音乐才能激起人的音乐感；对于没有音乐感的耳朵说来，最美的音乐也毫无意义……不仅五官感觉，而且所谓精神感觉、实践感觉（意志、爱等），一句话，人的感觉、感觉的人性，都只是由于它的对象的存在，由于人化的自然界，才产生出来的。五官感觉的形成是以往全部世界历史的产物。"① 人的感觉或人异于动物的感觉，不是自然天成的，而是历史的产物，是在人对自然界改造的过程中同时形成的。例如，人类在创造音乐、美术的同时也改造着自己的感觉，培养着自己的乐感、美感。人们在发展自然科学的同时，也在培养自己的科学观察能力。各民族在创造不同风格的音乐、美术的同时，也发展了不同的审美趣味。"喜闻乐见"的民族气派，正是文化成果长期作用于人本身的结果。审美趣味如此，思维方式、价值观念等亦莫不如此。在这个意义上，一个民族的共同文化不仅表现了该民族的共同心理，而且创造了该民族的共同心理。

文化成果对人本身的作用十分重要。因为审美趣味、思维方式、价值观念等都是能动的东西，反过来又对文化发展起巨大的推动作用。在不同的审美趣味和价值观念支配下，人们会有不同的需要、不同的追求，而不同的思维方式也会产生不同的精神成果。要而言之，不同文化成果对人自身的不同改造会改变人们的活动方式和活动对象，因而改变文化的进程。这种文化成果与人自身的身心变化的相互作用，是民族差异的放大器、加速器和稳定器。

最后，民族斗争是民族差异的强化剂。

古往今来，民族之间的矛盾、对立、冲突史不绝书。人类社会能够

---

① 马克思：《1844年经济学哲学手稿》，见《马克思恩格斯全集》第42卷，第126页。

>>> 人的感觉或人异于动物的感觉,不是自然天成的,而是历史的产物,是在人对自然界改造的过程中同时形成的。人类在创造音乐、美术的同时也改造着自己的感觉,培养着自己的乐感、美感。图为元代王振鹏《伯牙鼓琴图》。

以民族的形式存在，除了山海的天然隔离机制起作用外，在很大程度上靠各民族之间的斗争起作用。民族文化既是一种把本族人民凝聚在一起的东西，同时又是一种把不同民族区别开来的东西，自然会引起各民族的思想家和领袖人物的重视。古往今来，许多征服者民族推行强制同化的政策，如废止被征服民族的语言、文字，抹杀其历史，改变其风俗习惯等，而被征服的民族则千方百计为保持自己的民族特性而斗争。在这种同化与反同化的斗争中，许多细枝末节的差异也会获得不寻常的意义。例如在清朝末年，剪掉辫子就意味着公开表示与清朝统治决裂。在中国近现代史上，使先进的中国人普遍意识到保持民族特性的重要性的，正是反帝斗争。这就表明，文化上的民族差异不仅是人类以民族为单位长期生活的自然产物，而且在民族斗争中被人们有意识地巩固、强化。民族斗争是民族差异的强化剂。

应当指出，虽然文化上的民族差异不能事事归因于经济，但归根结底还是人类生产力达到一定发展程度的结果。人类生产力的发展程度，是人类社会单位大小最终的决定因素。近现代的生产力不仅是严格意义上的民族形成的首要条件，而且也是使人类超出以民族为基本社会单位的时代的首要条件。关于前者，马克思和恩格斯指出："资产阶级日甚一日地消灭生产资料、财产和人口的分散状态。它使人口密集起来，使生产资料集中起来，使财产聚集在少数人的手里。由此必然产生的后果就是政治的集中。各自独立的、几乎只有同盟关系的，各有不同利益、不同法律、不同政府、不同关税的各个地区，现在已经结合为一个拥有统一的政府、统一的法律、统一的民族阶级利益和统一的关税的国家了。"[①]关于后者，他们指出："资产阶级，由于开拓了世界市场，使一切国家的生产和消费都成为世界性的了。不管反动派怎样惋惜，资产阶级还是挖掉了工业脚下的民族基础。古老的民族工业被消灭了，并且每天都还在

[①] 马克思、恩格斯：《共产党宣言》，见《马克思恩格斯选集》第1卷，第255—256页。

被消灭。它们被新的工业排挤掉了,新的工业的建立已经成为一切文明民族的生命攸关的问题;这些工业所加工的,已经不是本地的原料,而是来自极其遥远的地区的原料;它们的产品不仅供本国消费,而且同时供世界各地消费。旧的、靠本国产品来满足的需要,被新的、要靠极其遥远的国家和地带的产品来满足的需要所代替了。过去那种地方的和民族的自给自足和闭关自守状态,被各民族的各方面的互相往来和各方面的互相依赖所代替了。物质的生产是如此,精神的生产也是如此。各民族的精神产品成了公共的财产。民族的片面性和局限性日益成为不可能,于是,由许多种民族的和地方的文学形成了一种世界的文学。"[①] 从这些论述中,不难看出生产力在民族问题上的最终决定意义。正是因为在历史上生产力还不够发达,地理上的自然疆界才能发挥其把人们的社会划分为不同民族的隔绝机制;正是人们普遍的相互交往受到生产力发展程度的极大限制,才会发生方言的歧异和语种的分别;正是因为有地理的相对隔绝和语言的障碍,地理环境的差异和自由创造的可能所形成的文化差异才能作为民族文化的差异存在;正是因为生产力不够发达,人们才不得不形成各种大小不等的有限的共同经济生活,产生不同的经济利益。要而言之,文化上民族差异的形成原因,都在生产力的一定发展程度上才得以发挥作用。因此,民族是一个历史范畴,它不是超历史的存在,不是纯自然的存在。因而,文化上的民族差异也是历史的、可变的、相对的。

[①] 马克思、恩格斯:《共产党宣言》,见《马克思恩格斯选集》第 1 卷,第 254—255 页。

第四章

中国传统文化的体系

中国传统文化是大陆连绵型文化、农业文化、中国封建制文化。

应当指出，上述分类是按照中国传统文化各种特点及与这些特点有内在联系的因素划分的，由于这些特点相互联系、相互作用，所以这种划分是相对的，但由于它们分别刻画了中国传统文化的不同特点，又不可相互混同。

一　中国传统文化中的一系列相反相成

"五四"以来,人们在对中国传统文化的研究中有一个不成文的习惯,那就是都特别注意儒家思想、儒家文化。猛烈攻击中国传统文化的,其矛头所指首先是儒家,"五四"时的"打倒孔家店"即其明证;极力为中国传统文化做辩护的,其捍卫的中心也是儒学;主张对中国传统文化进行分析,抛弃其糟粕、吸收其精华的,其分析的对象也主要是儒家。这种习惯,近来颇受到一些人的怀疑和批评。如有人认为,从先秦开始,中国文化思想就是多元构成的,而不是儒家思想统治下单一的传统;有人认为,中国传统文化的主干不是儒家,而是道家,中国传统文化从表层结构看,是以儒家为代表的政治伦理学说,从深层结构看,则是道家的哲学框架;有人甚至认为,中国国民的真实心态不在思想家的言论著作中,而体现在诸如俗谚俚语一类的东西中。这些看法都是值得商榷的。儒家思想、儒家文化虽然并不能等同于中国传统文化的全部,但它们确实是最能代表中国传统文化的东西。前面几章的分析已经表明,中国传统文化的基本精神主要体现于儒家的学说中,中国文化与西方文化的基本差异也主要体现于儒家的学说中。下面讨论中国传统文化的类型,也

>>> 到秦汉时期，随着统一的中央集权政权的建立和统一文字、统一货币、统一度量衡、"罢黜百家，独尊儒术"等措施的实行，出现了"车同轨、书同文、行同伦"和"天下为一，万里同风"的局面。图为当代张国琳《汉代太学与"独尊儒术"》。

将以儒家思想、儒家文化为主。为了说明儒家文化最能代表中国传统文化这个问题，有必要对中国传统文化中的一系列相反相成做一些简略的分析。

中国自古是一个多民族的国家，各民族的文化自成系统，中国传统文化则是一个包含多民族文化系统的大系统。在这个大系统中，华夏族或汉民族文化系统最为完整、发展水平最高，一直居于主导地位。

汉民族文化系统在中国传统文化大系统中的主导地位，一方面表现在它是历次民族文化大融合的核心。华夏文化的基本格局，是春秋战国时期形成的。到秦汉时期，随着统一的中央集权政权的建立和统一文字、统一货币、统一度量衡、"罢黜百家，独尊儒术"等措施的实行，出现了"车同轨、书同文、行同伦"和"天下为一，万里同风"的局面。也就是说，基本上确立了以儒家思想为主导的统一的汉民族文化。在此之后，中国出现了几次大的民族融合和民族文化交融的高潮。第一次是魏晋南北朝至隋唐，第二次是宋辽金元时期，第三次是清代。这几次大的民族融合和民族文化交融，有的是在汉族政权领导下进行的，有的是在少数民族政权领导下进行的。但融合和交融的结果都差不多，即每次融合后形成的仍是汉族，每次交融后形成的仍是汉民族文化。这也就是说，虽然每次融合和交融都为汉民族注入了新鲜血液，为汉民族文化增添了新的色彩，但都没有从本质上改变汉民族及其文化的基本格局。这就表明，春秋战国和秦汉时期确立起来的汉民族文化是中国历次文化大融合的核心。

汉民族文化系统在中国传统文化大系统中的主导地位，还表现在它对各少数民族文化的强大影响力和强大吸引力，这种影响力和吸引力使得汉民族文化成为将多民族文化凝聚成一个大系统的核心。在中国历史上崭露头角的少数民族在其发展壮大过程中，都大量吸收了汉民族的文化，包括物质文化、制度文化和精神文化，都招纳了不少汉族能工巧匠和知识分子，帮助他们发展农业、手工业，营建宫室城郭，创建各种政治军事制度。有些民族的文字，如西夏文、契丹文、女真文是仿照汉字制定的。他们在中原地区建立政权后,都不得不越来越倚重汉族知识分子和以儒家为代表的社会意识形态。这就表明,历史上许多民族的文化虽自成系统,但却是在汉民族文化强大影响下形成的系统。这些系统既与汉民族文化相互排斥(主要表现为民族压迫、民族歧视、强制性的民族同化政策等),又互相渗透、紧密相关。这种情况,既决定了历史上一部分少数民族进入中原地区后,经过或长或短的时间,最后与汉民族融合为一体,也决定了在新的历史条件下、在民族平等的前提下,各民族文化以汉文化为核心凝聚成一个中华民族文化的大系统。

在肯定汉民族文化的主导核心地位的同时,我们也应指出,各民族文化的交流是相互的。汉文化在历史上大量消化吸收了各少数民族的文化,许多少数民族的人士对汉文化的发展做出了伟大的贡献。在这个意义上,汉文化也是中华民族的共同创造。

还应当指出,华夏文化和各少数民族文化在历史上的关系是十分复杂的。这里既有激烈的相互冲突、对峙,也有友好的交流、交融。也就是说,它们是相反相成的。在华夏族文化与其他各族文化的相反相成中,最值得注意的是华夏族文化与西北地区游牧民族文化的相反相成。华夏族文化是发展水平最高的农业文化,西北地区游牧民族文化则是典型的畜牧业文化,二者从生产生活方式到制度习惯,进而到思维方式、价值观念都有明显的区别。二者的斗争是中国历史上民族斗争的主线索,二者的相互依存、相互吸引、交会融合也是中国历史上民族团结和融合的主线索。从这个意义上我们可以说,中国传统文化是一个存在以华夏的农业文化与西北地区的畜牧业文化相反相成的系统,在这个系统中,中原华夏的农业文化居主导地位。

中国自秦汉以来就是一个疆域辽阔的统一国家。在秦代实现了文字、度量衡、货币等的统一,在汉代又确立了儒家学说在思想意识形态方面的统治地位。从这个意义上说,中国传统文化有一个历史悠久的大一统特色。但这个"大一统"并非清一色。由于疆域的辽阔、地理环境的差

>>> 中国自秦汉以来就是一个疆域辽阔的统一国家。在秦代实现了文字、度量衡、货币等的统一，在汉代又确立了儒家学说在思想意识形态方面的统治地位。从这个意义上说，中国传统文化有一个历史悠久的大一统特色。但这个"大一统"并非清一色。图为秦始皇统一中国的雕塑。

异和其他种种历史因素，各个地区的文化又具有浓郁的地方色彩。这不仅表现在方言的各异、风俗的不同、文学艺术风格和形式的多种多样方面，甚至深入心态习惯方面。例如，南北朝时，北方乐府粗犷豪放，南方乐府缠绵悱恻；北方宗教重"禅定"，南方宗教重"义理"。文学艺术和宗教的这些差异，就反映着心态习惯的不同。地区性文化差异的集中表现，是思想学术流派的地域背景。在先秦，华夏文化按地域差异，可分为三晋文化、齐鲁文化、关中文化、荆楚文化、巴蜀文化、吴越文化等，儒、法二家就分别诞生于齐鲁文化、三晋文化的母胎之中。在隋唐，禅学分为南北二宗。在宋代，理学分为镰、关、洛、闽四大家。在清代经学中，有所谓"吴派"和"皖派"的分歧，如此等等。章太炎在剖析中国文化流派众多的原因时指出："各因地齐、政俗、材性发舒，而名一家。"①即各种思想学术流派的分异，有地理环境、政教风俗、人才素质的差异作为背景，这是很有见地的。

中国传统文化虽然有明显的地域多样性，但没有由此而分裂为不同的民族文化。察其原因，大概有四：其一，中国的北方有一大片平原地区，这里地势平坦、人口众多、交往频繁，文化上的地区差异较小（一个突出的标志是方言的分化不明显），分裂割据的局面很难维持；而南方文化上的地区差异较大，不容易形成能与北方抗衡的政治实力。中国历史上多次的南北对峙，最后都以北方政权统一全国告终。这也就是说，地理环境的因素有利于中国文化的长期统一。其二，长城以南的农业文化一直面临着西北地区游牧文化的威胁，而北方又首当其冲，这一文化冲突的态势也决定了汉民族必须保持统一和团结。例如早在春秋时期，"尊王攘夷"就成为霸主们用来联合诸夏的有说服力的口号。其三，中国的方块汉字依靠字形表意，对方言变化为独立的语种有很大的阻抑作用。其四，中国有一个"慨然以天下为己任"的儒生阶层，他们不仅掌握着文化，而且掌握着一定的政治权力。儒家的"天下为一"的意识和"华夏亲昵"

---

① 章太炎：《原学》，见《訄书》重订本。

的意识,亦即统一的意识和爱国主义的意识,通过儒生们的言传身教在人民群众中深深地扎下了根。这种意识,既是克服内部分裂、保持统一的强大精神力量,也是抵御周边少数民族入侵、肢解汉民族的强大的精神力量。正因为如此,在中国传统文化的统一性和地域多样性的相反相成中,统一性的一面始终占主导地位。

中国传统文化自古就有雅俗之分。雅文化亦可称为士大夫文化或精英文化,俗文化亦可称为通俗文化或大众文化。这种区分中包含了不同阶级文化的区分,但并不只是阶级文化的区分。士大夫文化是人数甚少然而在政治、经济上占据十分重要地位的士大夫阶层的文化,这种文化集中体现在思想家、文学家、艺术家、科学家的言论著作中。这种文化,既有地主阶级根本利益、整体利益的反映,也有民族共同文化、共同心理的反映。俗文化流行于没有条件接受系统文化教育的广大人民群众之中,也流行于统治阶级内忙于实际事务的人们之中。俗文化中包括农民文化和市民文化,但同时也有大量反映地主阶级利益的成分。雅俗文化的关系也是相反相成的。雅俗文化之间存在种种对立。例如,在雅文化中有一个力量很强大、历史很悠久的唯物论和无神论传统,而在俗文化中,宗教和迷信的势力却相当强大;在雅文化中,重义轻利、崇德贱力的价值观念占统治地位,而在俗文化中,富贵利达被视为最高价值,人们心目中最崇敬的人物不是仁智合一的圣贤,而是勇力过人、侠肝义胆的"好汉";在雅文化中,"仁"是最高道德,而在俗文化中,由墨家思想演变而来的"侠义"被视为最高道德,所谓"路见不平,拔刀相助"之类,成为民间结社的道德纽带;吟诗作画、舞剑操琴被视为名士风流,小说、戏剧却被视为市井之徒的娱乐,不能登大雅之堂,如此等等。这些对立的原因颇为复杂,如文化教养的高低、视野的狭阔、阶级的分野,等等。其中有一点特别值得注意:雅文化所反映的往往是地主阶级根本的、长远的、整体的利益,如重义轻利、崇德贱力的价值观中,既包括压抑劳动人民提高物质生活正当愿望的含义,也包括反对统治阶级中追求一己

>>> 在中国传统文化的统一性和地域多样性的相反相成中,统一性的一面始终占主导地位。图为清代王炳《仿王希孟千里江山图》。

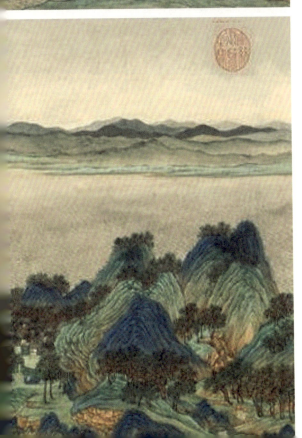

之私利、反对法家一味地以严刑峻法统治人民的含义；而俗文化中以富贵利达为最高价值的价值观念，却主要是统治阶级庸俗、腐朽心理的反映。雅俗文化不仅互相对立，也互相渗透、贯通、转化。两汉时期宗教迷信的猖獗，魏晋时期《杨朱》篇腐朽人生观的风行，可视为俗文化向雅文化渗透、转化的例证。宋元明清时期俗文化中到处可见的天理、良心、忠孝、节义之类的说教则是雅文化向俗文化广泛渗透的结果。雅文化和俗文化各有优点和问题。士大夫受过系统的文化教育，较好地继承了历史传统，其思想文化比较系统、精致、深刻，一般民众识字不多，甚至是文盲，其思想文化比较零碎、朴野、肤浅；士大夫多与书本打交道，比较脱离实际，其思想文化易趋于保守僵化，且具有较浓厚的空想理想主义成分，一般民众有丰富的实践经验，如农、工、商有丰富的生产经验，政治家、军事家有丰富的治国治军经验，其思想文化富于创造性且比较实际。这种情况在文学史上表现得很突出，如有许多文学艺术形式(四言诗、五言诗、七言诗、词、曲、戏曲、小说等)最初起于民间，但只有在经过文人学士的提炼加工后，才在文学史上大放异彩。如果说，雅文化的最大问题往往是保守、僵化、迂腐，甚至流于虚伪，那么俗文化的最大问题则是庸俗、腐朽。这是地主阶级文化的两个方面。地主阶级是剥削者、统治者、私有者，自私自利、贪得无厌、奢侈荒淫、凶狠残暴是其本性，但是，作为一个掌握政权领导社会的阶级，为了自身根本的、长远的、整体的利益，为了在统治者与被统治者及统治者之间建立一定的秩序，它又不得不对这种本性有所约束、有所收敛。这样，在俗文化中常常以赤裸裸的形式表现出来的地主阶级本性，在雅文化中却被当成必须克服掉的"恶"。《管子》称礼、义、廉、耻为"国之四维"，王充以为"儒生者，礼义之堤防也"，道理就在这里。不应当小看思想家们提倡的人生观、价值观和道德准则，它哺育出一大批比较能够超越地主阶级个人私利局限性的道德高尚之士，他们能够不计个人的荣辱安危，在保卫国家独立、保持政治清廉和推行改革、维护社会秩序稳定等方面做出巨大贡献，在哲学、文学、艺术、科学等方面做出巨大贡献；它作为历代王朝推崇尊信的意识形态，对所有人都有强大的约束力，使他们在行为上不能不有所顾忌、有所收敛。正因为有这样的作用，几千年的封建政治、经济制度才得以相对稳定地维持下来。而俗文化中那套庸俗、腐朽的人生观、价值观，一般只能在不公开、不合法的形式下起作用，一旦公开上市、肆行无忌(许多朝代的末期都出现过这种情况，如横征暴敛、卖官鬻爵、贿赂公行之类)，那就离社会的大动乱不远了。由此可见，那种以为唯有俗文化中散发着腐朽、庸俗气味的格言俗谚才能体现传统文化真精神的观点是不正确的，占主导地位的还是雅文化。

中国传统文化在秦汉以后有隐显之分。春秋战国时期"百家争鸣"，参加争鸣的主要是儒、墨、道、法、名、阴阳等家。汉武帝采纳董仲舒的建议，"罢黜百家，独尊儒术"以后，情况发生了很大变化。墨家和名家中绝，阴阳家思想被综合到儒家思想中，失去独立地位，法家受到严厉谴责，一蹶不振，只有道家顽强地继续生存下来。这里特别值得注意的是儒法二家的关系。儒家虽然从汉代起取代了法家的地位，成为正统的意识形态，但它对于由法家建立起来的一系列政治经济制度却无可奈何。如名田制(土地私有制)、郡县制、君主专制的中央集权制等都是由法家创建起来的，战国和秦代的法律也是由法家创建起来的。如果认为汉以后仅仅承袭了这些政治、法律、经济制度，而完全抛弃了创建它的法家思想，这是说不通的。因为一定的制度是一定思想的物化形态，它不能脱离这种思想而孤立存在。例如，要使君主专制集权庞大的国家机器正常地运转起来，完全抛开法、术、势这一套法家提出的君人南面之术是不行的。但如果认为因为法家创建的制度未变，因而后世的儒家不是真正的儒家，而只是"儒表法里"的"荀学"，只是"工媚大盗"的"乡愿"，或者将汉以后的儒家判然分为两派，一派是堕落的"政治化的儒家"，一派是纯正的儒家，前者占统治地位，后者总是失败但承传不绝，这都是不妥的。实际上，"独尊儒术"以后儒法二者的关系，是一种显文化与隐文化的关系,即儒学备受推崇,以正统的意识形态的身份起作用,而法家备受贬抑,以隐蔽的心照不宣的方式乃至"旧用而不知"的方式起作用。二者既相互排斥、相互反对、相互制约,又相互补充、相互依赖,一句话,是相反相成的。

儒家思想体系和法家思想体系之间存在根本的原则性冲突,具有不相容性。日本学者冈田武彦将中国古代的人生哲学分为三系,即现实主义、超越主义和理想主义。现实主义包括法家、兵家、纵横家,理想主义则为儒家。[①] 他认为,这三者具有的人生观、社会观、世界观各不相同,人生理想和由以达到人生理想的方法途径也大相径庭。现实主义立足于功利的人生观、社会观、自然观之上,认为由人组成的社会、民族、国家,与个人的情形一样,必然与另外一方有对立、相克、斗争的关系,人己物我之间、君臣父子兄弟夫妇之间,都是功利的关系,都是由利害打算维系的关系。根据现实主义,人好逸恶劳、趋利避害、求生厌死等,是彻头彻尾功利性的,不论在什么场合都按利害而行动,为了私利不仅随心所欲地施狡计,便佞、诡诈和搞权术,而且达到了不畏死的程度。基于此,现实主义主张以"力"和"术"为手段去绝对地支配和控制对立的另一方,以消除和克服人己、物我之间的种种矛盾。理想主义则以人本来具有道义性这一道德人生观为基础,以为人和人、人和社会、人和宇宙万物本来是血脉相通、一心同体的存在,因此,它把自我实现、人格形成作为和理想社会的建议不可分的整体,并以前者为根本。理想主义的"道"是共存之道,是"大同""中和""和",亦即人己、物我之间的和谐共处。冈田武彦的这些分析是精当而深刻的。从这些分析看,儒、法二家的思想无论从世界观、人生观基础,还是从人生的理想和达到的方法途径看都是对立的,因而二者具有不相容性。正因为不相容,所以它们不能并立。在法家占统治地位时,没有儒家的合法地位,在儒

---

① 参见冈田武彦:《中国哲学的课题及其意义》,见《日本学者论中国哲学史》,北京:中华书局1986年版。

家占统治地位时，也没有法家的合法地位。但儒、法二家的许多具体主张又同样为统治阶级所必需，本质上是可以相辅相成、并行不悖的。例如，在价值观上，儒家重义轻利、崇德贱力，法家重利轻义、尚力黜德，实际上，义和利、德和力同为统治阶级所需要，不可偏废；在统治人民的方法上，道德的教化和法律的惩处同样都是需要的，也不可偏废；发展生产、富国强兵是需要的，繁荣文化教育事业也是需要的；土地私有制是中国封建社会的根本制度，具有历史的必然性，法家废井田、开阡陌，只是顺应了这一历史发展的必然，但土地兼并的过分发展，不仅使农民的处境变得极为悲惨，而且使封建国家的财政、兵役徭役资源枯竭，危及社会的生存，不能不加以一定的限制；君主专制的中央集权也具有历史的必然性，但像法家那样主张使君主具有绝对的权力和完全随心所欲的享受而不必受到任何限制，也会产生严重的问题，不能不加以一定的限制和制约，如此等等。在这个意义上，儒、法二家又相辅相成。

由于儒、法二家的思想体系不相容，所以，自汉武帝"独尊儒术"之后，法家作为独立的一家或作为一个完整的思想体系被摧毁了。那种认为儒、法斗争贯穿中国封建社会始终的观点，是不符合历史事实的。但作为一种隐文化，法家的不少思想观点和行为准则还在起作用。儒家在以后的发展中有条件地吸收消化了法家的一些思想观点和主张，如以"贵德贱刑"的方式给法律一个地位，以"屈民而伸君、屈君而伸天"的方法给君主专制以一定程度的承认，同时也给予一定的限制。在更多的情况下，儒家是以猛烈批判法家的形式，对法家创立的一系列制度以及使这些制度运转起来的思想的作用范围和力量加以制约局限的。例如，对于君主专制，儒家以"屈君而伸天"、民本主义的理论做了制约和限制；在实践上，儒家把直谏、以臣议君的"谥法"、为储君设立师傅进行儒家教育等方法拿出来。对于名田制，儒家在理论上一直持批评的态度；在实践上，则努力推行一些缓和土地兼并的政策。对郡县制，一部分儒家持批评态度；一部分儒家持保留的承认态度，如认为法家推行郡县制，主观上是为了君主的私利，而客观上顺应了历史潮流，等等。最为重要的是，儒家权力将其处理人与人、人与社会关系的行为准则，即君臣、父子、兄弟、夫妇、朋友等"五伦"的伦理原则贯彻于现实的政治、经济制度中，以完全取代法家的原则。尽管这一努力并没有完全成功，也不可能完全成功，但毕竟基本上获得了成功。儒家的准则得到了社会的公认，得到了历代王朝的支持并法律化，成为指导思想。而法家的准则却只能以隐蔽的形式起作用，一旦被揭发出来就会受到舆论的唾弃。由此可见，"独尊儒术"之后儒家并没有变质。而且，在儒、法的相反相成中，儒家是占主导地位的。

中国文化还有庙堂文化与山林文化的区分。山林文化亦可称为隐逸文化。儒家文化、法家文化都是典型的庙堂文化，道家文化则是隐逸文化。道教和佛教中，向来也容纳了不少失意的士人，他们以很高的文化教养发展了一些颇为精致的思想体系和文学艺术，他们的文化也是隐逸文化。庙堂文化和山林文化在一定意义上是雅文化的两个相反相成的子系统，在中国传统文化中都很重要。在先秦，道家与儒、墨、名、法诸家相对立。在魏晋南北朝隋唐，道家、道教、佛教声势浩大，儒、释、道几成鼎足之势，其中佛教吸引了大批知识分子中的精英，而儒学则有淡薄、"收拾不住人才"的危机。纵观中国文化史，儒、道两家学说是中国古代哲学的核心部分，同时也是中国固有文化的主要思想基础。

庙堂文化与山林文化的对立是全面而深刻的。日本学者冈田武彦认为，道家和中国佛教的人生哲学是超越主义的。他说："超越主义是以人本来具有宗教性的所谓宗教人生观为基础的。根据超越主义，由于人是相对的存在，所以人必然地均伴有矛盾、纠葛和苦恼，任何人也不能摆脱这一命运。但是，只有通过顺从那超越于人的东西，才能摆脱这一命运的束缚，自由地永远居住于安乐的绝对界。因而，别说世间的俗见欲望，甚至连理想主义作为人类共同生活不可缺少的人伦道德，也是不可避免的相对矛盾的东西，追求否定和克服人为的一切，因循天之无为自然，以彻底的批判精神去克服自体和认识主观，看穿伴随着超越性实在命题的相对性和矛盾，可以说都是以绝对的克服为宗旨的。"①这说明，山林文化与庙堂文化在思想体系上具有不相容性。先秦道家反对"有为"，主张"无为"，他们不仅攻击现实的政治经济制度和道德观念，不仅普遍地攻击儒、法、墨、名诸家的思想学说和主张，而且从根本上否定一切文明(物质、制度、精神)的价值。他们所追求的是那个超越一切相对的绝对的"道"，而这个绝对的"道"，据说又是不离相对的。正因为如此，释和道在儒家眼里，是最大的异端，许多儒家思想家以"辟佛老而正人心"为其要务。庙堂文化与山林文化既相反，也相成。中国没有严格的贵族制度，读书人凭征聘科举进入仕途，宦海浮沉，升迁不定，进退莫测。这样，他们不但需要儒家这样积极有为的人生哲学，一旦失意，也需要释、老这样消极恬退的人生哲学。而且，当隐士也未始不是一种进入仕途的捷径。名气大了，不仅可以平步青云，有时甚至还可以摆摆帝王"师友"的架子，当当"山中宰相"。对于释、老在中国传统文化中的这种妙用，鲁迅曾有许多深刻的分析。例如在《出关》中借关尹喜之口，把老子的学说视为未当官或已失去官位的士人所需要的东西。又如他有一首诗说："廿年居上海，每日见中华，有病不求药，无聊才读书，一阔脸就变，所砍头渐多，忽而又下野，南无阿弥陀。"这虽然说的是近代的情况，于古代也没有不合。

总而言之，中国传统文化是一个庞大而复杂的系统，其中有一系列相反相成的成分或子系统。这就要求我们在评价、清理和批判地继承中国传统文化时，既要防止以偏概全，又要防止不分主次。应当承认，在中国传统文化的庞大系统中，儒家文化占据着统治的主导的地位，同时也要承认，除了儒家文化以外，还有许多与之相反相成的东西，有许多复杂的情况。如果不分主次，那么，归纳中国传统文化的基本精神，区别中西文化的基本差异以及对中国传统文化别类定型的工作将无从措手。

---

① 冈田武彦：《中国哲学的课题及其意义》，见《日本学者论中国哲学史》，北京：中华书局1986年版。

>>> 中国传统文化极为复杂，如果不分主次，那么随便提出一个什么怪论都不难搜寻出一大堆"论据"。如果以偏概全，也容易发生各种各样的弊病。比如说，只看到雅文化，而完全忽视俗文化，容易把中国传统文化理想化；如果只看到俗文化，特别是其中那些庸俗、腐朽的东西，必然把中国传统文化贬得一无是处。图为宋代刘松年《博古图》。

因为中国传统文化极为复杂，如果不分主次，那么随便提出一个什么怪论都不难搜寻出一大堆"论据"。如果以偏概全，也容易发生各种各样的弊病。比如说，只看到雅文化，而完全忽视俗文化，容易把中国传统文化理想化；如果只看到俗文化，特别是其中那些庸俗、腐朽的东西，必然把中国传统文化贬得一无是处。又如，居主导地位的儒家文化的价值观有严重偏颇，如贱力轻利，如果只看到这一点，以偏概全，忽略了还有与之相反相成的另一面，以为中国历史上只讲道德，不讲力量的培养和物质生活的提高，那就完全脱离了实际，变成了主观臆断。

文化学中有所谓主文化、亚文化、反文化的名词。一般认为，包含着在根本的价值倾向上相异或者对立的子系统的文化，是一种多元文化。任何一种多元文化的内部，都有一种在价值倾向上占主导地位的成分，这就是主文化；与主文化的价值倾向相异但并不对立的文化是亚文化，而与主文化的价值倾向相对立的文化成分则为反文化。这种理论并不十分科学。其一，价值倾向诚然是区分文化的重要标准，但并非唯一标志，如儒家文化和法家文化，二者的不相容是由整个思想体系决定的，二者的价值倾向虽然对立，但可以相反相成，因而法家文化不能视为反文化。其二，对主文化持全盘否定的态度也不见得就是反文化，否定有积极的否定和消极的否定之分。对主文化不仅持否定的态度而且不能提出积极可行的正面主张的，才是真正的反文化，因为它的发展壮大可以导致旧文化的死亡和新文化的产生，如果对主文化只说一个"不"字，或者虽有正面的主张而这种主张根本不可行，那它还算不上真正的反文化，它仍可能是一种与主文化相反相成的亚文化。例如中国的道家、道教和中国化的佛教，特别是庄子，在价值倾向上是对主文化（儒家文化）取否定态度的，但它的正面主张不可行，故仍只能是主文化的一种补充。在中国古代，虽然存在一些真正的反文化的因素并有发展壮大的趋势，但够得上反文化系统的东西还没有出现。因此，中国传统文化是一种一元而又包含各种各样的相反相成现象的文化，或者说，一元而多样的文化。

而在种种的相反相成中,儒家文化总是居主导地位。因此,中国传统文化中的主文化无疑是儒家文化。

二 儒家文化的结构

人们虽然多数倾向于以儒家为中国传统文化的代表,但在什么是儒家真精神的问题上仍然议论纷纷、莫衷一是。这个问题,其实不是新问题,而是一个老问题。例如宋、明理学家讲道统,就是想把他们认为代表儒家真精神的人物与在他们看来驳杂不纯乃至流入异端的人物区别开来。到了近代,这个问题更复杂。康有为说,唯有《礼运》篇的思想才是孔子的真思想。谭嗣同说,汉以后的儒学其实都是荀学,不是真正的儒学。而"五四"时期"打倒孔家店"时,似乎又把封建社会的一切账都算到"孔家"身上。到了今天,儒家是否有一个始终一贯的基本思想似乎也成为问题。

对这个问题,既不能采取宋明理学家那样以自己对儒学的理解为标准区别道统与非道统的方法,也不能采取康有为、谭嗣同那样以现实的需要剪裁历史的方法,更不能随意断章取义地拉扯几段语录来作为儒家思想的标本。儒家既不是什么纯而又纯、铁板一块,在一切问题上都始终一贯的系统,也不是毫无脉络可寻的仅仅在名义上统一的一盘散沙,而是一个既有相对稳定的结构,又有丰富复杂内容的在历史进程中不断演化的系统。我们的任务就是要冷静客观地寻找出它相对稳定的结构。

儒家文化在漫长的历史演化中产生了各种各样的派别,有十分丰富而复杂的内容。儒家文化也是一个存在一系列相反相成的复杂体系。

首先，中国传统文化大系统中形形色色的相反相成，在儒家学派内部都有所反映。儒家内部围绕诸如人性善恶、动静、王霸义利、理欲、情与无情等问题的争论，在很大程度上是中国传统文化大系统的相反相成在儒学内部的反映。例如，南宋的陈亮、叶适在王霸、义利等问题上与程朱学派激烈论争，在陈亮、叶适注重事功与功利的言论中，包含着维护工商业者利益的内容。这是市民文化在儒学内部的反映。儒家学者们对于来源于非儒家传统的思想向来十分敏感，轻者讥其驳杂不纯，重者责其离经叛道。对这些评价，我们应进行分析。一般来说，只要并未违反儒学基本思想，就不能认为是脱离了儒学的轨道；只有违离了儒学基本思想，才可以视为非儒学。应当指出，后一种情况是极少的。

其次，儒家文化本身也存在一系列相反相成。如儒家经学中有经今文学与经古文学之争、汉学与宋学之争，哲学中有唯物论与唯心论、客观唯心主义与主观唯心主义、有神论与无神论之争，儒家中长于注经治史的"考据之学"、长于文学艺术的"辞章之学"和长于理论思维的"义理之学"之间，也存在不少矛盾和纷争。这里面有许多问题需予以辨析。例如思维与存在的关系问题是哲学的最高问题，儒家学者在这方面分化成泾渭分明的不同哲学派别，但这并不是儒与非儒的分界线，所以哲学基本路线不同的哲学家，仍然可以互相承认为大儒。张载与程颢、程颐的关系即明显的例证。"二程"一方面批评张载的唯物论，一方面又引张载为同道。在程颐看来，张载的唯物论只是一种"失"，即失误。又如，儒家在有无鬼神问题上也有严重分歧，但是否主张有神也不是儒与非儒的分界线。张载是唯物论者，但他对董仲舒评价颇高，认为他优于扬雄，"但其学差溺于公羊谶纬而已"[①]。这些例子表明，儒学本身的弹性是相当大的，在不与其基本思想相悖谬的前提下，可以有许多互异的观点并存。

儒家的基本思想是主张在正常的现实生活中实现崇高的道德理想，

---

① 《经学理窟·周礼》。

>>> "二程"一方面批评张载的唯物论,一方面又引张载为同道。图为明代仇英《程门立雪图》。

这一基本思想包括几个互相紧密联系的方面。

第一，刚健自强的人生态度。生活本身是动的，因此，刚健自强的人生态度为儒家基本思想所必需。部分宋儒虽然主静或主张动静合一而以静为本，但他们所谓的"静"，大体局限于道德的修养，而不是主张废弃人事，与老庄之"虚静无为"不同。在这个意义上，部分宋儒的主静论还只能算是一种偏离。

第二，"义以为上"的价值观。儒家认为，人之所以异于禽兽者、人之所以为人者，在于人有道德，人类所以有高于一般动物的价值即在于此。在承认人之所以贵于禽兽在于有义的前提下，在人性论问题上，可以有多种不同的学说，如性善论、性恶论、性善恶混论、性二元论等，但儒家不能容忍人性丑恶且不能改变之说，也不能容忍人本性自私且自私无可非议之说。李贽之所以被差不多一致地视为异端，与他主张"私乃人之心"之说紧密相关。在义利、理欲等问题上，在不违背以道德为最高价值的前提下，儒家也可以有多种不同的观点。在义利问题上，儒家典型的态度是"正其谊不谋其利，明其道不计其功"，亦有尚义而不排斥利或兼重义利之说，但儒家绝不能容忍主张私利之说。

第三，重视现世，要求解决现实生活中的问题，不讲来世，不追求死后的"极乐世界"。在重视现世的前提下，儒家对有无鬼神的问题也可以有几种观点。实际上，主张有鬼神的、主张无鬼神的及对有无鬼神持"存而不论"态度的都有。但儒家对厌弃人生追求来世的"有鬼论"，则持坚决反对的态度。例如张载批判佛教说："浮屠明鬼，谓有识之死受生循环，遂厌苦求免，可谓知鬼乎？以人生为妄见，可谓知人乎？"① 张载所特别反对的，正是这种"有神论"中"以人生为妄见""遂厌苦求免"的态度。

第四，修身为本、为政以德。儒家政治路线的典型概括是"修身、齐家、治国、平天下"。这里包含两个基本原则：一是个人的道德修养与政治

---

① 《正蒙·乾称》。

双管齐下而以修身为本，一是"道之以德，齐之以礼"，即以德教礼治为基本的施政方针。在"修身为本""为政以德"的大前提下，儒家的具体政治主张也是各种各样，可能而且必然有许多不同的。

首先，按照"修身为本""为政以德"的基本思路，个人的道德修养和经世济民的事业不可偏废，二者应该在修身这个"本"上统一起来。如果只讲究经世济民的方策，只忙于治国安民的事务，就会溺于"刑名度数"。陈亮说："孔氏之家法，儒者世守之，得其粗而遗其精，则流而为度数刑名；圣人之妙用，英豪窃闻之，徇其流而忘其源，则变而为权谲纵横。"① 而如果只讲究个人的道德修养，而不注意讲究经世济民的"实学"，不从事治国安民的实际工作，就会迂阔不切事情，甚至会流为与佛老差不多的"异端"。在先秦儒家那里，这二者是密不可分的，但后来就发生了分异。大体言之，宋、明理学家偏于安身立命的道德修养之学，而像王安石、陈亮、叶适、颜元等则特重经世济民的事功之学。这种分异是儒者内部激烈地相互指责的根源之一。

其次，儒家心目中的理想社会种种不一，有的讲"大同"，有的讲"复三代"，有的是就现实的社会做一系列的改良。这种分异反映在具体的政治主张上，就形成了"王霸之辨"。程朱学派认为，王道和霸道的区别在于是"以道治天下"还是"以智力把持天下"，在于君主心中是"天理流行"还是"未免乎利欲之私"。王安石认为，王霸是"用同心异"的，即政治措施相同而动机有所不同，"霸者之心为利，而假王者之道以示其所欲"②。陈亮则认为，汉、唐也是王道，不过不如三代那么完善，只有秦始皇、曹操才是以智力兼天下，才是"有私天下之心"。这种分歧也与理想社会的不同相联系。

第五，天人关系。儒家心目中的理想社会虽种种不一，但有两点是共同的：其一，这个理想社会是一个存在君臣上下贵贱亲疏等级差别的

---

① 《陈亮集·祭吕东莱文》。
② 《王霸论》。

社会；其二，它同时又是一个各等级间和谐统一亲如一家的社会。儒家不仅追求各等级间的和谐统一，还追求天人之间的和谐统一。把儒家理想的这些共同特点表述得最为清楚典型的是张载的《西铭》。为了论证这一理想，宋明理学特别清楚地阐发了一种天地万物一体的宇宙观和社会观，认为人己、物我本来是相互贯通、同属一体的存在，认为天道（自然界的根本原理）和人性（道德原则）是统一的，求知方法与修养方法也是一致的。这种"天人合一"的观念虽然在先秦儒者那里还只显露出某些端倪，在两汉儒者那里还很粗糙，但却是儒家学说的根本特点之一。相形之下，像荀子主张的"性恶论""征服自然说"，就只能处于正统儒学的圈外。

以上分析表明，尽管在不违背基本思想的大前提下，儒家学说可以有许多互异的观点和不同的结构体系，可能而且必然分化出不同的学派，但这些互异的观点、不同的结构体系又不是一律平等的。按照对基本思想、基本结构的忠实程度，有比较纯粹和比较驳杂的区别；按照对基本思想、基本结构展开的全面程度，有比较完善和比较褊狭的区别；按照对基本思想、基本结构论证的精致、深刻、严密程度，有比较博大精深与比较肤浅粗糙的区别。当然，按照政治思想的性质，还有先进与保守之分，但它和前面的划分标准不同，不好并列。

在历史上，儒家不仅作为一个大的学派与其他学派竞争统治地位，而且其内部各学派间也存在这种竞争。在两汉，有经今文学与经古文学之争，经今文学中又有公羊学与穀梁学之争，占统治地位的是公羊学；在北宋，有荆公新学、关学、洛学、蜀学、朔学之争，占统治地位的是荆公新学；在南宋，理学内部有朱陆之争，同时有理学与反理学之争，以理学占优势；元明时期，程朱理学被官方承认为正统，至明中叶后爆发了程朱学派与陆王学派的斗争，陆王心学泛滥一时，成为实际上的统治思想；明清之际，许多思想家起来反省宋、明理学特别是王学之失，出现了一个短暂的"百家争鸣"局面；清代，程朱理学在官方支持下继

>>> 元明时期,程朱理学被官方承认为正统,至明中叶后爆发了程朱学派与陆王学派的斗争,陆王心学泛滥一时,成为实际上的统治思想。图为明代佚名《王守仁画像》。

续占统治地位,但没有什么生气,民间学术阵地则是所谓"朴学"的天下。按照是否占据统治地位及与占统治地位的学派的关系,我们大体上可以把各时代的儒学分为主流派、非主流派、反主流派。

历史上的情况虽然复杂多变,但也可以看出一些规律。大体言之,在多数历史时代,在与当时各派相比较的意义上,占统治地位的是那些比较纯粹、比较完善和比较博大精深的学派,把这些在各时代占统治地位的学派联结起来,大体上也就勾勒出儒学发展的主线索。孔子、孟子、荀子、董仲舒、韩愈、周敦颐、张载、"二程"、朱熹、陆九渊、王守仁、王夫之、颜元、戴震等,即这条主线索上的代表人物。研究儒家文化,就不能不特别注意这条主线索。

三 中国封建社会与儒家文化

第一节分析了中国传统文化系统中一系列的相反相成。其中汉民族文化与其他民族文化的相反相成、统一性与地域的多样性的相反相成,是从广义的文化角度讲的,而雅文化与俗文化、显文化与隐文化、庙堂文化与山林文化的相反相成,主要是从狭义的即精神文化(思想文化和艺术文化)的角度讲的。在这些精神文化的相反相成中,儒家文化之所以总是居于主导地位,是因为它的结构与功能最适应中国封建社会的物质文化和制度文化,或者说,是中国封建社会的最佳观念上层建筑。最适应并不等于完全适应,所以,除了占主导地位的儒家文化以外,还必须有其他的文化作为补充。

冯天瑜对中国古代精神文化的"土壤"做了分析。他认为:"养育中国古代文化的土壤是一种区别于开放性的海洋环境的半封闭的大陆环境;是一种既不同于游牧经济,也不同于工商业经济的农业型自然经济;是一种与古代希腊、罗马的城邦共和制、元首共和制、军事独裁制以及和印度种姓制均相出入的家国一体的宗法社会。"①这一分析大体上是正确的,不过在具体解说及据此而对中国文化特征的解说上,仍有不少值得商榷之处。

中国的地理环境,可以说有三大特点:其一是大河大陆型与大漠大陆型环境的共存对峙,这就决定了农业文化与畜牧文化在中国历史上长期共存、既互相依赖又互相冲突的格局;其二是疆域辽阔,特别是长城以南有一大片宜农的平原,为中国古代两千年的统一准备了一个良好的地理基础;其三是与其他文明发祥地距离遥远,或者虽不遥远但为高山大漠所隔绝,这使得中国文化在一个很长的时期处于相对封闭状态。

地理环境对中国文化的影响途径很多。首先是通过影响生产力而影响经济关系、政治关系。中国的黄河流域早在铁器使用之前就孕育出相当高的农业文明,这在很大程度上是自然之赐。其次是对政治的影响。农业文化与畜牧文化的长期对峙及中原大平原的存在,使统一的帝国成为必要和可能。其三是半封闭的条件和足够大的回旋余地,使得中国文化成为一种大陆连绵型文化。这一点很重要。在世界其他地方,一种文明被毁灭或基本被毁灭的情形是很多的,只有中国文明是自古至今绵延发展的。连绵型文化有其优点,也有其缺点。其优点是文化的优秀成果较少受到破坏。中国封建社会没有像其他国家的中世纪那样陷入全民族的宗教迷狂,与中国封建社会完整地继承了奴隶社会时代优秀的文化成果有明显的因果关系。连绵型文化的缺点是落后过时的东西不容易得到

---

① 冯天瑜、周积明:《中国古文化的奥秘》,武汉:湖北人民出版社1986年版,第55页。

>>> 中国的黄河流域早在铁器使用之前就孕育出相当高的农业文明,这在很大程度上是自然之赐。图为宋代佚名《耕织图》。

彻底的清除。例如，中国奴隶社会中宗族贵族主义势力的统治，中国封建社会中奴隶制、宗法制的长期存在，都与中国文化的连绵性有关。在西方古代，社会形态的变化往往与民族的征服相联系。如古希腊社会，是在野蛮民族征服了文明的克里特以后发展起来的。由于克里特文明留下了较高的生产力，古希腊在告别原始社会进入阶级社会时，对原始社会文化遗产的清理也较彻底。又如西方中世纪是以日耳曼人征服西罗马帝国开始的，这种征服不仅较彻底地清除了奴隶制的遗毒，也革新了古代世界的家庭形式。其四是对于精神文化产生直接影响。例如，由于地理环境的封闭性，中国文化没有与水平相当甚至更高的文化直接冲突过，这显然是华夏中心主义的重要形成因素。

中国封建社会的经济，除了农业型自然经济的特点外，至少还有三大特点：其一，土地是可以自由买卖的私有财产，北魏至隋唐虽然一度以均田制的方式对土地自由买卖做了限制，但并没有真正管死；其二，封建政权的财政、兵役、力役来源，部分来自按亩征税的田租，部分来自按户、按人头征求的口赋、兵役、力役；其三，由于以上两个特点，农民和地主在土地问题上尖锐对立，并且其成分随土地的转手不断变换，即地主失去土地会下降为农民，农民买进土地也可以上升为地主，同时，封建政权为了保证自己的财政来源，千方百计地要保住农民的"编户齐民"的地位和小块土地。也就是说，封建政权有一种与地主阶级不同且矛盾的特殊利益，这种利益驱使它与地主阶级争夺对农民和土地的控制权。这样，贵族制和人身依附制就不能稳定地建立起来。

中国封建社会经济方面的上述特点，对其政治和观念的上层建筑提出了一些特殊的要求：其一，自然经济使农民之间缺乏经济的联系，需要一种非经济的纽带把他们联系起来，在中国历史的特定条件下，人们很自然地找到了那个虽在战国、秦代受到严重冲击但没有真正绝迹的宗族形式，而这种形式又需要一套特殊的道德规范。其二，封建政权的官僚机构基本上是由地主阶级及其知识分子组成的，而这个政权的特殊利益(它同时也是地主阶级根本的、长远的、整体的利益)却要求他们控制自身作为一个地主的贪欲,同时要与危害整体利益的地主阶级个体利益作斗争,如要求他们抑制土地兼并,打击豪强,反对人身奴役的过分发展,等等。这就要求士大夫要有一种以天下为己任的意识,要有一种理想或幻想把自己的热情保持在伟大历史悲剧的高度上。其三,封建社会不同于资本主义社会,它需要一套区别尊卑贵贱的等级制度,但中国的经济政治体制又不可能也不允许形成像西方那样以贵族制和人身依附制为特征的等级制度。其四,在农民、地主、国家这个经济利益的三角中,农民处于极其软弱无力的地位。农民不仅抵挡不住地主阶级土地兼并的狂潮,也抵挡不住封建国家的横征暴敛,只有在被逼到山穷水尽时,才可能以大规模起义的形式来显示自己的力量,并以此来恢复三者间经济利益的均衡,而这意味着封建政治经济结构的崩溃和重组。为了避免这一局面,封建国家在征敛方面必须自我约束,这也需要一定的思想理论起作用。

中国的奴隶社会确实是家国一体的,但中国封建社会并非如此。在中国封建社会,宗法制度大体上又限于社会的两极,即基层和皇室,把它们联结起来的则是上至宰辅、下至乡三老的官僚机构。在这个庞大的官僚机构中,通行的并不是宗法制原则,君臣关系、官民关系本质上并不是宗法关系。因此,儒家"三纲""五常"的人伦道德在封建社会的统治地位,并不是家国一体的社会制度自然反映的结果,而是另有复杂的原因。在考察中国封建社会的政治结构对思想文化的作用时,还不能忘记君主专制中央集权制、郡县制、科举制等特点,不能忘记士大夫这个极有特色的阶层,否则,中国传统文化的许多特点将无法理解。

在讨论中国封建社会的政治经济制度与儒家文化的关系时,我们不仅要认清中国封建社会地理环境的特点和政治经济制度的特点,而且要注意儒家文化并不是在封建经济政治制度确立的过程中或确立以后制造出来的,它的统治地位是封建经济政治制度巩固以后,各种学派竞争的结果、封建统治者选择的结果。早在这种选择之前,儒家文化的基本思想和基本结构已经确立,在以后两千年的发展中也没有发生根本性的改变。这一事实告诉我们,中国封建政治经济制度与儒家文化的关系,不是机械的、直线性的,其中有许多复杂的情况,需要做辩证的、实事求是的分析。

中国封建社会根本的经济政治制度,是土地私有制(与之配套的是国家税收部分按土地、部分按人头征收的赋役制度)、郡县制(与之配套的是政府官员以察举、科举方式产生的官僚制)、君主专制的中央集权制,以及在社会基层和国家建筑顶端的宗法制。基本定型于春秋战国时期的儒家思想体系,除了最后一点外,与这些经济政治制度并不是没有矛盾的。无论是汉唐还是宋元明清时期,多数儒者特别是主流派儒者心目中的理想社会还是实行井田制、封建制、封君等级分权制的"三代"社会。对于现实的封建制度,他们发表过许多批评的言论,提出过许多改革的设想。对于创立这些制度的法家思想,他们更是不遗余力地加以最激烈的谴责。这表明,儒家学派基本上并不是以封建经济政治制度的创立者和无保留的辩护者的身份为封建社会服务的,二者的结合,在很大程度上是一种相反相成的结合。或者说,儒家为封建经济政治制度服务的功能,在许多场合是以与现行制度矛盾抵牾的形式实现的。

儒家的社会理想与现实的封建经济政治制度有矛盾之处,也有相合之处。儒家承认并不懈地宣传君臣、上下、贵贱、亲疏的等级制度是天经地义的,用以协调这些等级之间关系的道德准则是根植于天理、发自良心的,这是其与现实的封建经济政治制度根本相合之处。儒家同时又认为,如果这些等级间处于激烈的冲突对抗状态,那又是不对的,理想的社会应该在各等级间实现和谐统一。为了实现这种和谐统一,现实的许多制度如名田制、郡县制等应该改变,至少要加以某种限制(如限民名田)。历史证明,儒家对现实社会的这种双重态度起了积极作用:首先,儒家对现行制度有保留的支持,恰恰是一种最有效的支持。因为是有保留的支持,所以它可以与现实政治保持一种若即若离的关系,不至于随着某个王朝的腐败而声名狼藉,更不至于随着某个王朝的崩溃而动摇其统治地位。其次，儒家对现行制度的批评是很尖锐的，但其对策又是很温和的。儒家并不主张自己动手或发动群众动手，用积极的行动去改变这些制度，而是希望圣君贤相们去改变。因为按照"修身、齐家、治国、平天下"的政治路线，所谓"政治"根本上是一种正己正人的事业，而"礼乐征伐自天子出"又是天下有道的重要标志。而且，儒家那种恢复井田封建制度的方案根本上是不可行的，即使根据这种原则对现实制度加以某种改变，也只能实现某种改良。这就是说，儒家对现行制度的批评并不会构成对这些制度的威胁，却可以为儒家学说保持一个良好的形象。相形之下，法家和道家就不具备这种优越性。法家无保留地支持现行的一切制度，这样它就要为这些制度造成的一切恶果负责，结果出现了它随秦王朝的崩溃而一蹶不振的局面；道家无保留地批评现行的一切制度，这样它就根本不可能成为统治的意识形态。

儒家主张在日常的现实生活中实现崇高的道德理想，这种理想就是"尽伦"，包括君臣、父子、夫妇、兄弟、朋友"五伦"。封建社会的君臣关系本质上并不是宗法关系，但儒家却把它包括在宗法关系中加以宣扬。这样做的结果很有效：首先，宗法关系一方面是一种人们在种的繁衍中形成的关系，同时也是一种生产关系，而后者依附于前者。生活在宗法制度下的人们（地主和农民），很难认识到这种关系有什么不自然之处，因而很容易接受儒家关于伦理关系是一种自然关系的宣传。本来，血缘亲属之间的亲密关系并非人类特有的现象，它作为生物繁衍的机制之一早在动物中即以本能的形式存在。"虎毒不食子。"儒家正是充分利用了这一点来论证纲常伦理的自然性和永恒性。在古代的知识水平上，这种论证是很难被驳倒的。其次，儒家宣传的这套似乎纯出于自然的等级制度很适合封建社会等级制度的实际情况。由于土地私有制，由于王朝的频繁更替，由于察举、科举等制度的存在，中国封建社会的等级区分是不固定的。由于庞大的国家机器需要有税收、兵役、力役的支持，西方那种人身依附制度也是不可行的。门阀士族制度对变动不居的等级区分情况，也是不能适应的。而儒家那套"君君臣臣、父父子子"的等级制度却没有固定的等级制度的弊病，可以完全适应等级划分变动不居的情况。用儒家的话说，这叫"器可变而道不变"。王朝可以倾覆，官僚机构可以易人，君臣、臣民、贵贱、上下可以易位，但君臣、臣民、贵贱、上下的等级秩序则是亘古如斯的。

儒家主张以"修身"为本，通过德教礼治的方式达到家齐、国治、天下平，即实现各等级间和谐统一的理想。作为一条政治路线，它具有明显的空想理想主义性质，是走不通的，但它又具有极大的实际功能。中国封建社会的经济政治制度总是自发地把各阶级、各等级乃至各个个人推向激烈的冲突和对抗，这里包括对土地无限制的兼并、君主专制权力的滥用、赋役的不断繁重、官僚机构的腐败、官僚们的争权夺利，以及权臣们对皇帝权力的窥伺，等等。为了使这种制度能够正常地运转，不致过于频繁地为冲突和对抗所摧毁，引入某种协调、缓冲的机制是完全有必要的。儒家空想理想主义的政治思想，正好充当了这种缓冲器。这主要表现在处于封建政治制度关键环节上的士大夫阶层，基本上是按儒家的思想培育出来的。儒家从其政治路线引申出许多具体的政治主张。儒家反对名田制，至少是主张抑制土地兼并；儒家有保留地支持君主专制，抬出一个"天"来制约专制君主，并通过"直谏""谥法"这类方法批评君主滥用权力；儒家主张节用爱民，反对横征暴敛、严刑峻法；儒家极重视士君子们的道德修养，把所谓"公私义利之分"抬到儒家第一义的高度，实际上就是教导他们把统治阶级整体的、根本的、长远的利益放在首位，如此等等。正是用这样一些思想武装起来的士大夫，对于封建经济政治制度的正常运转起了极大作用。历史证明，凡是比较认真地按照儒家的上述主张去做，即把主要精力放在协调和缓冲方向的朝代，社会就安定，生产就发展，这个王朝也就比较能长治久安。一旦这些措施被取消或者完全成了一纸空文，这个王朝也就"气运已尽"了。这就表明，尽管儒家各等级和谐统一、亲如一家的理想是不可能实现的，但

>>> 儒家主张在日常的现实生活中实现崇高的道德理想,这种理想就是"尽伦",包括君臣、父子、夫妇、兄弟、朋友"五伦"。图为清代佚名《婚庆图》。

它作为上述政治主张总的理论根据，还是起了封建政治指导思想的作用。不仅如此，它还起了为士大夫们协调缓冲冲突和对抗的斗争，提供理想、艺术形式和幻想的作用。士大夫们在从事这些斗争时，并没有认识到这些斗争的狭隘性，而以为他们真是在为超阶级的"廓然大公"而斗争；并没有认识到这些斗争的悲剧性，而以为这种斗争必然导向"天下如一家中国如一人"的理想社会的实现。这对于提高他们斗争的热情和勇气是有必要的。我们说儒家思想主要是在与现实的封建经济政治的矛盾抵牾中，实现其为封建经济政治制度服务的功能，基本根据即在于此。

在肯定地指出儒家思想是中国封建社会最佳的观念上层建筑的同时，也应注意，它对中国封建社会经济政治制度的服务也不是尽善尽美和完备无缺的。首先，儒家的政治理想具有明显的空想理想主义性质，虽然由它派生出来的一些具体的政治主张有很大的实际功能，但也有一些主张可以产生很大的弊害。例如，儒家重义轻利、尊王抑霸，主流派儒家还激烈地反对富国强兵，反对以富国强兵为目的的政治经济措施，这是有弊害的。又如，儒家极力维护和提倡宗法制度，在农村，这种维护和提倡导致了强宗大族对基层政权的把持，孕育出了一个占有大量土地、依附农民同时又垄断了做官权利的门阀士族阶级，从而使魏晋南北朝时期封建国家陷入软弱无力的状态和分裂割据的局面。在上层，嫡长继承、余子分封制的推行不是成为统治阶级内部动乱的根源(如汉、晋)，就是人为地培育出一个占有大量土地财富而完全无所事事的寄生阶层(如明代)。在这方面，如果封建统治者采取法家的主张，许多问题是可以不会出现的。其次，儒家以封建经济政治制度协调和缓冲器的方式发挥其功能，是以这些制度的存在和自发的运行机制为前提的。这也就是说，它不能完全取代法家思想及其创立的制度，而又能与之相反相成。最后，儒家对其理想社会的宣传有可能使统治者误入迷途。如西汉末年王莽古色古香的"改制"闹剧，就把本来已经混乱不堪的社会搞得更加混乱不堪，从而加速了其政权的灭亡。

以上分析表明，中国封建的经济政治制度与其观念上层建筑之间的关系是相当复杂的，这里既显示了经济基础对上层建筑的决定作用，又显示出意识形态的相对独立性和自由创造性。换言之，中国封建的经济政治制度并不是绝对必然地需要儒家作为其观念上层建筑。导致儒家在竞争角逐中取胜的，除了经济基础的原因外，还有意识形态本身的原因。春秋战国时期的诸子百家先于封建制度的存在及其状况，给封建统治者有限的可供选择的余地。可以设想，如果实际上创立了封建经济政治制度的法家不那么绝对地鼓吹君主专制集权，不那么绝对地主张严刑峻法，不那么绝对地排斥道德、文化、教育，不那么露骨地宣传人性自私，如果他们在创建封建经济政治制度时，多少考虑到需要引入某些协调和缓冲机制，而不是一味地依赖于术和势，那么，儒家是很难登上意识形态的王座的。还可以设想，如果秦王朝不那么短命，掌握政权的法家思想家有足够的时间总结经验教训，部分地修改自己的理论，同时综合先秦百家的成果，那么，儒家也是很难登上意识形态的王座的。

四　中国传统文化的类型

文化分类的问题，目前已有种种理论。我们认为，这个问题本质上还是一个文化比较学的课题。类型是比较的结果，同时又是比较的工具。在这方面，就流行的一些说法，做一些讨论。

有的学者把不同地理区域的文化分为大陆文化和海洋文化，认为大陆文化往往保持着某种独立的、一以贯之的发展系统,比较封闭、褊狭,海洋文化则往往以动态和开放为特征。中国文化属于大陆文化,西方文化属于海洋文化。我们认为,地理环境对文化的确有不容忽视的重大影响,按地理环境对文化区分类型是可以的。但以封闭、褊狭与动态、开放概括二者的区别,则值得考虑。古希腊人是典型的海洋民族,海洋生活对他们文化的影响是十分深刻的。但是,古希腊文化的成就和特点并不仅仅取决于他们是一个海洋民族,还取决于他们是一个生活在许多古文明国家附近的海洋民族,一个受到内陆文明强烈渗透而又没有遭受内陆国家直接统治的民族,一个"幸运的民族"。正因为如此,它可以在大量吸收埃及、两河流域等内陆文明成果的基础上充分发挥自己的创造力,创造出光辉灿烂的古希腊文化。在这个意义上,希腊文化不仅仅是一种海洋文化,而且是东地中海文明圈内各种文化综合创造的结晶。而整个西方中世纪文化,就很难说是海洋型的。征服了西罗马帝国的日耳曼蛮族,在某种意义上也是一个幸运的民族。希腊的科学传统、罗马的法治传统、希伯来的宗教传统在罗马帝国时期已经会集在一起,为他们在中世纪乃至近代的文化发展提供了广阔的文化背景。西方近代的文化是海洋型的,但其成就与其说是建立在博取世界各地文化的成果的基础上,与其说是因为他们的开放和动态,不如说是建立在对世界的掠夺和榨取上。在文化方面,他们持一种欧洲中心主义的高傲态度,实际上也就是一种封闭的、褊狭的态度。至于说到中国,其文化不仅受大陆环境的影响,还特别受到与其他古文明中心隔绝的环境影响。中国也濒海,也有过海洋活动,但浩瀚的太平洋给人们的印象却是大地之尽头。中国传统文化本质上并不是封闭性的。对于周边民族的优秀文化成果,中国吸收了许多,对遥远的其他文明中心,中国也曾有不少人不畏艰险地去考察、去"取经"。至于近代不少人对外来文化的恐惧排斥心理,与其说主要是封闭内向的心理在作怪,还不如说是因为这些东西是偕侵略、压迫、瓜分而来的。中国地理环境对中国文化的最大影响是使之成为一种孤立的、连绵型的

>>> 中国文化不仅受大陆环境的影响,还特别受到与其他古文明中心隔绝的环境影响。图为现代张大千《长江万里图》。

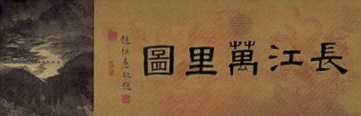

長江萬里圖

文化。因为孤立，使之缺乏与其他主要文明的交流和竞争，因为连绵，传统的力量显得特别强大。西方文化是在几大古代文明交融汇合的基础上、在诸多发展水平相当的民族激烈竞争的情况下形成的文化，而中国文化则是孤立的、自成一系的，是在没有遇到文化上强劲对手的情况下形成的文化。如果按这种特征把中国文化与西方文化区别为大陆文化与海洋文化，这两个名词还是可以接受的。

有些学者主张按照观念文化和一定的生产方式的内在联系进行分类，即将文化区分为农业文化、工商文化和游牧文化等。观念文化和一定生产方式的确有内在联系，据此将中国传统文化称为以农业文化为主导的文化，也是正确的。这里的问题在于如何理解、分析文化与一定生产方式的联系。例如，冯天瑜认为中国人的务实精神、非宗教态度、东方专制主义的政治观念、民本主义、"崇尚中庸、少走极端""着眼于现世和人事，不太关心来世和人事以外的自然"，乃至"四夷宾服"式的"协和万邦"，都是由农业经济派生出来的，这就很值得商榷。中国传统文化、古埃及、古两河流域、古印度文化和西方中世纪文化都是农业型文化，但其观念文化却各式各样，例如像中国的非宗教精神，就显得一枝独秀；又如东方专制主义政治观念，马克思和恩格斯早就用地理环境做了说明。观念文化与生产方式乃至经济政治制度的关系是很复杂的，即使生产方式与经济政治制度全同，仅仅因为思想家自由创造的原因，观念文化也会很不相同。因而，在这里要切忌简单化和主观随意性。

不同的生产方式会带来不同的生活方式，如农业要求人们安土乐居，久而久之，会形成乐土重迁的习惯，还会带来眼界狭隘的弊病，畜牧业要求人们逐水草而居，工商业要求人们为原料和市场奔波，乡土依恋相对淡薄，眼界也相对开阔。不同的生产方式需要不同的知识，如手工业者需要力学、几何学的知识，而农民、牧民更多地需要动植物方面的知识，西方近代教育把数、理、化放在极重要的地位，与其工商业的发达有直接关系。不同的生产方式对劳动者的素质也有不同的要求，如农业需要吃苦耐劳，牧业需要勇敢剽悍，工商业需要能说会道、精于计算等，这会影响到人们的道德观念、价值标准和审美趣味。不同的生产方式还会影响人口的稀密、交往的繁疏、人们之间关系的性质、政治治理的方法，等等。总而言之，生产方式会对文化的各个层次、各个方面产生深刻的影响。如果把上述种种确实与生产方式存在内在联系的特点归纳出来，冠之以农业文化、游牧文化、工商文化一类的名词，可以收到言简意赅的效果。

应当承认，在中国人的民族性格、习惯、观念中，有许多与小农生产方式有内在的联系，这里面有好的，也有坏的。中国人勤劳、朴实、节俭、乐于助人、注重人际关系的和谐等美德，是长期农业生活熏陶的结果。而散漫、迟缓、安土重迁、力求小而全或大而全、竞争意识淡薄、轻视智力等不良习惯，与小农生产方式也有毋庸讳言的关系。在长期的中国封建社会中，重视农业轻视工商业、看不起手工业者和商人，也是农业社会心理习惯的重要表现。

观念文化与经济政治制度有最密切的内在联系，与不同时期垄断了生产资料从而也垄断了精神生产的阶级有最密切的内在联系。因而，按社会形态、阶级属性分类仍然是最基本的方法。为了使这种分类不仅仅表现文化的时代性，还表现文化的民族性，可以在分类的标准上加一些内容。例如，中国上古时代的文化和古希腊罗马文化同是奴隶制文化，但中国奴隶社会的经济政治制度有家国一体的宗法特征，可称为宗法奴隶制文化。祖先崇拜，重视慈、孝、友、悌的宗法道德，礼治，刑不上大夫、礼不下庶人等文化现象即可归总在这个概念之下。又如，中国传统文化与西方中世纪文化同是封建制文化，但二者在具体的经济政治制度方面又有许多不同特点。中国是一个统一的大帝国，实行名田制、郡县制、君主专制的中央集权制，宗法制度遗留甚多，由这些派生出来的文化特征，用"宗法封建"一语看来不能全部概括，不如干脆称为中国封建制文化，或有中国特色的封建制文化。

综上所述，中国传统文化是大陆连绵型文化、农业文化、中国封建制文化。

应当指出，上述分类是按照中国传统文化各种特点及与这些特点有内在联系的因素划分的，由于这些特点相互联系、相互作用，所以这种划分是相对的，但由于它们分别刻画了中国传统文化的不同特点，又不可相互混同。例如，恩格斯指出："中世纪是从粗野的原始状态发展而来的。它把古代文明、古代哲学、政治和法律一扫而光，以便一切都从头做起。它从没落了的古代世界承受下来的唯一事物就是基督教和一些残破不全而且失掉文明的城市。其结果正如一切原始发展阶段中的情形一样，僧侣们获得了知识教育的垄断地位，因而教育本身也渗透了神学的性质。政治和法律都掌握在僧侣手中，也和其他一切科学一样，成了神学的分支，一切按照神学中通行的原则来处理。……神学在知识活动整个领域中的这种无上权威，是教会在当时封建制度里万流归宗的地位之必然结果。"[①] 这就是说，宗教在西方中世纪君临一切的地位，是由西方进入封建社会的特殊方式决定的，是一种返祖现象。有人看到别的国家封建社会里宗教占统治地位，就认定它是一条普遍规律，因而主张宋、明理学也是宗教，这是不对的。有人企图将不同特色的主文化与时代机械地联系起来，认为前现代化的文化是伦理本位的，现代化文化是知识本位的，后现代化文化或许是审美本位的，这也是不对的。

---

① 恩格斯：《德国农民战争》，见《马克思恩格斯全集》第 7 卷，第 400 页。

第五章

中国文化的发展

中国文化源远流长，不断变化，要在短短的一章中将其发展演变讲清楚，事实上是不可能的。我们这里可能做的只是为这一发展演变勾画一个极粗略的轮廓，并在此基础上讨论几个当前文化研究中值得辨析的问题。

一　华夏文化的诞生和初始特点

根据古史传说与地下文物的印证，中国文明已经有五千年的历史。这种文化从一开始就有一些明显的特点。

第一，中国文化的主体和核心——华夏文化是在华、戎、狄、夷等部族的融合中诞生出来的。

从地下文物发掘的情况看，在公元前3000年到前2000年之间，在以山西南部，河南东部，陕西、河南、山西三省交界处为中心的广阔地区内，出现了一种中原龙山文化。这种文化的分布区域，与传说中的尧、舜、禹的活动范围相对应。

按照古史传说，从黄帝到尧、舜、禹，中原地区活跃着华、戎、狄、夷、羌、苗、蛮等部族，苗、蛮族在此期间被赶跑，或被征服成为奴隶。

华夏文化表现了一些重要的特点：

其一，早在统一的朝代形成之前，在我们称之为中国政治重心的中原大平原上已经形成了早期华夏文化。这一华夏文化，不仅是夏、商、周等奴隶制国家建国的基础，而且对于后世中央集权帝国的建立也有巨大影响。

>>> 按照古史传说,从黄帝到尧、舜、禹,中原地区活跃着华、戎、狄、夷、羌、苗、蛮等部族,苗、蛮族在此期间被赶跑,或被征服成为奴隶。图为宋代马麟《三官出巡图》。

其二，它规定了所谓"华夷之别"是文化之别，而不是种族或部族之别。"夏"是"中国之人"，即中原地区之人的意思。夏代的统治者完成了中原龙山文化的统一，因而华夏成为这个统一的文化的名称。后来华夏民族与其他部族又不断融合，不论是什么部族、什么种族，只要在文化上的差异消失了，界限也就消失了。

第二，中国是在耒耜耕作农业的基础上进入文明社会的，到春秋战国时期，发展为犁耕农业。耒耜农业的劳动方式是原始协作，至少是两个人协作（耦耕），更多的是许多人在一起集体耕作（"千耦其耘"）。由于生产依赖原始协作，个体生产力的成熟与阶级、国家的出现是不同步的。由于个体生产力的不成熟，中国奴隶社会在所有制、国家形式等方面形成了许多特征。土地私有制还没有出现，家庭仍是同居共财的家长制的家庭公社，其结果是宗族贵族占了统治地位。中国古文明的这种特点显然与自然条件有关。

第三，中国是在父系氏族制度保留得相当完好的情况下进入阶级社会的。

由于父系氏族制度在进入阶级社会时还保留得十分完整，给奴隶制国家的形成和形式带来一系列特点。其一是显赫的家长制家庭乃至其家族首先上升为奴隶主贵族。其二是各贵族家族在氏族以外结成联盟，在原部落的基础上组成许多小国家。因为贵族来自不同的氏族，故称"百姓"。而在这个联盟中力量最强被推为首领的家族则被称为"王族"，王族所属的氏族的名称（姓）也就成了该国之姓。在夏代以前，这种小国家是很多的。其三是各小国的统治者在更大范围内即早期华夏文化的范围内结成联盟，并产生了传说中尧、舜、禹这样的盟主。联盟对内部不遵守习惯法规或联盟协议的国家有征伐之权，且有委派贵族去统治这些被灭亡的国家的权力。夏禹之后，这个盟主的职位由公推变为世袭，中国古代奴隶制统一国家的初规也由此奠定。最后，世袭了盟主职位的贵族运用自己手中的权力和实力，逐步将贵族联盟式的国家变成了"家国一体"

式的宗法奴隶制国家。

"家国一体式"的宗法奴隶制国家最典型的形态是西周。一方面，西周趁灭商之机，把一大批"王之支子母弟甥舅"分封出去（相传武王、周公、成王先后建置七十一国，其中武王的兄弟十五人、同族四十人），形成一个遍布全国的宗族统治网。另一方面，在宗周和各诸侯国内，百姓王族共掌政权的制度也被破坏殆尽，君主的子弟族属垄断了各种官职，这样，就形成了一个由天子至公卿至诸侯至大夫的宗族统治网，一个家国一体的宗法奴隶制国家。

二 殷周之际的文化变迁

中国文化第一次巨大的变化发生在殷周之际。王国维说："夏商间政治文物的变革，不像商周那样剧烈，商周间大变革……是旧制度废而新制度兴，旧文化废而新文化兴。"①此说虽不无夸大之处，但在指出这次文化大变迁方面是有贡献的。

如前所述，尧、舜、禹这些古"帝王"，事实上不过是华夏诸国联盟的盟主。要把这种联盟变成统一的国家，是很不容易的。盟主们既要对付各加盟国的背叛和反抗，又要对付同族贵族间争夺王位的纷争和动乱，还要对付威望很高、权势很大的巫师集团，还要对付自己国内共享政权的"百姓"。这几种势力的消长态势，使政治制度演变的方向具有

---

① 《观堂集林》，北京：中华书局1959年版，第453页。

多种可能性。在夏代四百年的纷争中，特别是在商夺取夏的统治权的战争中，大批小国灭亡，商成了一个拥有"邦畿千里"的大国，加盟国反叛的威胁基本解决，王族内部争夺王位的动乱也随着继承制度的确立逐渐获得解决，盘庚迁殷终于成功的事实，说明"百姓"的力量已不足以对抗商王的决策。

商周之际的文化变迁主要是发展了宗法制度。宗法制度的核心是嫡长继承、余子分封的继承制度，为了与此相适应相配套，就需要明确妻与子的嫡庶身份，需要按直系与旁系对祖先进行分别祭祀，需要一种细致的亲属称谓体系，需要确定分离出来的宗族与原宗族在权利义务方面的关系，需要确定一套协调宗族统治网各种关系的法则及相应的道德、宗教观念，如此等等。在这方面，周比商大大前进了一步。这里特别需要指出的有三点：

一是礼乐制度，即奴隶制的等级名分制度。礼乐制度体现了奴隶主贵族的阶级地位和等级特权，规定了君臣、父子、兄弟、夫妇、朋友之间的关系。周代的礼有五类：吉礼讲祭祀，敬事邦国鬼神；凶礼哀忧患，多属丧葬凶荒；宾礼讲会同，多属朝聘过从；军礼讲兴师动众，征讨不服；嘉礼为宴饮婚冠，吉庆活动。这也就是说，贵族们的一举一动，都有一定的"礼"为之规范。

二是敬德思想。殷人是不讲德的。殷人心目中的"上帝"既主宰自然，又主宰社会，但却没有道德属性。殷人对于先王的歌颂，也不言其"德"，而是称颂其勇力功业，如"相土烈烈，海外有截""武王载旆，有虔秉钺，如火烈烈，则莫我敢曷"①之类。这说明商人在价值观上有明显的尚力倾向。周人则反此，大讲敬德。在周人看来，皇天上帝是佑德者，它"福善祸淫"，"作善降之百祥，作不善降之百殃"，"皇天无亲，唯德是辅"。因此，敬德就成了维护统治的中心问题。"德"的内容虽是多方面的，但中心则是慈、孝、友、悌等宗法道德。也就是说，这"德"与"礼"是互为

---

① 《诗经·商颂·长发》。

表里的。周代统治者既然把治国、平天下的希望寄托在家国一体的制度上，自然不得不特别重视礼乐，而要维持礼乐制度，又不得不特别重视道德。因为各级贵族间有血缘亲属关系，不到问题十分严重时，是不好轻易使用惩罚手段的。

　　三是天命观念。西周统治者宣称，他们是皇天上帝的儿子，是受天命来接管殷商政权的。首先，这一观念对笃信鬼神的殷人有威胁作用；其次，它把宗族贵族的统治形式——家国一体的宗法制国家与至上神联系起来；最后，它把宗教权从巫师集团手中夺过来。西周统治者虽宣扬天命，但在统治集团内部又谆谆告诫天命实不可信。这样不仅打击了巫师集团的势力，而且在统治阶级上层孕育出一种不那么迷信的理性意识。

　　殷周之际的文化变迁对中国传统文化基本格局的形成有重要意义。周初奠定的宗法制度及与之配套的礼乐制度、敬德思想、天命观念，影响深远。周所建立的家国一体的宗法制国家制度甚至对中国奴隶制的命运有重大影响。小邦林立和贵族等级分权制削弱了对外扩张和对内镇压的能力，减少了奴隶的来源，影响了对奴隶的管理方式（如对被征服的殷民主要通过其上层人物实施间接统治，经过或长或短一段时间，就不得不承认其上层人物的贵族身份及其部众的"国人"身份）。而且，宗法制国家生存的一个基本前提是宗主国的强大，宗主国一旦衰落，整个体制就必然崩溃。这也就是说，宗法制国家制度在很大程度上决定了中国奴隶制的发育不良和早衰。

三　西周至春秋战国时期的文化

西周末期至西汉中期，中国文化发生了第二次巨大的变化。在生产力方面，发生了由耒耜农业向犁耕农业的转化；在生产关系方面，发生了由田里不鬻的井田制向名田制的变化；在政治制度方面，是家国一体的宗法制国家崩溃和郡县制、君主专制中央集权制的确立；在思想文化方面，这是中国古代历史上唯一一个百家争鸣的黄金时代，在这一时期获得的成果基本上奠定了中国古代思想文化的格局。

西周政治制度的首要特点是宗族贵族的等级分权制。上自天子，下至大夫，都是其世袭的封疆采邑内宗教、政治、军事、经济等权力的执掌者。由于家国一体，宗法礼乐制度、宗法伦理道德也成了最主要的政治制度、政治道德。但西周政治经济制度中也含有一些氏族民主制和原始共产制的残余。各级君主的权力不是无限的，而是受到很多限制和制约的。首先，他们的权力受到来自所谓"贵戚之卿"的制约。孟子认为，"贵戚之卿"在必要时有罢免国君的权力。"君有大过则谏；反覆之而不听，则易位。"[①]这并非完全虚构，春秋时在一些小国里就出现过卿否决国君政令的情况。这是原始社会的遗迹。他们的权力还受到公卿大夫的制约，这是百姓与王人共享政权的遗迹。最后也是最重要的一点：自由民（"国人"）在这个制度中享有一些重要的民主权利。其一是参加朝会决定国家大事的权利，这种实例屡见于史乘，如周敬王与王子朝争王位的问题，就是通过朝会的方式决定的。[②]这种朝会应该是原始氏族部落大会的遗迹。其二是运用舆论褒贬国君、执政者和贵族的权利，对于这种"谤议"，统治者

---

① 《孟子·万章下》。
② 《左传·昭公二十年》。

必须虚心听取，不能掉以轻心，更不能压制，否则就会引起国人的暴力反抗。其三，在一些特殊情况下，国人甚至可以作为一个独立的政治集团与贵族或国君盟誓。如郑国国君与商人间就立有"尔无我叛，我无强贾，毋或匄夺，尔有利市宝贿，我勿与知"的"盟誓"[1]。其四是国人在遇到经济困难时，有获得国家和贵族救济的权利。西周春秋时期有所谓"公田"，它是依靠庶人的劳役耕种的，其收入除了用于祭祀备战，主要是用来"布施"于民。这显然是原始共产制的遗迹。在西周的礼制中，救济国人是很重要的一条。鲁庄公说："衣食所安，弗敢专也，必以分人。"[2] 随会称赞楚君"老有加惠，旅有施舍……礼不逆矣"[3]。西周春秋时期，许多贵族利用"施惠于国人"的方式争取群众，取得了政治斗争或争夺霸权的胜利，说明它的重要。这种"衣食所安，弗敢专也，必以分人"的"礼"也是原始共产制的遗存。

国人民主权利在意识形态方面的反映就是民本思想。这种思想在西周和春秋是相当流行的。孟子引《泰誓》说："天视自我民视，天听自我民听。"春秋时期的史嚚、师旷、季梁、邾文公、晏婴等人也表达了类似的思想。

从西周末年到春秋战国，随着西周经济政治制度和思想体系的崩溃，各个阶级、各种政治势力纷纷活跃起来，为按照自己的意愿重建社会秩序而激烈冲突。这里最值得注意的是两种对立的倾向：君主专制集权主义的倾向和民本主义、民主的倾向。前者在实际生活中的代表是那些勇于改革的君主，思想代表则是法家；后者在实际生活中的代表是以平民为主的国人，在思想领域的代表是墨家、儒家的孟子、道家的庄子，以及农家的许行等。

在这场决定中国历史命运的旷日持久的斗争中，取得胜利的是那些

---

[1] 《左传·昭公十六年》。
[2] 《左传·庄公十年》。
[3] 《左传·宣公十二年》。

勇于改革的君主。他们运用手中的权力,对宗法奴隶制进行了一系列改革。

这些改革,在经济上是废除过时的井田制,实行名田制;在政治上是用官僚制代替贵族制,用郡县制代替分封制,用君主专制集权制代替贵族等级分权制,用法治代替礼治。对于旧的礼乐制度,他们很少有所顾忌。他们对内无情地剿灭那些同姓同宗的贵族,对外大肆兼并。这些君主,本质上是一些为了自己家族的利益乃至一己私利而不择手段的宗族贵族。他们并没有主动地解放奴隶或维护地主阶级的利益。他们是把兼并来的土地和人民当成其一姓一族的私家财产来看待的,他们推行的官僚制度实际上也是从旧的家臣制度中引申出来的。正因为他们是一些代表一族一姓的宗族贵族,所以他们中有许多人不能在改革的道路上坚持到底,如"战国七雄"中除秦之外的六国。也正因为如此,奴隶制经济成分,特别是工商业中的奴隶制成分并没有随宗法奴隶制的崩溃而消除,秦、汉两代都有大量皇室所有的奴隶。他们的事业之所以取得了胜利,根本原因在于不自觉地顺应了经济发展的自然趋势和政治制度发展的自然趋势。

在思想领域中忠实地代表了勇于改革的君主们的是法家。作为改革的设计者、推行者和思想家,法家有重大贡献。他们的人品和这些君主差不多,他们几乎都是为了个人的富贵利达而追随那些喜怒莫测的专制君主。他们个人的行为很难博得人们的尊敬,他们的理论也和君主们的行为一样极端而片面。他们中有许多悲剧性人物,如商鞅、吴起、韩非、李斯。因为他们只有在得到专制君主的支持时才能有所作为,这些君主一旦变心或死亡,他们就难免有灭顶之灾。这一切都决定了由他们创立的思想体系很难在封建经济政治制度确立以后继续居于统治地位。他们的命运也和那些勇于改革的君主一样,在清除了宗法奴隶制的全部地基后垮台。

从西周末年到春秋战国,国人一直是一个十分活跃的政治势力。他们多次举行起义反抗宗族贵族的统治,他们的人心向背决定了许多宗族贵族在政治斗争中的命运，甚至决定了一些国家的存亡。但他们作为宗法奴隶制中的一个等级，又有巨大的局限性。他们既反对宗族贵族的统治，又与旧制度有千丝万缕的联系。他们的斗争有时间接有时直接地帮了那些勇于改革的君主的忙，而他们的地位则随着君主专制政体的形成而逐渐恶化，乃至最后下降为封建专制制度下的"编户齐民"。他们的这种命运和中国奴隶制的发育不良及早衰有直接联系。他们没有能够扮演在古希腊、古罗马奴隶制下的自由民那样的角色。

在儒家和道家的思想体系中，曲折地反映出国人阶层的某些情绪、利益和愿望，这很大程度上是由春秋战国时期士文化的特点所决定的。"士"是一些在旧体制解体过程中游离出来的靠做官授徒维持生活的知识分子，他们的社会地位又比庶人高一个等级，他们是国人中的上层分子。这种经济政治地位不能不影响他们的思想体系。国人阶层争取经济政治权力的斗争虽然失败了，但却结出了极为丰硕宝贵的思想文化果实。这方面主要有：

"天地之性人为贵"和道德至上的价值观念——这种价值观念与士的自由人身份及其经济政治地位有密切的联系。士无法以"富贵骄人"，他们能够引以为骄傲的是贵族们无法予夺的"天爵""良贵"，即独立的人格和道德。而这一价值观念又成为他们民本主义和民主思想成分的理论基础。

民本主义或具有民主思想成分的政治思想——儒家，是坚定的民本主义者。他们继承发展了西周春秋以来的民本意识，明确地提出了"博施于民而能济众"的最高理想，提出了"民为贵，社稷次之，君为轻"的主张，总结了"水则载舟，水则覆舟"的历史经验。孟子还多次强调国人参政议政的权利。如他认为尧舜禅让、夏禹传子都是民心向背的自然结果，认为国君任免官吏、诛杀大臣，不仅要听左右、诸大夫的意见，特别要听取国人的意见。在孟子的著作中，还到处可以看到支持人民反抗暴政的言论。这些都是明显的民主思想成分。

人道主义思想——西周统治者讲保民,却不讲爱民。孔子讲"仁",讲"爱人""泛爱众",主张"君子之行也,度于礼,施取其厚,事举其中,敛从其薄";墨子讲"义",讲"兼爱",要求"有力者疾以助人,有财者勉以分人,有道者劝以教人";孟子主张施"仁政",讲"亲亲、仁民、爱物",讲"保民而王"。这些都是反映国人愿望的人道主义思想。

反对剥削、压迫、侵略,追求自由的思想——这些思想主要反映在墨家和道家的著作中,还反映在农家的思想和实践中。

"大同"的社会理想——当时儒、墨、道、农诸家都提出了不同程度反映国人情绪、利益和愿望的社会理想。如老子的"小国寡民"、庄子的"至德之世"、孟子的"王道"。其中最值得注意的是《礼运》中的"大同"理想。

以天下为己任的士君子意识——春秋战国时期的"士"是一个在宗法奴隶制崩溃过程中游离出来的阶层,为了实现自己的理想,也为了生存,他们周游列国,先后在许多国家做官。这种地位使他们养成了一种以天下为己任的心理特性。

春秋战国时期还是一个理性主义高扬的时期。当时的各家各派在政见上虽互相冲突,但在对待鬼神、迷信方面却大体一致。他们大多继承发扬了早在西周就已出现的理性主义倾向,注重现世人生,对鬼神、迷信或持怀疑态度,或持否定态度。他们还在无神论乃至唯物论方面有许多建树。

春秋战国时期的百家争鸣,不仅依存于列国争战的政治局面,而且特别依存于宗族奴隶制崩溃过程中士阶层的出现和国人阶层的活跃。随着封建经济政治制度的确立,这两个条件消失了。秦汉统治者为了统一思想,尊崇一家,打击其他各家,甚至使用"焚书坑儒"之类的暴力手段,推行"愚民"政策。这不仅导致了一些学派如墨、名、农的中绝,还使得思想文化空前活跃的"诸子时代"终结,从此进入相对沉寂的"经学时代"。秦代禁"挟书"的法令,还大大摧挫了民间的文化教育,严重地降低了整个民族的思想文化素质水平,西汉神学气味极浓的春秋公羊学派与谶纬神学风行一时,与这种"愚民"政策有直接的因果关系。这一点可从王充的《论衡》中找到很多证据。当时许多著书立说的人严重缺乏史学素养,编造出许多关于春秋、战国乃至本朝人物的奇谈怪论,因而根本经不起博雅之士的批判。

中国传统文化的基本格局是在春秋、战国百家争鸣的基础上,通过秦汉统治者的选择而奠定的。

四 中国传统文化的演变

中国封建的经济政治制度和思想文化体系的基本格局自秦汉时期确立后,至鸦片战争之前,没有发生质的变化。但这并不是说,在此期间没有量的发展和部分的质变。

封建的生产关系的实质不在于生产资料的私有制,而在于以私有制为基础的人身依附关系。在中国封建社会里,人身依附关系经历了不同的发展阶段。

从地主与农民的关系看,人身依附关系经历了由形成到瓦解的历史过程。随着封建专制制度的确立,国人和野人都成了"编户齐民",而随着名田制的实行,土地兼并随之而起。宗族贵族的灭亡给了地主阶级的崛起一个大好时机。在秦和汉,迅速兴起了一个没有贵族身份也没有官爵的"豪民"地主阶级,出现了"邑有人主之尊,里有公侯之富"的现象,出现了"或耕豪民之田,见税十五"的剥削制度,还出现了使用奴隶徒附耕作的庄园。农民——昔日的自由民不甘心沦为人役,他们在失去土地后大批流亡,成为西汉统治者很伤脑筋的问题。西汉政权对这个豪民阶级的兴起并不以为然,而是采取了大规模打击的态度。仅武帝时杨可告缗一案,就"得民财以亿计,奴婢以千万数,田大县数百顷,小县百余顷,宅亦如之。于是商贾中家以上大率破"①。但这并不能从根本上解决问题。因为参与土地兼并并把农民变为奴婢徒附的,不仅有由商贾转化来的地主,还有大大小小的官僚。东汉以降,政权逐渐被豪民阶级把持。他们不仅拥有大量的土地和依附的农民,而且世代为官,成为具有准贵族身份的"门阀世族"。至魏晋南北朝,他们做官的特权得到朝廷的正式认可。这种门阀世族到隋唐开始衰落。宋代以后,地主阶级主要依靠自由租佃和自由雇工的方式剥削农民,而对农民的人身束缚则逐渐松弛下来。

从封建国家与农民的关系看,封建国家征收赋税力役,有按田亩征收和按人丁征收两种方式。早期以人丁为本,因而对农民的人身束缚较强。北魏以后为了与门阀世族争夺对土地和农民的控制权,实行了均田制,农民被固定在固有的土地上耕作,人身束缚达到了最强。隋唐以后,均田制瓦解。北宋以降,通过一系列赋役改革,以人丁为本的制度逐渐过渡到以土地税为主,最后是"摊丁入亩",放弃了对农民人身的束缚。

西周"工商食官"制崩溃以后,从春秋到战国,自由的工商业曾有相当大的发展。秦汉以降,实行重农抑末、盐铁官营一类的政策,国家拥有大量手工业奴隶,民间工商业者则被打入另册,不得为官,赋税很重,而且要随时应召为国家服役,其身份更在农民之下。那些享有特权的富商大贾也广泛使用奴隶生产。秦汉这种奴隶制的或准奴隶制的工商业生产关系,至唐代始发生较大变化,表现在工商业行会的产生和官营手工

---

① 《史记·平准书》。

业中"和雇"制的出现。宋代出现了官营工商业、大官僚大地主控制的工商业及工商业行会以外的自由商人(市民)。至明、清两代开始出现资本主义生产关系,市民阶级作为一种政治势力开始出现在历史舞台上。要而言之,在这个领域里,也经历了人身束缚的性质逐渐改变和束缚程度逐渐松弛的过程。

封建经济关系的上述演变有一个共同的根源:随着生产力的发展,超经济的强制逐渐变得没有必要也没有可能,而以经济本身的力量实行强制的条件逐渐具备。这一趋势特别是明清时期资本主义萌芽的出现表明,即使没有西方文化的"切入",中国也会或迟或早地摆脱封建制度,走向资本主义制度。

封建政治制度也经历了一系列变化。君主专制制度经过秦汉、隋唐、宋、明、清几个阶段,逐步完善和强化;郡县制由秦汉到隋唐再到元明也有不少变化,其中突出的是行省的设置;在用人制度上,秦汉实行"察举",即由各级官吏推荐;魏晋南北朝实行"九品中正制",即规定门阀世族的等级,按等级授官;唐以降实行"科举制",除了身份低下的工商杂户,原则上所有人都有通过读书应试的途径进入仕途的权利。这里特别值得注意的是政权性质的变迁。秦与西汉,国家还以宗族贵族式的高傲态度看待从民间崛起的豪民阶级;东汉以降至隋唐,政权落到门阀世族的掌握之中;宋代以后,以读书应试进入仕途的官僚地主阶级垄断了政权;明中叶以后,士大夫集团与专制君主之间的矛盾逐渐激化,士大夫中出现了东林党这样的集团,出现了为"结党"辩护的言论;明清之际,更出现了猛烈攻击君主专制、要求民主的言论。这表明由于官僚地主出身复杂(其中不乏中小地主出身的,有的甚至出身于农民家庭),如果历史的进程不因满族政权入主中原暂时中断,士大夫分化成代表不同地域或阶层利益的党派的局面,迟早是要出现的。

在思想文化领域中,变化更显得繁复复杂。这里面既有反映封建经济政治制度演变的变化,也有由多次民族大融合和中外文化交流引起的变化，还有哲学、宗教、文学、艺术、科技等本身由粗入精、由简趋繁之类的发展。

在反映封建经济政治制度演变的意义上，传统思想文化的演化大体可分为早、中、晚三期。从战国到西汉武帝的"诸子时代"，所反映的是封建经济政治制度形成过程中的种种矛盾和冲突，这是早期。从西汉到明代中期，所反映的是封建经济政治制度相对稳定经济繁荣的情况，这是中期。从明代后期开始到1840年鸦片战争爆发，所反映的是封建经济政治制度逐渐衰落、老化，各种矛盾和问题日趋尖锐的情况，这是晚期。明代后期，文学领域中的戏剧、小说起于市井，在一定程度上反映了市民阶级的情绪、利益和愿望，并作为一种被士大夫轻视的俗文化显示出越来越大的艺术感染力。在哲学领域，有许多具有资本主义启蒙性质的思想观念出现，如民主思想、党派意识、维护工商业者利益的观点、反映市民心理的"人性自私说"，等等。

中国封建社会在农民、地主阶级和国家之间，在经济利益上存在着一种相互矛盾、相互制约的关系。在和平发展时期，地主与国家为争夺对农民和土地的控制权而相互斗争，并把越来越重的负担加到分散无力的农民身上。当这种负担沉重到使农民无法维持简单再生产和生存时，特别是在遇到天灾时，农民不得不举行大规模的武装起义。农民起义打垮了一个又一个封建王朝，消灭了大批地主，摧毁了那些腐朽透顶到谁也无法整治的官僚机构，给新建的王朝一次又一次地上"水则载舟，水则覆舟"的课。这种农民起义，一方面起了把农民、地主、国家三方面的利益调节到适合生产力发展水平的状况的作用，同时又为封建经济政治制度的改革提供了机会。每个旧的王朝倾覆、新的王朝兴起的过程，都是一个经济政治体制重组的过程。中国封建社会这种周期性振荡的现象对物质文明、精神文明的发展产生了强大的影响，使之也呈现出一种周期性振荡的特征。思想文化领域中某些明显的阶级性变化也借这种机制而发生。如法家的统治随秦王朝的灭亡而告结束；西汉谶纬之学的统

>>> 以哲学方面理论思维的水平而言,先秦思想家显然不及宋、明理学家;从文学艺术方面看,唐诗宋词、元杂剧、明清小说,显然非春秋、战国、秦汉时期的文学艺术所可比拟。图为清代冯箕《红楼选梦图》。

繪圖紅樓續夢圖

治随东汉王朝的灭亡而告结束；明清之际的社会大动荡，引起了思想家们的深刻思考，导致了思想文化的重要发展，如此等等。农民大起义既是一种修复机制，同时也推动了物质、制度和思想文化发展。

历次民族大融合和中外文化交流给中国传统文化带来的变化是巨大的。大到文化结构、哲学宗教观念，小到衣食住行，处处都留下了历次融合和交流的深刻印记。从文化结构上看，随着佛教的传入，打破了儒学的一统天下，使中国传统文化在很长时间内在一种儒、释、道三足鼎立的格局中发展。佛教哲学对宋、明理学有明显影响。少数民族及外来的文学艺术、生活器具、服饰打扮等给中国传统文化的影响是如此之大，以至于今天很难想象所谓"汉官威仪"是个什么样子。比如隋唐以前，中国汉族人屋内没有桌、椅、床，而是与今天日本人一样坐在地上。又如唐代的十部乐舞，有九部来自外国和少数民族。唐代汉族妇女竟着胡装，如头戴锦绣浑脱帽，上穿翻领窄袖袍，下着条纹波斯裤。宋辽金元时期，"胡乐番曲"大量输入中原地区，"街巷鄙人，多歌番曲"。

中国思想文化在经学时代诚然没有质的变化，但量的发展还是相当可观的。以哲学方面理论思维的水平而言，先秦思想家显然不及宋、明理学家；从文学艺术方面看，唐诗宋词、元杂剧、明清小说，显然非春秋、战国、秦汉时期的文学艺术所可比拟。

中国传统文化的结构也不是一成不变的。即以这个系统的主导思想而言，它自身及与各种相反相成的子系统的关系就在不断地变动。两汉儒学衰，魏晋玄学兴；魏晋玄学衰，佛、道二教盛；隋唐时期儒释、道三教鼎立；宋元明"新儒学"重执思想界之牛耳，佛道由盛转衰；清代处于官方统治地位的程朱理学僵化，而朴学盛极一时。这些情况都表明，中国传统文化的结构在基本不变中也有变动。儒家思想只是在与各种思潮的斗争中，保持住主导地位。

五　中国传统文化与近现代文化

中国文化的第三次巨大变化发生在从1840年鸦片战争开始的近现代。这一变化的实质是以儒家为主导的封建的中国传统文化变到以马克思主义为主导的社会主义的新中国文化。这一变化性质之深刻、规模之广大、任务之艰巨、冲突之激烈，都是空前的。之所以如此，不仅因为它与社会形态的变化，与消灭阶级、消灭剥削的社会主义社会取代阶级社会的变化相随，而且在这一进程中，社会进步、社会革命和民族的自强图存、复兴的任务交错在一起，此外，它还是在与一个先进的西方文化的冲突交融中进行的过程。

把近现代文化的变迁看成是一个统一的连续过程，基于如下考虑：首先，鸦片战争以后逐步形成的半殖民地半封建社会本不是一种独立的社会形态；其次，在这个社会里没有一种稳固地起主导作用的经济制度，而是多种经济成分（封建的、帝国主义的、官僚买办的、民族资产阶级的）并存并激烈地相互冲突；最后，在观念文化领域里，也是各种各样思想体系竞争角逐，以阶级属性分，有封建地主阶级的、资产阶级的、无产阶级的，以对中西文化的态度和思想基本来源分，有"国粹主义"的，有"全盘西化"的，有"中体西用"的，如此等等。只是到了新民主主义革命胜利并走上社会主义道路以后，中国才有了一个以马克思主义为主导的初具规模的新的文化系统。这也就是说，在相对稳定的中国传统文化系统解体后，直到新民主主义革命胜利，才重新形成另一个相对稳定的文化系统，而中间的一百多年，则处于旧系统解体和新系统重建的振荡过程之中。

近现代中国文化的大变化过程，本质上是一个文化的综合创造的过程。

现代大工业生产中的蒸汽机、电器、化工用品、计算机以及生产它们的各种科技工艺、经营管理制度等是从西方来的。但是，社会生产方式，也就是社会经济结构、经济基础，按通常的用法，是指生产力和生产关系的总和，它是无法从外面"传播"或引进的，而没有它，引进的工业生产设备等根本就不可能成为一种现实的生产力。马克思在《资本论》里转述了一个很有意思的实例："皮尔先生把共值五万镑的生活资料和生产资料从英国带到新荷兰的斯旺河去。皮尔先生非常有远见，他除此以外还带去了工人阶级的三千名男工、女工和童工。可是，一到达目的地，'皮尔先生竟连一个替他铺床或到河边打水的仆人也没有了'。不幸的皮尔先生，他什么都预见到了，就是忘了把英国的生产关系输出到斯旺河去！"①

来自西方的生产资料、科技工艺、经营管理方法等为什么能够在中国安家落户，并产生出资本主义的进而是社会主义的生产关系来呢？问题的关键在于，在明清以来的中国，农民已经取得了人身自由，自由的土地租佃或雇工的关系已经成为通行的剥削关系，贫穷破产的农民一旦被迫流落城市，就很容易与引进的现代工业生产资料结合，形成资本主义性质的生产关系和现代生产力。而只有在无产阶级的力量有了一定程度的发展之后，才能进一步向社会主义生产关系转化。当然不能否认，资本帝国主义列强的侵略、掠夺、商品倾销等在加速农村贫穷破产，特别是在瓦解农业、手工业结合的小农生产方式方面起了不容忽视的作用。但这并不改变问题的实质，那就是，中国社会发展的程度本身为资本主义、社会主义生产关系在中国近现代的产生提供了基础。如果没有西方工业生产资料等的引进，中国迟早也要向资本主义发展，而如果没有中国社会发展程度这个条件，则什么也产生不出来。例如，在西方殖民主义侵入南北美洲大陆时，那里的土著印第安人还处于原始社会。在那里，现代生产资料等的引进不仅没有能够在印第安人中产生出资本主义生产

---

① 马克思：《资本论》第 1 卷，第 834—835 页。

方式，而且在相当长的一段时间内，也没有能够在西方移民中确立起资本主义的生产关系。由此可见，中国近代的生产方式不是西方传播来的，而是在得到西方物质文明催化的情况下，从中国社会内部生长出来的。

西方文化的冲击对于中国传统文化的解体起了催化的作用，但使中国传统文化解体的直接动力，仍然来自中国内部，主要来自中国内部的阶级斗争及来自中国传统文化内部固有的矛盾斗争。中国传统文化本来是一个以儒学为主导的，包含各种各样相反相成因素的系统。外来的侵略、亡国灭种的威胁，首先使沉睡的中华民族精神——自强不息的精神苏醒过来，同时还把中国传统文化中种种正文化、反文化因素激活起来。例如，洋务派讲"富国强兵"，与正统儒学的反功利主义就有些格格不入；严复讲"自强保种"，荀况、刘禹锡、柳宗元的"天人关系学说"就被召唤了回来；随着西方科学与民主观念的引进，墨子、孟子、黄宗羲等人久被遗忘的科学观念、民主思想得到了人们的高度评价，如此等等。没有中国传统文化中这些正文化因素的帮助，单凭西学的冲击，中国传统文化系统的解体将困难得多。严复是个聪明绝顶的人，他在引进西方的进化论时，没有原原本本地翻译，而是把它与中国固有的思想糅合在一起。他还用了一种优美的文言文体，使得像桐城派文人一类的守旧派也能读得下去，并肯为之作序。历史告诉我们，从林则徐、魏源开始直到"五四"以前，还没有人是纯用西学来攻击中国传统文化系统的。无论是严复、康有为、梁启超，还是谭嗣同，他们更多地倚重的，还是中国传统文化中固有的积极因素。而如果没有这些人给中国人民造成的心理准备，五四新文化运动也是不可想象的。可见，中国传统文化系统的解体，是西方文化与中国传统文化中的积极因素共同作用的结果。在这方面，我们也可以举出印第安人的例子作为反证。他们所受的"欧风美雨"的冲击比我们要大得多，但如北美的印第安人，至今仍固守着他们的固有文化。

在新文化系统的重组过程中，中国传统文化与西方文化都起了巨大

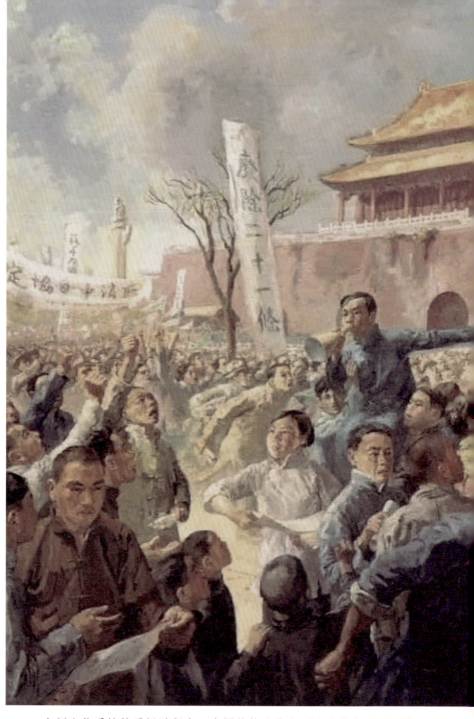

>>> 在新文化系统的重组过程中，中国传统文化与西方文化都起了巨大作用。

作用。

1840年以来,特别是"五四"以来,中国的文化中已包括了大量从西方引进的文化要素。没有这些要素,新文化是很难设想的。但在引进什么、不引进什么的问题上,中国传统文化起了选择的作用。例如,西方人在向中国人传播他们的基督教方面下的功夫不可谓不大,但成绩甚微,而严复的一本《天演论》,却使得进化论在中国有口皆碑。这一现象并不难理解。基督教的思想系统与中国传统文化具有不相容性,很难纳入中国文化系统中来。大的不说,单单不准祭祀祖先一条,就很难被中国人接受。康熙末年清廷决定尽逐传教士的直接原因,就是罗马教皇于1704年颁布的一道教令激起了朝野的公愤,这道教令的内容就是禁止中国的基督教信徒拜祖宗。而进化论则与中国传统文化的精神一脉相通。在中国传统文化中,无机的水、火之气可以转化为生物,生物演进的最高成就是人类的观念,从来被视为不言而喻的基本道理。又如,中国人特别是知识分子接受马克思主义,与中国传统文化也有密切的关系。中国文化中本有悠久的唯物论、无神论、辩证法的传统,有民主主义、人道主义思想的传统,有许多历史唯物主义的思想因素,有大同的社会理想,如此等等,因而马克思主义很容易在中国的土壤里生根。

引进外来文化要素离不开翻译,翻译介绍进来以后还有一个消化吸收的过程和确定它在本国文化系统中的地位作用的过程。在这方面,中国传统文化所起的作用也是不容忽视的。由于中西文化系统很不相同,翻译是一件很不容易的事情,往往是"一名之立,旬日踟蹰"。而这个过程,在一定意义上是一种再创造的过程。早期翻译家之所以多为对中国传统文化颇有造诣的人士,道理就在这里。由于中西文化系统很不相同,中国人要消化吸收西方文化要素也是很不容易的,开始时差不多总是离不开中国固有文化这根拐杖,它虽然往往容易引起误解,但没有这根拐杖是不行的。由于中西文化系统很不相同,一个引进的文化要素所占据的地位和发挥的作用也很不同。例如进化论,社会达尔文主义在西方社会科学领域中并不占有显要的地位，常常被用来为侵略、压迫乃至种族灭绝辩护，而在中国，它被改造成一种强国保种的理论根据广为传播，并在近代思想史上开拓出一股可以称之为"进化唯物主义"的强大思潮。中国人引进、吸收、消化外来文化要素的过程，同时也是一个使之中国化的过程。例如今天常讲的"一切从实际出发""实事求是"，其中核心概念（实际、事物）就来自中国传统文化。

中国现在的文化系统中，有许多来自中国传统文化的要素。

其中有一些还相当完整地保持了原来的面貌，如中医中药、许多种文学艺术形式，它们与西医西药、西方文学艺术形式并行不悖，互相借鉴、互相推进。更多的则与来自西方的文化要素水乳交融，难分彼此。由于西方文化比中国传统文化晚了一个时代，比较先进，因而近代中国学者对传统文化的分析、整理，大量采用了先进的西方的思想方法。例如，中国古代的逻辑学和墨学，如果不引进西方的方法，恐怕至今还只是一种化石般的存在；又如，中国近现代科学的史学，也是在引入了西方方法后才建立起来的。

以上分析表明，现在中国的文化系统，是在原有文化系统解体之后，利用来自中西两方的文化要素重新组建起来的。正是在这个意义上，说新的中国文化系统的形成过程，本质上是一个综合创造的过程。新的中国文化系统的重组过程，还存在着很多问题。

由于在引进过程中选择意识和创造意识不强，有泥沙俱下和囫囵吞枣的严重弊病。在新中国成立前，由于选择之权不在中方，也由于一些人鼓吹"全盘西化"，西方许多腐朽的文化滚滚而来，如鸦片烟、极端利己主义、法西斯主义之类，给本来已呈严重病态的中国文化又增添了许多病态，而其中最为严重的是一种"事事不如人"的病态心理。改革开放以来，一些人饥不择食、盲目引进，也出现了一些问题。例如，一些人并没有很好地消化西方学术，就匆匆忙忙地拿来运用，结果只是换了一套令人难解的名词术语；有些东西无论在西方还是在过去的中国，都已被证明是不正确的，却仍被一些人当做新东西拿过来。至于中国人吃囫囵吞枣的亏，更是有目共睹。新民主主义革命时期给革命事业带来严重挫折的教条主义、洋八股，是囫囵吞枣的结果；社会主义建设中生搬硬套苏联的模式，后果也十分严重。

有些问题值得深刻反省。例如，中国人接受了马克思主义，在吸收消化这一人类最先进的文化成果时固然有不少创造、发展，但也有如何正确理解的问题。一些人把经学习气、圣人崇拜之类的东西夹带进来，以为只要上了本本的东西就是天经地义，而本本上没有的东西就不敢说、不敢做。这种教条主义与马克思主义没有任何共同之处。

还应当指出，新的社会主义文化系统目前已粗具规模，但还远没有建成。新的指导思想——马克思主义在这个文化中的主导地位已经确立，现在的中国文化与中国传统文化无论在体系结构上，还是在所包含的文化要素上，都有质的区别。这是新文化已初具规模的标志。不承认这一点，以为中国传统文化仍完好无损，需要根本摧毁、"彻底重建"的观点是没有根据的。当然，夸大已取得的成就也是不正确的。文化系统的更替与社会形态的更替并不完全同步。中国的生产力、科学和民主的水平还较低，社会主义还处于初级阶段，封建主义、小农意识、半殖民地半封建社会病态心理还有相当市场，继续大量引进外来文化的任务仍很艰巨，百花齐放、百家争鸣的局面还有待于开拓。

第六章

中国传统文化的核心
——中国传统哲学

文化是一个包含多层次、多方面内容的统一体系，其中处于核心层次的是思想、意识、观念等，思想、意识中最重要的有两个方面：一是价值观念，一是思维方式，它们和世界观一样，历来是哲学的基本内容。人们的世界观、价值观、思维方式是在他们创造文化的实践中积累、归纳出来的，同时又作为文化的核心给创造文化的实践活动以指导和制约。这一章简略地讨论作为中国传统文化核心的中国传统哲学，主要是其中的世界观、价值观和思维方式。

一　中国传统哲学的体系结构

中国古代有哲人之名,无哲学之名,"哲学"一词是日本学者从西文翻译的。在中国古代,与"哲学"一词含义相近的有"道术之学""义理之学"之类,而最能概括中国哲学的范围、内容和任务的,恐怕要推"天人之学"一词。中国古代许多思想家往往把"究天人之际"视为他们思想学说的最高目标或基本内容。司马迁说他的《史记》是一部"究天人之际"的书,董仲舒说他讲的是"天人相与之际"的学问,何晏称赞王弼是"始可与言天人之际"的人。"学不际天人,不足谓之学",在这个意义上,中国哲学即天人之学。

中国古代哲学的最高范畴是"道"。道有天道、人道之分。天道学说即关于宇宙根本问题的学说,相当于西方哲学中所谓本体论、宇宙论、自然观。人道学说即关于人生根本问题的学说,其内容主要是关于道德起源与道德标准,亦即关于人生价值与人生理想的问题。相当于通常所谓的伦理学说或道德学说,亦称人生哲学。这一部分内容是中国古代哲学的中心。中国古代哲学家往往以天道为人道之本,而以人道为天道之归,天道、人道的关系乃"发本"与"要归"的关系。这也就是说,关于天道、人道的理论,亦即关于宇宙人生的根本原理的研讨,是中国古代哲学的主要内容。

在中国古代哲学家看来，天道与人道既有区别，又有联系。许多哲学家力图把道德原则与宇宙的最高根源联系起来，以为宇宙最高本体即道德的最高准则或基本根源。这样，他们又很自然地主张求知方法与修养方法的一致，以为求知的方法也就是道德修养的方法。中国古代哲学这种本体论、认识论与道德论"合三为一"的情况，使得它的结构很自然地形成天道、人道、知天知人之道三大部分。

天道、人道的研讨，最终归结于治道，即政治学说。在天道、人道、治道的研讨中，又必然涉及人类历史的许多问题。这样，政治学说和历史观也成为中国传统哲学的重要内容。

中国哲学的目标在于"闻道"；西方哲学的宗旨是"爱智"，以追求真理为目的。而中国哲学之所谓"道"是包括真与善的，志在"闻道"即以求真求善为目的。

对于中国传统哲学以伦理为中心的问题，要做实事求是的分析和评价，不能夸大，更不能歪曲，否则很可能导致对中国传统哲学乃至中国传统文化的严重误解。可惜的是，种种夸大和歪曲的看法颇为流行。

这里所谓的以伦理为中心，是从中国传统哲学的结构、功能等意义上来讲的。从结构上看，中国传统哲学可分为天道、人道、知天知人之道三大部分，哲学家们论天道、论知天知人之道，最后都要归结到伦理道德问题上来，哲学家们的政治主张，也往往以伦理道德学说为其立论之依据。从功能上说，天道、知天知人之道这两部分都为论证人道学说服务，整个体系对中国古代社会、中国传统文化产生的实际功能，也主要在伦理道德方面。

有人认为，中国古代哲学和西方存在论不同，它始终不曾脱离人去谈论存在的本质，中国古代哲学对宇宙的理解，不是把它当做静态的物质实体，而是当做与人类精神浑然不分的整体，等等。这种宇宙观与西方存在论相比，实际上是突出了人在世界历史中的主体性。这一分析有明显的夸大和歪曲之处。中国传统哲学常常将天人问题放在一起讲，往往前一句讲天，后一句讲人，但这并不意味着始终不脱离人谈论存在的本质。中国古代哲学家公认，人是自然界演化的产物，是万物中之一物。这就必然得出人依存于天的结论和天本而人末的结论。所以，将天人问题放在一起讲，有不脱离天论人的意义，而没有不脱离人论天的意义。把宇宙理解为不依于人与人类精神的物质实体，是唯物论的通义，中国古代唯物论也都肯定自然世界是独立的客观实在。又如有人认为，中国哲学表现出与西方哲学大相径庭的格局，不像西方那样从自然本身出发，通过研究自然、客观本身的规律去把握世界；中国哲学是从人、从人类自身出发，从人、人类社会体察自然，进而把自然人化，这样推理的结果，天的世界必然就沉没在人的世界里，中国古代哲学所求之"本"，并不是什么自然之"本"，而只是人的本性。这就更远离历史的真实了。确实，中国古代有人主张从人体察自然，主张从人心推达天道，但这仅是一些主观唯心主义者或有主观唯心主义倾向者，如程颢、陆九渊、王守仁等；其他哲学家则多主张"仰观、俯察"，"近取诸身，远取诸物"，即从包括人在内的整个客观实际出发研究世界。而且不管哲学家本人怎样主张，中国古代的自然观或天道观总是建立在自然科学知识的基础上的。中国古代哲学家中，有一些同时也是科学家，如后期墨家、何承天、王廷相、宋应星、方以智等，大多数人通晓自然科学，如荀子、王充、裴頠、柳宗元、刘禹锡、张载、朱熹、王夫之等。

要而言之，哲学无论中西，都是系统的世界观，都是自然科学与社会科学的概括和总结。我们不能夸大、歪曲中国传统哲学的个性，否认哲学的共性。

二 "天地一体""变化日新"的世界观

关于"天道"的学说,古代西方谓之"后物理学",汉译"形而上学"。西方传统的形而上学又分为本体论与宇宙论:本体论讲万物存在的根据;宇宙论讲天地起源、宇宙变化的过程。在中国传统哲学的天道观中,也兼有本体论和宇宙论的学说。

中国古代的天道学说,有许多显著特点。

特点之一,是中国古代多数哲学家认为天地万物的本体同时也是天地万物的始原。从先秦的老子到北宋的张载,都是如此。这也就是说,天地万物具有同一个起源,而这起源同时也是天地万物存在的根据。中国古代也有不讲宇宙起源的思想家,如庄子、程颐、王夫之。但他们所否认的是天地起源的绝对性,而不是否认具体的万事万物的变化过程。

特点之二,是中国古代哲学家肯定天地万物的本体同时也是天地万物能动性的根源。例如在张载哲学中,"本体"或"体"有两重含义:一是指气的本然的内容;一是指气的永恒的本性,这本性即"神",亦即运动变化的能力。程颐、朱熹以"理"为本体,理虽被视为超乎动静的东西,但同时也是气运动的根源。或者说,"阴阳无始,动静无端"的气的永恒运动根据在于动静之"理"。基于此,程、朱有"道体"的说法。朱熹在《论语集注》"子在川上"章引程颐的话说:"此道体也,天运而不已,日往则月来,寒往则暑来。水流而不息,物生而不穷,皆与道为体,运乎昼夜,未尝已也。"朱熹解释说:"天地之化往者过,来者续,无一息之停,乃道体之本然也。"这所谓"道体",是兼"理"与"化"两面而言的。

特点之三,是中国古代哲学家在肯定天地万物的本体同时,也把天地万物普遍地联系在一起。因而，天地万物乃一个有机的整体。

特点之四，是中国古代哲学家一致公认人类是自然界进化的产物，是万物中一物。

以上特点归结起来，就是认为宇宙是一个包括人类自身在内的统一整体，是一个自己运动的过程。这样的世界观，集中反映同时也制约着中国文化的许多特点，其中最主要的是士文化中的反宗教倾向。因为按照这种世界观，造物主和主宰神、第一推动之类的观念既无必要，也不可能存在。在历史上，犹太教、基督教、伊斯兰教这些宗教都曾传入我国，基督教且曾先后四次（唐、元、明清、近代）传入我国，但对中国文化的影响都甚微。这可从中国传统哲学在世界观方面的特点得到说明。李泽厚认为，中国的"实用理性"使人们较少去空想地追求精神的"天国"，这种看法值得商榷。中国人确实有执着人间世道的实用探求的倾向，但支持中国人的反宗教倾向的，不仅有"实用理性"，或者说执着现实人生而不问来生的人生态度，还有上述的世界观。而这种排斥造物主、主宰神和第一推动之类的世界观，应该说是"思辨理性"的产物。

中国的天道观不仅有上述特点，而且在不同学派那里还有一些个别特点。这主要反映在关于世界的真幻，人在世界中的地位、作用价值，以及运动变化的性质等问题上。这些问题上的分异，为儒、法、道、佛等思想流派的分异提供了天道观的依据。

在佛教传入中国以前，中国哲学家无一例外地肯定我们面对的世界是真实而唯一的世界。这种思想的本体论根据就是"体用一原，显微无间"，即认为本体与现象是统一的，无实在与幻象之分。而佛教哲学则力图论证现实世界是虚幻不实的。如果说前者是执着人间世道的世界观根据（由此可见，即使所谓"实用理性"本身也需要有另种"思辨理性"的支持），那么后者则是佛教追求超脱生死变化的现实世界的世界观根据。正因为如此，佛教哲学传入中国后，与中国传统哲学发生了激烈的冲突。中国传统哲学从佛教哲学中吸收了许多思想要素，但差不多一致地拒绝

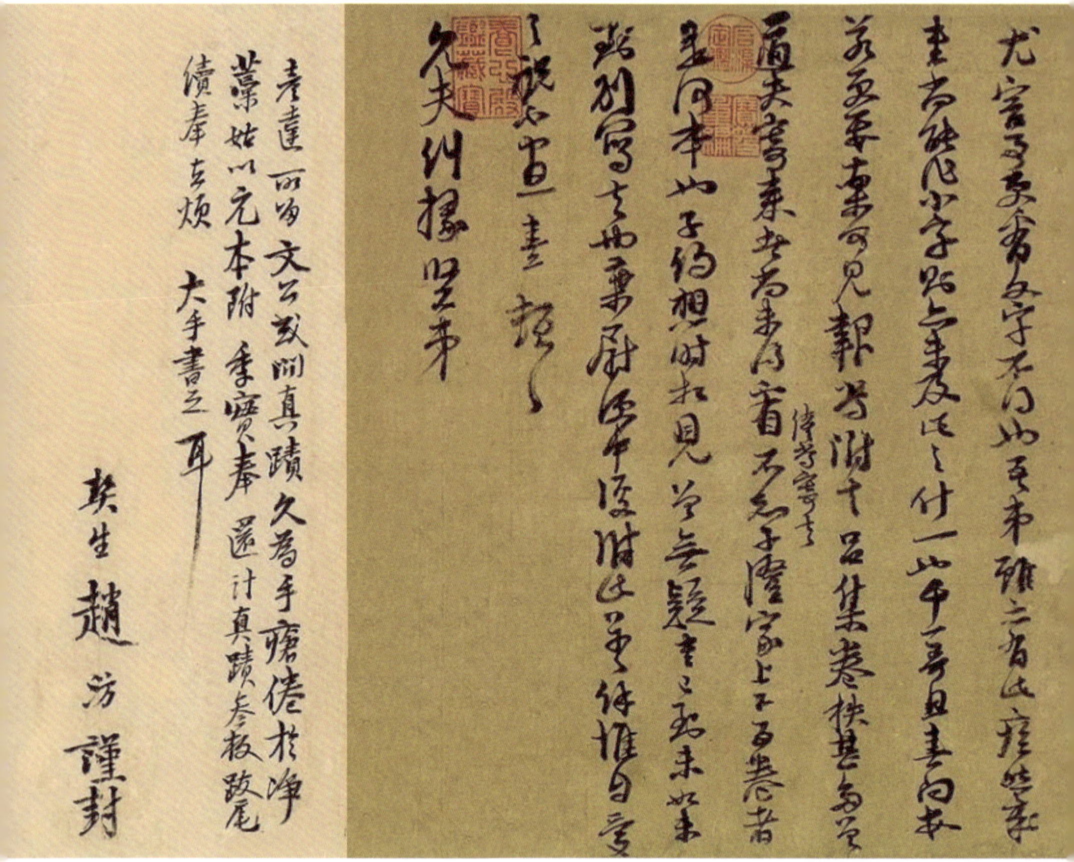

>>> 程颐、朱熹以“理”为本体，理虽被视为超乎动静的东西，但同时也是气运动的根源。图为朱熹等人与《行书瀚文稿》。

229

接受并猛烈地抨击现实世界虚幻不实的观念。而佛教哲学进入中国之后，也不得不一再修正自己在这方面的理论，使它至少表面上能够被接受。

在人在世界上的地位、作用价值问题上，儒、法、道、佛各家持论各不相同。

儒家高度评价人在宇宙中的地位、作用、价值。儒家认为，人的形体虽微，但性质优异，是自然界演化的最高产物。人下长万物，上参天地，是"三才"之一，是以生成万物为功能的自然系统中一个不可或缺的要素。如果把宇宙比作一驾车或一条船，那人就是车上的驭手、船中的艄公，可以决定宇宙行进的方向。（王符《潜夫论》说："人行之动天地，譬犹车上御驷马、篷中擢舟船矣。虽为所覆载，然亦在我何所之可。"）儒家还认为，人之所以性质优异、地位崇高、作用巨大，在于人"有义"，即有道德观念，能辨别应当与不应当，其生活行为具有自觉的规律。如荀子说："水火有气而无生，草木有生而无知，禽兽有知而无义，人有气有生有知亦且有义，故最为天下贵也。"[①]儒家的这些看法，与其道德至上的价值观和积极有为的人生态度相表里。

道家中老子肯定人在宇宙中有卓越的位置。庄子学派则相反，认为人是渺小的，在宇宙中实无重要地位。庄子学派的这种看法，与其否认一切人为的价值观和消极无为的人生态度相表里。这种观点在中国哲学史上影响甚小。

中国哲学史上也有与"天地之性人为贵"完全唱反调的言论。《阴符经》说："天生天杀道之理。天地万物之盗，万物人之盗，人万物之盗也。三盗既宜，三才既实。"认为天地、万物、人三者是互相戕害、互相盗窃的。晋代有个叫仲长敖的人，作《核性赋》，极言人性之恶，有"裸虫三百，人为最劣"之语。唐代韩愈有一段发牢骚的话与之同调。他认为，人跟万物腐败过程中生出来并加速万物腐败的虫子一样，是在"元气阴阳"的腐败过程中产生出来的，并比任何一种虫子都更有害于"元气阴阳"。

---

① 《荀子·王制》。

佛教以为，人类只是"有情"中较为高级的一种，而一切有情之生死轮回的根源在于"无明""贪爱"。人生痛苦不堪，实无足依恋。这种观点，也是否认人在宇宙中的崇高地位和价值的。

中国古代哲学家一致肯定宇宙是一个变化的大流，但对这个大流的性质的认识和态度则各不相同。

儒家把宇宙变化的大流理解为一个和谐、秩序井然、生生不息的历程。之所以如此，是因为在儒家看来，宇宙本身就是一个和谐、秩序井然、以"生"为功能的系统。这种观点，发轫于《周易大传》，经董仲舒发挥，至宋、明理学达到成熟，是儒家首尾一贯的极为重要的观点。儒家对宇宙以"生"为功能的观点，是用一种原始朴素的系统论进行论证的。如《穀梁传》认为："独阴不生，独阳不生，独天不生，三合然后生。"董仲舒认为，"天"是一个包括天、地、阴、阳、木、火、土、金、水及人十"端"即十个部分的系统。简言之，是一个由天、地、人"三者相为手足，合以成体，不可一无"的系统，"天"之所以能"复育万物，既化而生之，有养而成之，事功无已，经而复始"，是这个系统的各要素"相与一力而并功"的结果。对于天地以生物为事的现象，儒家表述为"天地之大德曰生"，或"天地以生物为心"。大德即根本性质，"心"即目的。董仲舒将天拟人化，他所谓"天心"指天的意志，宋儒扬弃了天有意志情感的说法，他们沿用的"天心"一语，可称为自然目的。现代系统论发现，凡自然界存在反馈和"自我调节"系统的地方，都可以看到一种类似目的的东西在起作用。宋儒所谓"天心"就是指这种东西。据此，我们可以将"天地以生物为心"的学说称为自然目的论。[①]

自然目的论在儒家学说中起了很重要的作用。

首先，它成为把宇宙的本体与封建道德观念统一起来的主要根据。

---

① 金春峰对此论述甚详。参见《"月令"图式与中国古代思维方式的特点及其对科学、哲学的影响》，见《中国文化与中国哲学》，北京：东方出版社1986年版。

>>> 自然目的论在儒家学说中起了很重要的作用。孔子讲"唯天为大,唯尧则之",以天为人类生活的最高准则。图为清代佚名《孔子圣迹图·杏坛礼乐》。

孔子讲"唯天为大，唯尧则之"①，以天为人类生活的最高准则。董仲舒讲"道之大原出乎天"，即人生之道自天而出。"则天有为"本是儒学的传统。但自西汉谶纬之学与公羊春秋学派衰落，"天道自然"的观念大行其道之后，如何论证这一传统成了一个大问题。宋、明理学很巧妙地解决了这个问题。他们把董仲舒的目的论改造成自然目的论，并从"生生"而有"理"的自然目的现象中引申出封建道德原则和等级秩序来。如周敦颐认为"诚"是"五常之本，百行之源"，而诚是天道的表现，"乾道变化，各正性命，诚斯立焉"。诚即实在与有理的统一。自然变化有其条理，这是天道之诚；人的行为合于道德，这是人道之诚。张载认为："生有先后，所以为天序，小大高下，相并而相形焉，是谓天秩。天之生物也有序，物之既形也有秩。知序然后经正，知秩而后礼行。"②人间的等级秩序及体现这种秩序的礼本于自然的秩序。程颢认为，宇宙是生生不已的变化大流，生生不已是宇宙的根本原理，将这一原理表现于生活，就是仁。他说："天地之大德曰生。天地絪缊，万物化醇。生之谓性。万物之生意最可观，此元者善之长也，斯所谓仁也。"③朱熹说："盖仁之为道，乃天地生物之心即物而在，情之未发而此体已具，情之既发而其用不穷，诚能体而存之，则众善之源，万行之本，莫不在是。"④朱熹更进而将天地生物的元、亨、利、贞与仁、义、礼、智明确统一起来，将封建道德提高到天理的高度。反对程、朱的戴震也说："自人道溯之天道，自人之德性溯之天德，则气化流行，生生不息，仁也。由其生生，有自然之条理，观于条理之秩然有序，可以知礼矣；观于条理之截然不可乱，可以知义矣。在天为气化之生生，在人为其生生之心，是乃仁之为德也；在天为气化推行之条理，在人为其心知之通乎条理而不紊，是乃智之为

---

① 《论语·泰伯》。
② 《正蒙·动物》。
③ 《遗书》，卷十一。
④ 《仁说》。

德也。"① 仁根于天道之生生，义礼与智皆根于天道之条理。

其次，它为儒家"义以为上"的价值观和积极有为的人生观，提供了世界观的依据。

儒家认为，"生生"而有"理"的宇宙过程是一个自然的自发的过程。而作为天道之继的人道则是一个自觉的积极有为的过程。人是"天地之心"，即人是自然大系统中有知有觉者，它秉天地之和气而生，禀赋有天地之德或具有辨认天地之德的能力，能够按照天地之德去自觉地行动。从积极的角度看，人的有道德的积极有为的生活能够"相天""弘道"，以补自然过程之不足。这也就是说，人的有道德的积极有为的生活能够调控自然大系统，使之趋于更和谐、更有条理的秩序，能够弘扬天地的生生之德。儒家不仅认为宇宙是一个有机的整体和永恒流变的过程，而且认为是一个由简趋繁、不断创造因而变化日新的过程，人类在这个过程中有积极的作用。

道家也承认宇宙是一个永恒流变的过程，也主张从宇宙最高本体引申出人生的最高准则。老子哲学的最高概念是道，他认为人生的理想是"法道""从道"。他说："人法地，地法天，天法道"，又说："孔德之容，唯道是从。"但道家对宇宙流变过程的认识与儒家不同。他们反对宇宙流变中有目的或类似于目的的观点，认为这纯粹是一种自然无为的过程；他们不承认宇宙流变是一个创新进化的过程，认为这纯粹是一种单调的重复；他们还有一种强调变化的绝对性而忽视事物相对稳定性的倾向，如《庄子》说："物之生也，若骤若驰，无动而不变，无时而不移"②；他们也承认变化中有常则，但不承认变化有一个不可逆转的方向，后来的道教甚至认为可以用"逆用道机"的方法即顺着与自然变化相反的方向去炼丹成仙。儒家以"生"为宇宙流变的根本原理，道家则认为"归根复命"是流变的常则。《老子》说："万物并作，吾以观复。夫物芸芸，

---

① 《孟子字义疏证》。
② 《庄子·秋水》。

各复归其根。归根曰静，是谓复命，复命曰常。"道家对宇宙流变的态度是消极的，甚至是悲观的。他们主张一切因任自然，无所作为，甚至在变化面前产生一种厌倦哀伤的情绪。"芴漠无形，变化无常，死与？生与？天地并与？神明往与？芒乎何之？忽乎何适？万物毕罗，莫足以归。"①他们希望能够用生死存亡无介于心的方法超脱变化，以达到"悬解"，即解除一切束缚，而得到最大的自由，能够在想象中与宇宙本体（道）合而为一，"命物之化而守其宗"。道家的这种天道观，显然与其否定一切文明的自然价值论和消极无为的人生态度相表里。

佛教对宇宙流变的见解有三大特点。其一是以变化为虚妄荒谬。人类生死轮回的根源是"无明""贪爱"，而变动不居的世界和人生是虚幻不实的。其二是极力夸大变化的绝对性，否认事物的相对稳定性，即特别强调"无常"。其三是极力渲染人生过程中的种种痛苦特别是生老病死之苦。这种世界观与其否定人生价值，追求超脱生死的人生态度也相表里。

以上所述表明，儒、道、佛三家在世界观上虽有共同之处并互相吸收、渗透，但也有一系列不相容的冲突矛盾。过去有人根据宋、明理学大量吸收佛教哲学思想材料的事实，认为宋、明理学是儒表佛里，是改头换面的佛学，这是不正确的。儒佛的区别，不仅仅表现在伦理政治思想方面，也表现在本体论、天道观上。有人写文章，认为道家思想在中国传统文化中居于"主干地位"，其理由之一是道家为儒家的政治伦理提供了哲学基础。这也是一种肤浅、表面的看法。宋儒在天道观的建立中虽吸收了来自佛、道的许多思想材料，但儒家天道观的核心观念——"生"与"诚"，是早在先秦就已确立了的。这表明，后儒天道观的中心思想来自先秦儒家，他们根据这一中心思想，综合了来自佛、道的思想材料，进行了独立的创造。

在中国古代天道观的发展过程中，贯穿着有神论与无神论、唯物主

---

① 《庄子·天下》。

>>> 儒、道、佛三家在世界观上虽有共同之处并互相吸收、渗透,但也有一系列不相容的冲突矛盾。图为明代丁云鹏《三教图》。

义与唯心主义的斗争，这些斗争，为我们留下了许多发人深省的经验教训和宝贵的精神遗产。

在本体论与宇宙论范围内，有神论与无神论的冲突主要采取了天志论与自然论对立的形式。先秦的墨子、汉代的董仲舒持有神论的观点，认为宇宙本体是有意识有目的的，自然界的一切变化发展都体现了这个宇宙本体的意志目的。道家则主张自然论，认为天地本无意识目的，万物生死流变都是自然，而非天地有意使之然，庄子一派的道家而且认为一切事物的变化皆是由于有机缄而不得已，有机械论的倾向。这两种观点冲突融合的最后结果，是建立在原始朴素的系统论基础的自然目的论。这种理论认为，由于自然大系统各要素的相互作用规定了自然演化朝着"生生不已"，即创造、进化的方向前进。这种理论在承认自然界无意识、无目的的无主宰方面与自然论相同，但同时又吸收了目的论的合理因素，认为自然演化中有某种决定其方向目标、提供其动力的内核。

天道观方面唯物主义与唯心主义的斗争，不仅在儒、道、佛诸家之间展开，而且在各派内部不同程度地展开。这方面特别值得注意的是宋、明理学内部三派的斗争。广义的宋、明理学包括"气"一元论、"理"一元论、"心"一元论三派。"气"一元论以张载、王廷相、王夫之为代表，"理"一元论以程颐、朱熹为代表，"心"一元论以陆九渊、王守仁为代表。"气"一元论是唯物主义，"理"一元论是客观唯心主义，"心"一元论是主观唯心主义。

宋、明理学三派之间的哲学论争是围绕着"理事""心物""心理"等关系展开的。这一斗争的积极成果，是在中国封建后期产生出一种极富特色且与进步的政治伦理思想联系越来越密切的唯物主义世界观。这一派别虽然不占统治地位，理论还不算成熟，但却预示了中国哲学未来发展的方向。

"气"一元论的天道观大体上包括以下的基本思想。

第一，宇宙的本体是一种连续性的、由于自身矛盾而运动不息的物质性的"气"。

"气"是一种连续性的物质，内部包含着阴阳两部分，具有浮沉、升降、动静相感(相互作用)，即对立的两方相互作用的本性。由于这种本性，气有不断产生出有形质的天地万物的必然性，而这过程又具有固有的条理秩序。张载说："太和所谓道，中涵浮沉、升降、动静相感之性，是生氤氲、相荡、胜负、屈伸之始。其来也几微易简，其究也广大坚固。"[①]这段话即勾勒出"气"一元论的大体轮廓。太和即气的总体，亦即其变化运行的过程。

第二，气、理、事物均是实有，是不依赖于人的意识感觉的客观存在。

"气"是宇宙的本体，"理"是气运动变化所固有的条理、秩序、规律，物是多事相续而且有一定之理的过程，因而三者均为实有而以气为本。王夫之提出"诚者实有者也"[②]的命题，他所谓实有，包括客观实在的气和事物，也包括气和事物所固有的理，这也就是说，他所说的"诚"指具有内在规律性的客观实在。这个"诚"和我们今天所说的"实际"接近，具有深刻的意蕴。

第三，心知根于血气，理在事物而心能知之。

关于心与理、心与物的关系，张载有一些唯物主义的观点，如认为物质世界是"大"是"本"，而人心是"小"是"末"，认为"人本无心，因物为心"[③]，认为"理不在人，皆在物，人但物中之一物耳"[④]。但未有详尽的发挥。清代戴震批判了"性即理"之说和"心即理"之说，认为人的心知根于血气，即根于人的肉体，"有血气，夫然后有心知"[⑤]，而理在事物，能够被心所辨识。

综上所述，中国传统的天道学说虽然有许多复杂的情况，但从总的

---

① 《正蒙·太和》。
② 《尚书引义》，卷三。
③ 《语录》。
④ 同上。
⑤ 《原善》。

趋势、从占主导地位的儒家学说看,可归结为一种"天地一体""变化日新"的学说,这种学说肯定宇宙是一个和谐有秩序的、相关的整体,是一个不断创新进化的过程。这种学说虽然有种种严重的缺陷和错误,如忽视了万物相互冲突、不和谐、无秩序的一面,如从宇宙的和谐秩序引申出封建的道德原则和等级秩序,因而打上了时代和阶级的烙印,但其基本思想是正确的,它对中国传统文化的作用基本上是积极的。

三 以和谐为最高价值原则的价值观

价值观与文化的关系极为密切。它既影响到已有的文化成果的取舍兴废,又影响到新的文化创造的取向和用力的大小。正因为如此,一个文化系统的价值体系不仅在很大程度上是该系统的体系结构的反映,而且在很大程度上规定了该系统的特质和发展演化方向。

中国传统文化是一个包含许多相反相成的子系统的复杂体系,在这种种的相反相成中,儒家文化居于主导地位。与此相对应,中国传统文化中的价值体系也包含许多互相对立、互相冲突的价值观念,而以儒家的价值观念居主导地位。这种种价值观念,除与俗文化对应的世俗价值观外,其他都保存在各家哲学中。

中国各派哲学家的价值学说,大体上可区分为儒、墨、法、道四派。

儒家的价值学说,可称为内在价值论或道德至上论。孔子主张"义以为上"①，即以道德为最高价值。孔子又有"仁者安仁，知者利仁"②之说，即认为道德实践有两种境界，一种是为道德而实行道德，一种是以道德有利而实行道德。前者较后者要高。孟子更有"天爵、良贵"之说，这天爵、良贵就是天赋的道德意识。人们的道德实践，就是实现这种天赋的内在价值。

墨家的价值学说，可称为功利价值论。墨家以利为基本价值，以人民之大利即公利为唯一的价值标准。墨家重利亦"贵义"，即重视道德的价值。但他们是因为"义"对人们有利而实行的，与儒者"仁者安仁"的主张不同。因为墨家以利为基本价值，以人民之公利为价值的唯一标准，故可称为功利价值论。

法家的价值学说也是功利主义的，但其说与墨家颇不同。法家崇尚竞争，崇尚实力，专讲富国强兵，否定道德和文化教育的价值。而墨家讲"尚同""兼爱""非攻"。法家这种价值论，在世界观背景上和价值标准上与墨家和儒家都是对立的。它的世界观背景，是以为天地万物之间、人与自然间、人与人之间存在着永无止境的竞争、冲突，而其价值标准则是私利，即一族一姓或个人的私利，更确切地说是统治者的私利。

道家的价值学说可称为绝对价值论。道家认为儒、墨、法诸家所说的价值，都是相对的、偶然的、虚幻的，只有作为宇宙本根的"道"及"一物所得以生"的"德"才有真正的价值。这种要求超越一切相对价值以实现绝对价值的理论，可称为绝对价值论。

儒家虽然主张内在价值，但这并不意味着他们没有一个最高的价值标准。儒家最高的价值标准是"和谐"。孔子弟子有若讲"礼之用，和为贵"③；《周易大传》讲"圣人感人心而天下和平"；《礼记·礼运》讲"圣人耐以天下为一家，以中国为一人"的"大同"；《中庸》讲"致

---

① 《论语·阳货》。
② 《论语·里仁》。
③ 《论语·学而》。

>>> 中国传统文化是一个包含许多相反相成的子系统的复杂体系,在这种种的相反相成中,儒家文化居于主导地位。与此相对应,中国传统文化中的价值体系也包含许多互相对立、互相冲突的价值观念,而以儒家的价值观念居主导地位。图为唐代阎立本《孔子第子像》(宋摹本)。

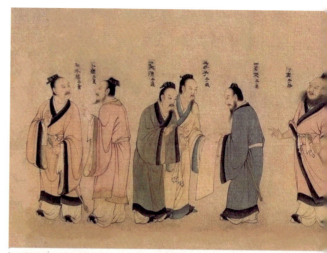

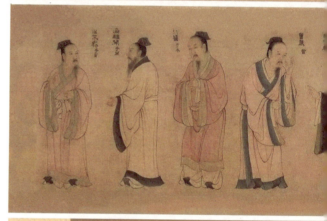

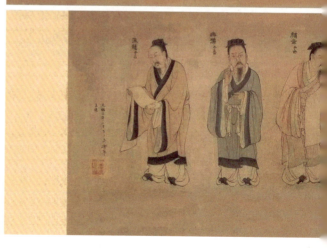

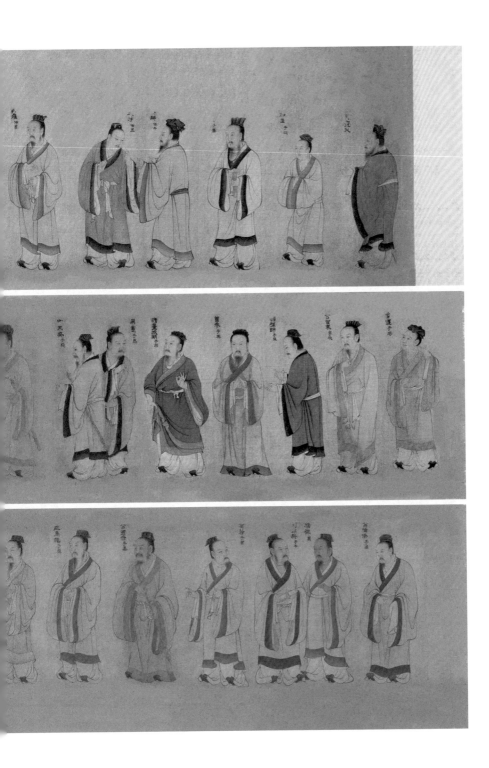

中和，天地位焉，万物育焉"。在儒家看来，道德虽然是超功利的，但道德实有极大的功用，这功用就是达到人、己、物、我的和谐。正因为如此，孔子将"中庸"视为一种最高的道德。"中庸"就是要反对过与不及，以保持事物的均衡协调。值得注意的是，道家强调"不争"，墨家提倡"非攻""尚同"，与儒家之强调"和谐"有相通之处。而这三家与法家的崇尚竞争均异趣。韩非子有一段很著名的话："上古竞于道德，中世逐于智谋，当今争于气力。"[①]可见在法家看来，即使道德也是一种竞争的手段。因此，中国传统哲学中的价值学说虽然有儒、法、道、墨四家，但最终的分歧在和谐与竞争的问题上。汉武帝以后，墨学中绝；法家受到唾弃，成为隐文化；道家流传不绝；儒家占据了主导地位。这样，和谐就成了整个中国传统文化的最高价值原则。这一原则和认为宇宙是一个和谐的整体的世界观及重和谐的思维方式一起，对中国传统文化产生了深远的影响，规定了中西文化的基本差异。以和谐为最高的价值原则，强调多样性的统一，是正确的。但儒家所说的"和"的含义后来演变为"融合""调和"，轻视斗争，认为斗争没有价值，这就陷入了片面。

儒、墨、道三家在价值观上互相批评，但他们对世俗的价值观则同持批评的态度。世俗的价值观，简言之，就是"势、利"二字："势"者升官，"利"者发财。庸俗的人不仅以此二者为价值追求的目标，也以它作为评定他人价值大小的标准。这种专讲个人升官发财的价值观是剥削阶级的卑劣思想。道家从自己的立场上对这种卑劣思想进行过尖锐的批评。庄子对势利者极尽挖苦讽刺之能事，认为他们是一些"舐痔者"。儒家并不一概反对追求富贵，而是反对牺牲人格的价值去追求富贵的行为。孔子说："富与贵，是人之所欲也；不以其道得之，不处也。贫与贱，是人之所恶也，不以其道得之，不去也。"[②] 又说："饭疏食饮水，曲肱而枕之，乐亦在其中矣。不义而富且贵，于我如浮云。"[③] 孟子说："有

---

① 《韩非子·五蠹》。
② 《论语·里仁》。
③ 《论语·述而》。

天爵者,有人爵者。仁义忠信,乐善不倦,此天爵也;公卿大夫,此人爵也。古之人修其天爵,而人爵从之。今之人修其天爵,以要人爵;既得人爵,而弃其天爵,则惑之甚者也,终亦必亡而已矣。"① 荀子也说:"志意修则骄富贵,道义重则轻王公,内省而外物轻矣。"② 儒家的观点是道德的价值、人格的价值远远高于世间富贵的价值,人们应当修其天爵,而人爵从之,不能把道德人格当做追求富贵的工具,更不能为了富贵而牺牲掉自己的道德、人格。儒家所说的道德、人格,都有其时代和阶级的特定内涵,但从一般意义上说,这种观点还是有积极意义的。

值得注意的是法家对世俗价值观的态度。他们不仅不批判世俗价值观,反而主张用"贵贵而尊官"的方法助长这种价值观,并利用它来达到统治者的目的。韩非说:"夫上所以陈良田大宅,设爵禄,所以易民死命也。"③ 以富贵为最高价值的庸俗价值观虽然是剥削者卑劣心理的固有表现,但任何一个掌握了政权的剥削阶级,为了维护其整体的、根本的、长远的利益,又不能不与之作斗争,至少是不能把这种价值观公开写在自己的旗帜上。法家对庸俗价值观的认可,也预示了它日后一蹶不振的历史命运。

中国古代的价值观不仅有不同的派别,而且这些派别之间存在长期的论争。价值观的争论集中在两个问题上:一为义与利的问题,二为力与德的问题。这里面有一些情况值得注意。

第一,在长期的论争中,占主导地位的儒家价值观越来越趋于片面,形成了重义轻利、崇德贱力的传统。

儒家的价值观以重义崇德为特色,但重义崇德并不意味着一定要轻利贱力。孔子、孟子不讳言功。孔子说:"大哉尧之为君也,巍巍乎!唯天为大,唯尧则之。荡荡乎民无能名焉。巍巍乎其有成功也,焕乎其有

---

① 《孟子·告子上》。
② 《荀子·修身》。
③ 《韩非子·显学》。

文章。"①孟子说:"当今之时,万乘之国;行仁政,民之悦之,犹解倒悬也。故事半古之人,功必倍之。"②孔子不完全排斥利,要求"见利思义"③,"因民之所利而利之"④。《周易大传》讲"崇德",也很注重"利用厚生",高度评价古圣先贤在发明创造各种器用方面的功绩,说"备物致用,立成器以为天下利,莫大乎圣人"⑤。孔子、孟子贱力,荀子则相当重视力。他说:"故义以分则和,和则一,一则多力,多力则强,强则胜物。故宫室可得而居也。故序四时,载万物,兼利天下。"⑥这些情况表明,在重义崇德的前提下,给予利和力一定的地位还是可能的。但是,在与其他各派特别是法家的论战中,在反对世俗价值观的努力中,儒家却越来越把利与义、德与力分裂开来、对立起来,造成了价值观上的严重偏颇。如孟子把"利"与"仁义"对立起来,把"为利"与"为善"对立起来,把"以力假仁"的"霸道"与"以德服人"的"王道"对立起来,并且主张对发展生产、奖励耕战的法家"服上刑",这就很成问题了。汉代的董仲舒提出"正其道不谋其利,修其理不急其功",而《汉书》又将此二语改为"正其谊不谋其利,明其道不计其功",问题就更严重了。宋、明理学特别是程、朱、陆、王学派大力宣扬"正其谊不谋其利,明其道不计其功",造成了严重后果。尽管宋元明清时期也有一些儒者在义利、王霸、德力、理欲等问题上提出了一些较全面的观点,但毕竟未能取得主导地位。儒家重义轻利、崇德贱力的传统有严重的偏颇,但在评价时,仍应注意分析,不可歪曲夸大。儒家反对的"利",乃指私利而言。"利"这个概念,本有公利、私利两重含义,义利问题包含个人利益与社会利益、物质需要与精神需要的关系问题。孟子说:"上下交征利,而国危矣。"⑦

① 《论语·泰伯》。
② 《孟子·公孙丑》。
③ 《论语·宪问》。
④ 《论语·尧曰》。
⑤ 《系辞上传》。
⑥ 《荀子·王制》。
⑦ 《孟子·梁惠王上》。

其实国家的安定也是利,而且是统治阶级的公利、大利。儒家在反对"私利"的含义上笼统地反对"利",在用语上有辨析不精之弊,但我们今天在评述时应当辨析清楚。"理欲"问题也是这样,儒家所谓"人欲"也是指私欲而言,而非指基本的物质生活需要及按照封建等级制度合法的物质享受。因此,把"存天理,灭人欲"概括为"禁欲主义"并与宗教的禁欲主义等量齐观,是不正确的。力在古代哲学中也有多种含义。它既包含自食其力之力,即体力和脑力劳动之力,也包含军事刑罚之类的暴力。儒家反对的主要是暴力,但也有轻视身体的锻炼、生产能力的提高的倾向。

第二,在长期的论争中,出现了一些比较全面的观点。

儒家重义轻利、崇德贱力是一偏;法家重功利排斥道德,重耕战、刑罚,排斥教化也是一偏,但也有一些比较全面的观点在论争中涌现出来。如墨家肯定义利是统一的,力德是统一的;张载讲"义公天下之利"[①],颜元讲"正其谊以谋其利,明其道而计其功"[②],主张兼重义利;王充主张德力并重,他说:"治国之道所养有二,一曰养德,二曰养力。养德者,养名高之人,以示能敬贤;养力者,养气力之士,以明能用兵。此所谓文武能设,德力具足者也。事或可以德怀,或可以力摧。外以德自立,内以力自备。……夫德不可独任以治国,力不可直任以御敌也。"[③]颜元提倡体育,等等。尽管这些观点在古代没有发生重大的作用,但作为精神遗产还是很宝贵的。

价值论在中国传统哲学中占有重要地位,对文化发展有重大影响。但过去对这方面的问题研究甚少,直到近年来的文化讨论,这方面的问题才日益受到人们的重视。在分析和评价价值论对文化的影响时,有一些问题值得注意。

第一,中国传统文化是在各种各样的价值观影响下,主要是在儒家

---

① 《正蒙·大易》。
② 《四书正误》。
③ 《论衡·非韩》。

价值观影响下的产物。

如前所述，价值观影响文化的方式：一是影响已有文化成果的取舍兴废，二是影响新的文化创造的方向和用力的大小。在这两方面，各家各派的价值观乃至世俗价值观都或大或小地起了作用，当然其中儒家的价值观起了主要作用。这样，中国传统文化就成了各种各样的价值观综合影响下的产物。

儒、墨、法、道各家不仅各有各的价值学说，而且各有各的价值体系，它们都力图用自己的价值学说和价值体系去决定已有文化成果的取舍兴废，去决定新的文化创造的方向和用力的大小。在没有取得统治权时，他们的主张大体上只能影响自己的学派，使其文化呈现出各不相同的特色。如儒家在未取得统治地位之前，就形成了重道德、重礼乐、重文化教育、重文献整理、重史学、轻稼穑等特色。在他们取得统治地位之后，他们就力图将自己的主张贯彻到整个文化创造活动中去。如法家一上台，就要推行其"无书简之文，以法为教，无先王之语，以吏为师"[①]的主张，坑儒生焚诗书；而儒家一上台，就要偃武修文，兴礼作乐。在一些问题上，在一段时间内，这种企图可以产生很大的后果，给文化发展打上深刻的烙印。如秦王朝的"焚书坑儒"，禁止民间挟书，就造成了古典文献散佚、整个民族文化素质急剧下降的严重后果，其损失有些是永远无法弥补的。而儒家道德至上的价值观，对中国传统文化的发展，也起了极重要的作用。但是，我们不应当夸大这种作用。一个学派即使占据了统治地位，它也不可能为所欲为，更不可能让所有人都按照其主张办事。秦王朝"焚书坑儒"，但许多古代典籍仍被保留下来了，即使法家不垮台，它的这种极端政策也是迟早要改变的。汉武帝"独尊儒术"之后，法家的许多东西，包括一些价值观，如"贵贵而尊官""重农抑末"仍然保留下来了。有人似乎不了解这种复杂的情况，他们仅仅根据儒家"贵德贱刑"，就断言中国古代全无法治，有法难依，无法可依，这就明显犯了以偏概

---

① 《韩非子·五蠹》。

全的错误。实际上,儒家的重义轻利、崇德贱力与法家的重利非义、尚力黜德虽然尖锐地冲突,但在生活实际中又往往互相制约、互相补充,结果出现了一种谁也没有预料到、谁也不满意的状况。例如,汉代统治者就直言不讳,他们的制度是"霸王道杂用之"。

第二,各家价值观各有所见,也各有所蔽,其对文化的影响也往往具有积极与消极的两重性。

儒家以和谐为最高的价值原则,很有理论价值,但又有对斗争的重要性认识不足的缺陷。中国传统文化的独特建树和根本缺陷都与此相关。儒家高度评价人类的价值和人为的价值,以为"天地之性人为贵",以立德、立功、立言为"三不朽",因而对中国传统文化的发展起了积极的推动作用。具体地说,儒家重道德、重礼乐、重文化教育、重文献整理、重史学,在思想文化领域中特别是人文、社会科学方面作用最大,而儒家重义轻利、崇德贱力、重政务轻自然斥技艺的观念则对法治武备的建设、物质文明的发展及科学技术的发展具有消极作用。儒家推重人格的价值,对于抑制世俗价值观的泛滥,对于铸造"杀身成仁""舍生取义"、重视气节操守的民族性格和爱国主义精神起了重要作用。但儒家忽视个人的权利,积极鼓吹"三纲",否定个性自由,又起了阻碍社会发展的反动作用。儒家反对严刑峻法、横征暴敛,对于法家确立的封建专制主义政治制度的弊害有一定程度的调控、缓解作用,对生产的发展、社会的安定也有一定的积极作用。

墨家义利统一、力德统一的思想具有很高的理论价值。

墨家认为人类生活的特点是"赖其力者生,不赖其力者不生"[①],高度评价生产劳动的价值,同时很重视能够给生产力的提高带来实际利益的科学技术。这是其他学派都不及的。墨家的中绝,实在是中国文化史上的巨大损失。但墨家的价值观亦有偏颇。其一,墨家所讲的"利"有狭隘性。墨家站在小生产者的立场上看待利,以"亏夺民衣食之财"为

---

① 《墨子·非乐上》。

>>> 墨家所贵的"义"有局限性。它后来之所以演变成既能为农民起义所利用，也能为各种各样的黑社会所利用的"侠义"或"江湖义气"，与这种局限性有很大关系。图为当代庞茂琨、刘晓曦、王朝刚、郑力、王海明《战乱中的墨子》。

由而"非乐"①。其所谓乐,包括为"目之所美,耳之所乐,口之所甘,身体之所安"②的一切,即美术、音乐、美食、华居等,认为这一切即使施之万民,也有害而无益。这就显得太狭隘了。墨家之书,质朴无华,《墨经》尤甚,这对墨学的流传也产生了不良影响。其二,墨家所贵的"义"也有局限性。义的基本内容是互助,即所谓"有力者疾以助人,有财者勉以分人,有道者劝以教人"③,这种道德原则在脱离了一定的政治原则时很容易走向反面。它后来之所以演变成既能为农民起义所利用,也能为各种各样的黑社会所利用的"侠义"或"江湖义气",与这种局限性有很大关系。

法家崇尚竞争、注重实力、讲究法治的观念很有理论价值。法家价值论的致命弱点是把德与力分裂开来、对立起来,完全否认道德的价值,并且把法治与严刑峻法联系在一起。法家价值论的另一个致命弱点是看不起人民,如《管子》主张"用人如用六畜"。法家的这两个致命弱点决定了它在历史上一蹶不振。法家主张贵贵而尊官,主张重农抑工商,对后来中国文化的发展产生了很坏的影响。

道家所追求的绝对价值,空虚无实。道家否认一切人为的价值,以自然而然为最高价值。但先秦道家反对仁义礼乐刑政等言论中,包含有反对等级制度的内容,他们返于自然的言论中,包含有对自由的热望和追求。这些仍有一定的进步意义。

坚持对历史上的价值观及其对文化的影响采取分析的态度,不仅是科学的文化研究所需要的,而且对新的价值观念体系的建立也有重要的意义。时代已经不同了,人们的道德观念也发生了根本性的变化。但是,像义利、德力关系一类的问题,仍然是需要正确解决的大问题。中国传统文化以和谐为最高价值原则的传统仍应发扬,而轻视斗争的价值的缺

---

① 《墨子·非乐上》。
② 同上。
③ 《墨子·尚贤下》。

陷当予以纠正；义利、德力分离的不良倾向应当改变，但不能从重义轻利、崇德贱力的极端走向另一个极端，而应当坚持义与利、德与力的统一。

四 重和谐、重整体、重直觉、重关系、重实用的思维方式

如同在世界观、价值论方面的情况一样，中国传统的思维方式也是纷繁复杂、多种多样的。大体言之，在先秦是各种各样的思维方式争雄斗胜，其中最基本的分歧，是整体思维与分析方法的对立、实测与反观直觉的对立。这种对立，主要表现在儒、道二家与名、墨二家之间。汉代以后，名、墨二家之学中绝不传，儒、道二家的思维方式占了统治地位。儒、道二家的思维方式，以重和谐、重整体、重直觉、重关系、重实用为特色，而主要由名、墨二家倡导起来的观察、分析的方法在儒家内部也有一定程度的发展。到清代，"实事求是"的方法上升为主导的思维方法。

先秦诸子的思维方法，大体上可分为三派：老子、庄子、孟子重直觉，墨家、名家重观察、分析，《周易大传》、荀子、《大学》等兼重直觉和观察分析。

老庄思维方法的精义是主张以一颗无知无欲无思之心去直接感知作为万物本根的道。老子把"为学"和"为道"对立起来，"为学日益，为道日损"，知识没有价值，应当"绝学"，"损之又损，以至于无为"。这个"损"的功夫，也就是"涤除玄览，能无疵乎"的功夫。有了一个

>>> 老庄思维方法的精义是主张以一颗无知无欲无思之心去直接感知作为万物本根的道。图为唐代周昉《老子玩琴图》（明摹本）

无瑕的"玄览"(马王堆帛书作"玄鉴"),就能"不窥墉,见天道",即直觉万物本原的道。老子此说,至庄子更得到发展。庄子主张以"外天下""外物""外生"的方法去"见独""体道""睹道",认为"无思无虑始知道"①。这就是要去掉一切知识、感情、欲望、思虑,去直接感觉万物本原的道。

孟子思维方法的精义是"尽心",尽心即尽量发明此心。孟子说:"尽其心者,知其性也。知其性,则知天矣。"②这也是一种直觉法,这种直觉方法与老庄的不同之处在于:它是反省内求,而不是冥而直往的外求;它不废弃思,也不完全反对博学,不过其"思"的功夫是用在"内省"上。

老庄和孟子的直觉方法,对后世影响很大。陆九渊、王守仁"明心尽性"的方法即祖述孟子,而邵雍、张载、程颐、朱熹的方法中,则有老庄方法的成分。

墨家颇致力于事物的观察和分析,从他们断言小孔成像是倒立的,可知他们也注重实验。但他们对如何观察、如何分析、如何实验的具体方法,则未做论述。这大概是因为他们把此种方法当做神秘的技术秘而不宣之故。名家中的惠施,也很注重外物的观察与分析,史称他"遍为万物说,说而不休,多而无已","散于万物而不厌"③。名家中之公孙龙则特别注重分析。公孙龙有"离坚白"的命题,认为一块石头的坚性和白性是相互分离的。公孙龙还认为物皆"指"所构成,而指与指相离各立,在世界观上持一种客观唯心主义多元论的立场。墨、名二家注重观察和分析的结果,是发展了自然科学和逻辑学。墨、名二家之学的中绝失传,使中国传统的思维方式失去了一个重要的派别。虽然后来的科学家都比较重视实测,如张衡、僧一行、沈括等,并在科学上取得了很大的成就。一些哲学家也提出过一些重视观察和分析的理论,如明代哲学家方以智提出"质测即藏通几"的命题,即认为哲学寓于实证的自然科学之中。

---

① 《庄子·知北游》。
② 《孟子·尽心》。
③ 《庄子·天下》。

但总的看来，中国传统哲学中缺乏关于观察的系统理论，对分析也比较轻视。

老子、庄子、孟子强调直觉而否认观察、分析，是一偏；墨、名二家专重观察、分析，是另一偏。《周易大传》、荀子《中庸》《大学》则有兼重二者的倾向，显得比较全面。如《周易大传》一方面强调观察和辨析，"观乎天文以察时变，观乎人文以化成天下"，"仰则观象于天，俯则观法于地，观鸟兽之文，与地之宜，近取诸身，远取诸物"，"以类族辨物"，如此等等；另一方面强调"精义入神"，"穷神知化"。"入"即直觉，"穷神知化，德之盛也"，对神化的知识建立在道德修养的基础上，也属于直觉。《周易大传》的这种方法，对后世影响也很大。邵雍、张载、程颐、朱熹的思维方法，都属于此类型。

在中国传统哲学中占主导地位的思维方式，以重和谐、重整体、重直觉、重关系、重实用为特色，并在一定程度上采用了观察、分析的方法。这五者既相互联系，又有区别。

所谓重和谐，即在对对立统一这个宇宙根本规律的把握上，着重于对立面的统一、协同而忽视对立面的斗争。

所谓重整体，就是强调要从统一的角度去观察事物。强调宇宙的整体性和过程性，是中国传统哲学的天道观的重要特点，把这种观点运用到方法论上，就成为整体思维。

《周易大传》说："圣人有以见天下之动，而观其会通。"[①]"观其会通"即强调要从统一的角度观察事物的多样性和矛盾。用王弼注释的话说，就是"异而知其类，睽而知其通"。

庄子说："自其异者视之，肝胆楚越也。自其同者视之，万物皆一也。夫若然者，且不知耳目之所宜。"[②]这里虽承认"自其异者视之"，但强调的是"自其同者视之"。庄子又说："古之人，其知有所至矣！恶乎至？

---

① 《系辞上传》。
② 《庄子·德充符》。

有以为未始有物者，至矣！尽矣！不可以加矣！其次以为有物，而未始有封也。其次以为有封，而未始有是非也。是非之彰也，道之所以亏也。"①这就是肯定"自其同者视之"的整体思维是正确的，而"自其异者视之"的分析方法是无价值的。

以上两例表明，整体思维本身又包含着直觉思维和辩证思维。儒、道二家一方面强调要用直觉方法去认识万物本原或宇宙整体，另一方面又主张用辩证的方法去认识多样性中的和谐与对立面的统一。这种参用直觉和辩证方法的整体思维，不仅在《周易大传》、老子、庄子那里可以看到，在宋、明理学中更有所发展。如张载、程颢、程颐、朱熹都是参用直觉和辩证方法的。

用整体和过程的观点看待事物，这是正确的，本质上是一种辩证的方法。通过对事物的多样性和矛盾的分析达到对宇宙整体性和过程性的认识，也是正确的。但中国传统的辩证方法有一个重大的缺点，即一般只注重对矛盾普遍性、绝对性的分析，而不注重对矛盾特殊性的分析。例如张载说："造化所成，无一物相肖者，以是知万物虽多，其实一；物无无阴阳者，以是知天地变化，二端而已。"②

这肯定了任何一物都有其特殊性，任何一物都含有阴阳。由此应该得出一个结论，即任何一物所有的阴阳都有特殊性。但他没有做出这个结论，遂使他所讲的阴阳停留在一般、抽象的水平上。总之，中国传统的整体思维，由于缺乏分析方法的补充，具有笼统性的严重缺陷。这一缺陷表现在范畴方面，就是中国哲学范畴具有综合性和融会性的特质。许多范畴既有本体论意义，又有伦理学意义，两个意义可分而又分不开。

中国传统哲学讲直觉很多，情况也颇复杂。按直觉的方向，可分为体道、体物、尽心三类；按直觉在认识中的作用，可分为纯任直觉与参用直觉两类。

---

① 《庄子·齐物论》。
② 《正蒙·太和》。

老庄主张废思废学，以无知无思无欲之心去直接感觉客观的万物本原的道。这是纯任直觉，其直觉的对象是客观的万物的本原。这是一种直觉神秘主义，是应该否定的。

孟子、程颢、陆九渊、王守仁不完全否定思与学，但其思是"反而思之"，即反求于内心。因而这也是一种纯任直觉的态度。其与老庄的区别，一是"冥而直往"的向外追求，一是"反身而诚"的向内追求。这种方法是反科学的。

《大学》提出"致知在格物"的命题。据《文选》李萧远《运命论》李善注："《仓颉》篇曰：格，量度之也。"可知格物即量度物，即对物加以审衡而分辨其本末先后。《大学》在宋、明时期影响很大，各派学者纷纷以发挥《大学》的形式讨论认识论问题。程颐、朱熹训"格"为"至"，在发挥《大学》的基础上提出了一种"即物而穷其理"的方法。这种方法的特点是参用直觉与思辨。朱熹说："即凡天下之物，莫不因其已知之理而益穷之，以求至乎其极。至于用力之久，而一旦豁然贯通焉，则众物之表里精粗无不到，而吾心之全体大用无不明矣。"①这是说，穷理要从格物入手，今日格一件，明日格一件，积习既久，就可豁然贯通。这里的格物即对事事物物加以思维与辨析，而豁然贯通即顿悟式的直觉。程、朱的方法中有一个内在矛盾。他们一方面主张对天下万事万物都要研究。如程颐说："穷理亦多端，或读书讲明义理，或论古今人物别其是非，或应事接物而处其当。皆穷理也。"②朱熹说："若其用力之方，则或考之事为之著，或察之念虑之微，或求之文字之中，或索之讲论之际，使于身心性情之德，人伦日用之常，以至天地鬼神之变，鸟兽草木之宜，自其一物之中，莫不有以见其所当然而不容已，与其所以然而不可易者。"③这种主张有将格物穷理之学引向对自然的观察分析的可能。但另一方面，

---

① 《大学章句·补格物传》。
② 《二程遗书》，卷十八。
③ 《大学或问》。

无论是程、朱还是其后学，其实际用功之处仍在读书讲论。因此，程、朱的方法类乎科学，而实际上是非科学的。

张载的方法也是参用直觉与思辨的。不过，张载相当注意外物的观察。张载有许多关于天文现象及生物现象的研究，是根据观察而得的。他的一些天文学见解，如恒星随太虚运动说、地动说、天体间相互感应说，在科学史上很有价值。张载以后，王廷相、方以智、王夫之等都比较重视对外物的观察。如王廷相通过精密的观察推翻了土蜂以桑虫为子的谬说，方以智提出"质测即藏通几"的命题，王夫之赞扬方以智的"质测之学"，主张"由用以得体""即事以穷理"，并认为即事以穷理与质测是一回事。可见，宋、明理学中的唯物主义派别比较好地继承了《周易大传》的科学传统。

罗素认为，西方思维重实体，不可毁灭的"实体"在两千年中一直是哲学、心理学、物理学、神学的基本概念。与此相映成趣的是，中国传统思维方式具有重关系的特色。美国的 R.A. 尤利坦说："完整地理解宇宙有机体的统一性、自然性、有序性、和谐性和相关性，是中国自然哲学和科学千年探索的目标。"[①] 这里所说的"相关性"，就是注重关系的特点。中国哲学认为，天地万物是一个由无形而连续的气联结起来的息息相关的整体，如《淮南子》说："万物有以相连，精祲有以相荡。""精祲"即渗透到万物之内的精气，它和存在于虚空中的气连成一片，不断地运动，万物也就在这种气的海洋中相互激荡。对于万物之间这种普遍的联系、普遍的相互作用，中国哲学谓之"感应"。中国人早就发现，乐器可以共振、共鸣，阳燧可以聚焦日光，磁石可以吸铁，琥珀可以"拾芥"，某些海生动物随月的圆缺而盈缩，"日月吸地海成潮"，对于这些现象，中国哲学统统以感应论解释之。

基于这样一种自然观，中国哲学主张在联系中把握事物。《大学》说：

[①] R.A. 尤利坦：《中国传统的物理学和自然观》，载《美国物理杂志》第 43 卷，第 2 期。

"物有本末，事有终始，知所先后，则近道矣。"张载对此加以发挥说："物无孤立之理，非同异、屈伸、终始以发明之，则虽物非物也；事有始卒乃成，非同异、有无相感，则不见其成。"①这是说，事物都不是孤立、静止的。就物而言，一物与他物有同异的关系，有彼此影响或屈或伸的关系，有承前物之终、开后物之始的终始关系。就事而言，一事与他事有同异的关系，一事必有始有终，当其始，则前一事由有转无，而后一事由无转有。因此，把握事物的方法就是要辨析其本末、先后，亦即把握事物之间各种各样的关系。

中国哲学把握事物的这种思维方式，对其概念范畴影响至深。中国哲学中有许多范畴如阴阳、五行、本末、体用，类似于代数式中的XY等符号，其所指并不固定，它们的作用在于用以表示事物内部各部分或事物之间某种确立的关系。例如，阴阳用来表示对立面的对立统一关系，在阳为刚的时候，阴就代表其对立面柔，在阳表示日的时候，阴就代表其对立面月，如此等等。又如，金、木、水、火、土实质上是五个表示事物间相生、相胜关系的符号。这金、木、水、火、土既可指金、木、水、火、土五种物质，也可指心、肝、脾、胃、肺五脏，还可指代其他事物，只要这些事物之间存在着"比相生"（相邻事物之间派生、促进的关系），"间相胜"（相间事物之间排斥、抑制的关系）的关系，就可以代入这个"五行式"中去。

中国哲学和科学注重对关系的研究，取得了许多重要的成果。原始质朴的系统论思想，就是在阴阳五行的框架中孕育出来的。这种重关系的思维方式是辩证的，并与现代科学的潮流相吻合。但中国哲学和科学忽视对实体的研究。中国哲学长期忽视实体性概念与非实体性概念的区别，常常犯一些常识性的错误。如方以智以"气、形、光、声"为"四几"，其实，气、形、光是实体，声非实体，这样并列是不妥当的。由于不重实体，中国哲学和科学在物质结构方面无所发明，这对中国近代科学的产生是

---

① 《正蒙·动物》。

一个重要障碍。

中国哲学家研究哲学，有一个共同的基本态度，叫"广大高明而不离乎日用"，强调哲学研究与现实生活的一致。

注重实用，从根本上来说并不算错，而且这种传统对中国古代哲学和科学的发展产生过重要的积极作用。在中国古代，天文数学、医学、农学、兵学四大应用科学相当发达，史学（古人认为有"资治"的重要价值）高度发达，从古到今，有许多人致力于兵农钱谷、水火工虞、典章文物制度等"经世致用"之学的研究，"学贵玄运"的魏晋玄学和宋、明理学中醉心于"性命"空谈的倾向受到严厉批判。这些都是重实用的传统的贡献。但中国古代重实用的传统具有过分狭隘的严重缺点，对中国哲学和科学的发展产生了很大的消极作用。这方面的突出表现有二：

其一是轻视乃至反对一时还看不到实用价值的科技发明创造。

对于有利于国计民生的科技发明创造，各派思想家态度不一。墨家及各时代的科学家是重视的，《周易大传》也给了很高的评价；道家是反对的，如庄子抬出一个"抱瓮老人"来，反对改进提水的新发明桔槔；儒家则认为这是小人即劳动人民的事业，不是君子的事业。但对一时无实用价值的科技发明，则各家都持反对态度。据说墨子（一说是鲁班）发明了一种会飞的"木鸢"。墨子认为，还不如制造车辖，因为后者有实用价值而前者没有，又说儒家激烈地反对所谓"奇技淫巧"，亦即反对无实用价值的科技发明。这种态度显然是很不可取的。

其二是对形式逻辑的轻视以及对建立理论体系和逻辑论证的忽视。

孔子强调"正名"。他所说的正名有政治意义，亦有逻辑意义。从逻辑上说，正名即确定名词概念的含义。这一主张对后世的影响很大。战国时期，出现了研究形式逻辑的热潮，并出现了一些注重对形式逻辑纯理论研究很感兴趣的学派，如名家和后期墨家。他们讨论的一些命题如"白马非马""离坚白""鸡三足"之类，理论色彩很浓，政治伦理色彩很淡。这是一种好现象。因为逻辑学和政治伦理学说纠缠在一起，不利于把逻辑学问题搞清楚，不利于独立的逻辑学理论的发展。但是，就在此时，哲学家中间也爆发了一场关于"有用无用"的辩论。惠施批评庄子的学说"大而无用"，庄子也反唇相讥，批评惠施醉心于名辩之学是劳精费神，宣称唯有他那种否定一切辩论、齐一万物的学说才是"寓诸庸"于无用的大有用之学。这种辩论在思维方式方面的意义，就是直觉神秘主义与重视观察、分析和逻辑论证的方法之间的斗争。荀子在逻辑学上是颇有建树的，但他激烈地反对名家、墨家将逻辑学与政治伦理问题区别开来单独研究的倾向，认为这是"无用之辩，不急之察"，主张"君子不道"。法家则更为极端，把一切不利于其富国强兵的耕战政策的学说行为都视之为"蠹"，并用暴力禁止之。名辩之学在他们那里只剩下了"循名责实"的"刑名之术"，并因为法家的实践而变得声名狼藉。尽管逻辑学在秦汉以后仍有所发展，但却一直未能与政治伦理问题分开，没有获得独立的发展。这对哲学和科学的发展是很不利的。

由于重直觉、重实用，中国思想家长期认为经验上的贯通与实践上的契合，就是真知的证明，因而不注意文字上细微的推敲，不注重逻辑上的论证，不注意建立形式上的条理系统。语录之风盛行，有些人甚至不立文字。这种学风不仅影响了哲学的发展，也影响了科学的发展。中国古代的数学，基本上以习题集一类的形式出现。有问题、有答案、无体系，演算推导过程也往往很简略。中国的农学医学，往往仅仅从农和医的角度研究动植物和矿物，虽然成就很高，但同样缺乏理论体系。

中国传统思维方式还有一个重要特点，即十分注重认识主体的修养，特别是道德修养。这叫"心术"。如《管子》提出："人皆欲知，而莫索其所以知。其所知，彼也；其所以知，此也。不修之此，焉能知彼？"[①]修此即认识主体的修养。"心术"之学在中国古代颇为发达，各家论列甚多。除《管子》提出的"静因之道"外，还有老子的"涤除玄览"、庄子的"心斋坐忘"、孟子的"养心莫善于寡欲"、荀子的"虚壹而静"、邵雍的"以

---

① 《管子·心术》。

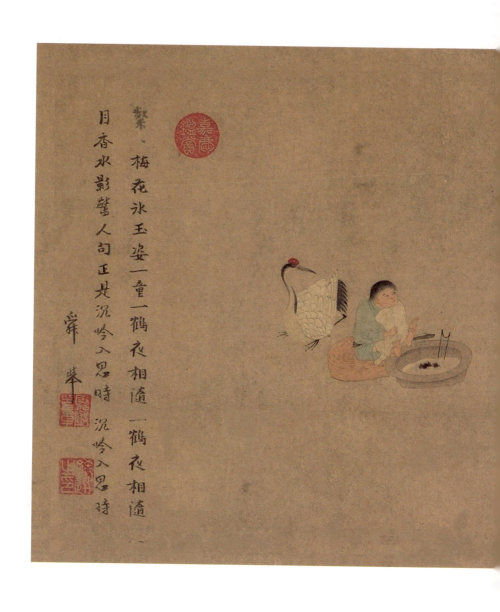

>>> 中国传统思维方式还有一个重要特点，即十分注重认识主体的修养，特别是道德修养。这叫"心术"。"心术"之学在中国古代颇为发达，各家论列甚多。除《管子》提出的"静因之道"外，还有老子的"涤除玄览"、庄子的"心斋坐忘"、孟子的"养心莫善于寡欲"、荀子的"虚壹而静"、邵雍的"以物观物"、张载的"大心体物"，如此等等。图为元代钱选《西湖吟趣图》。

物观物"、张载的"大心体物",如此等等。这个问题提出的本身是很有意义的,而且中国古代思想家的"心术"学说中也确实包含着许多真知灼见。大体言之,这些修心之术中有两点值得注意。一是要求认识者尽可能排除主观成见,排除各种容易造成主观成见的因素,如先入之见、喜怒哀乐之类的情绪因素,客观地看问题。如《管子》讲"虚者无藏也",无藏即不存成见,又讲"舍己而以物为法",即客观如实地反映外物。二是要求认识者尽可能排除私心杂念,公正地看问题。如邵雍说:"以物观物,性也;以我观物,情也。性公而明,情偏而暗。"[1]这些都是正确的。但古代的"心术"又有一些严重错误,其一是用主体的修养代替对客体的认识。如张载说:"穷神知化,乃养盛自致,非思勉之能强。故崇德而外,君子未或致知也。"[2]这是说,关于神化的知识是由道德修养而来的。这种倾向在老庄那里表现得特别严重,他们主张以无知无欲无思之心去直接感知宇宙本体,实则取消了对客体的认识。而一些主观唯心主义者,则把反省内观的养心之术与对宇宙本体的认识混同起来。其二是认为通过主体的修养可以完全摆脱各种偏颇,这实际上是不可能的。如邵雍讲"以物观物"。邵雍认为,对于外物,观之以目不行,观之以心也难免任我,正确的方法是以理观物,即使此心一循于理去观物。也就是说,以客观的理去观客观之物。邵雍认为,通过这种方法可以完全避免认识的局限性即有限性和主观性。这是做不到的,因为它首先取消了认识的主体,取消了认识过程中主客体的对立,而这种对立是不可能取消的。

中国传统哲学倡导的以重和谐、重整体、重直觉、重关系、重实用为特色的思维方式,到明末开始受到怀疑,经过明清之际的反思,至清代为之一变。梁启超指出,从明天启年间开始,中国近三百年学术主流是"厌倦主观的冥想而倾向于客观的考察"[3],其支流是"排斥理论提倡

---

[1] 《观物外篇》。
[2] 《正蒙·神化》。
[3] 梁启超:《中国近三百年学术史》,北京:中国书店1985年版,第1页。

实践"①。此说大体上是正确的。

宋、元、明时期，哲学家们围绕理气、心物、心理等问题展开了大辩论，这场大辩论的积极结果之一是产生出一种唯物主义的学术思潮。这种唯物主义认为，理、气均是实有而理寓于气，理即事物之条理秩序，理不在心而在物，因此，求理之道，唯有通过对事物的观察分析。这种认识产生了一种完全否定直觉主义的思维方式，即"实事求是"。清代的朴学，就是在这种思维方式中展开的。例如在清代朴学中以戴震为中心的皖派，就公开打起了"实事求是"的旗号。

清代学者以"实事求是"的精神对中国的传统学术，包括经学、史学、诸子学和自然科学进行了大规模的整理，其成就是前所未有的。尤为可贵的是，在这个整理旧学的过程中，清代学者把实事求是的原则发展成为一系列具有浓厚的实证色彩的科学方法。他们在经书的注释、史料的鉴别、古籍的辨伪校勘等工作中不仅极其重视证据，而且归纳总结出通例法则，用以指导这些工作。这些方法，直到今天仍被人们沿用。虽然清代学者从事的主要是中国旧学的整理工作，但他们所使用的方法和西方同期自然科学家所使用的方法是近似的，即都是经验主义的、实证的方法。这种方法，用在对自然现象的研究上，也同样有效。例如清代天文学家王锡阐自述其方法云："当顺天以求合，不当为合以验天。法所以差，固必有致差之故，法所吻合，犹恐有偶合之缘。测愈久则数愈密，思愈精则理愈出。"②又说："其合其违，虽可预信，而分秒远近之细，必屡经实测而后可知。合则审其偶合与确合，违则求其理违与数违，不敢苟焉以自欺而已。"③胡适认为，中国与西方在17世纪、18世纪科学成绩之不同，不在于方法，而在于材料的不同，西方以自然为材料，故有自然科学的大发展，中国以古文献为材料，故未能在自然科学方面获

---

① 同上书，第2页。
② 《历测》。
③ 《测日小记叙》。

得长足的进步。这一分析是有一定道理的。

关于中国传统的思维方式,近年来已有许多文章论及。应当指出的是,在分析中国传统的思维方式时,有三点必须坚持。其一,在中国古代,除了占主导地位的儒道两家的思维方式外,还有与之相反的名墨两家的思维方式,有种种复杂的情况。因而既不可不分主次,也不可抓住一点,不计其余,不可简单化。其二,儒道两家的思维方式有一系列特征,或者说是由多种方法形成的思维方式体系,其中各种各样的直觉占有重要的地位。因此,在这个问题上,也不可不分主次,不可以偏概全。其三,中国传统的思维方式是发展变化的,绝不是什么封闭的、超稳定性的。考虑到这些情况,对中国传统的思维方式应采取分析的态度,不宜持全面肯定或全面否定的态度。例如,对于辩证思维的传统,是应当继承和发扬的,而对直觉神秘主义、笼统思维方式,是应当否定的。

第七章

中国传统文化的成就

中国传统文化是世界文化发展史上的一个高峰。

中国传统文化是人类封建时代文化中发展水平最高、贡献最大的文化，基于以下事实：第一，中国传统文化是人类封建时代文化中宗教色彩最淡、理性主义和人文精神最浓的文化；第二，中国封建时代的科学技术长期居于世界领先地位；第三，中国封建时代的文学艺术领一代风骚；第四，中国在近两千年中央集权的统一国家的建设中，积累了许许多多经验教训，形成了许多至今仍可以借鉴的制度，显示出很高的政治智慧；第五，中国有素称发达的农业和手工业，在人类的封建时代，中国的物质文明水平也是世界第一流的。

一　世界文化史上的一个高峰

　　文化是民族的，同时也是世界的。中国文化在世界文化史上占有重要的地位。

　　在上古时代，人类文明是在不同的地区独立地产生出来的。这种文明，可称为最初的文明或第一代文明。在这些第一代文明的基础上，通过各民族之间的继承、交流、借鉴，形成大小不同的文化圈和层层叠压的"文明世代"。据英国考古学家丹尼尔的研究，属于"独立起源的文明"或第一代文明的，全世界共有九个，它们分别是：古埃及、两河流域、中国、印度、爱琴—米诺斯、南俄、美洲的奥尔梅克、玛雅、查文。这九个文明的历史命运是很不相同的。古埃及的文化现已后继无人，美洲的奥尔梅克、玛雅、查文没有能经受住欧洲殖民主义浪潮的冲击，已经濒于灭绝。两河流域、爱琴—米诺斯、印度文明经过多次的民族入侵，深深叠压在后起文明世代的底层，基本上成了考古学研究的对象。唯有中国文明得到了最为连贯的继承和发展。这方面最雄辩的证据是文字。汉字的历史可以追溯到公元前 2500 年至前 2000 年的大汶口文化晚期。按一般规律，语系不同的民族继承或输入了前代文明文字系统的直接结果，

>>> 中国传统文化是世界文化发展史上的一个高峰,文学艺术也领一代风骚。图为宋代佚名《文会图》。

即为拼音文字或准拼音文字的出现。而汉字系统却没有经历这样的变迁。中国文明是世界文明的重要发源地之一，并且是其中得到最为连贯的继承和发展的文明。

中国文化的发展并不限于中国本土，它还扩散到东亚各国，如日本、朝鲜、越南等，形成中国文化圈或东亚文化圈。从公元前4世纪到19世纪中叶，中国一直是这个文化圈的中心。汉字自公元前4世纪后，相继传入朝鲜、越南、日本等国，成为通行于这些国度的唯一公用文字，以及国际间交往的通用文字。尽管东亚各国在其后的发展中参照汉字创制出本国文字，但汉字在东亚地区仍是具有权威性的文字。随着汉字的流传，中国的典章制度及哲学、宗教、科技、文学艺术亦传播于各国，形成具有共同文化要素的中国文化圈。这个文化圈，与西方基督教文化圈、东正教文化圈、伊斯兰教文化圈、印度文化圈并称为世界五大文化圈。

世界文化发展的历史证明，各民族的文化和各文化圈的文化的发展是不平衡的，它们对于世界文明的贡献也大小不等。在这个意义上，存在所谓文明中心和文明中心的转移。大体言之，在世界文化史上，文明中心已经历了三次大转移。在奴隶制时代，文明发展水平最高，对世界文明贡献最大的是古希腊和古罗马。在封建制时代，文明发展水平最高、对世界文明贡献最大的是中国。在资本主义时代，文明发展水平最高、对世界文明贡献最大的是属于西方基督教文化圈的西欧和美国。因此，中国传统文化是世界文化发展史上的一个高峰。

说中国传统文化是人类封建时代文化中发展水平最高、贡献最大的文化，基于以下事实：第一，中国传统文化是人类封建时代文化中宗教色彩最淡、理性主义和人文精神最浓的文化；第二，中国封建时代的科学技术长期居于世界领先地位；第三，中国封建时代的文学艺术领一代风骚；第四，中国在近两千年中央集权的统一国家的建设中，积累了许许多多经验教训，形成了许多至今仍可以借鉴的制度，显示出很高的政治智慧；第五，中国有素称发达的农业和手工业，在人类的封建时代，中国的物质文明水平也是世界第一流的。本章拟就上述诸点的前四点进行简略的考察。

二 独树一帜的理性主义和人文精神

一谈到人文主义和理性主义，人们就很自然地把它们与欧洲文艺复兴运动、启蒙运动联系起来。有人甚至认为，只有欧洲文艺复兴运动中的人文主义才是真正的人文主义；只有欧洲启蒙运动中的理性主义才是真正的理性主义。它们都是近代的、资产阶级的思潮，在封建时代的中国是不可能有的。其实，这是对学术思潮本身的性质及其在一定时代所具有的阶级属性、时代特征的混淆。二者虽有联系，亦有区别，不可混为一谈。

欧洲文艺复兴运动中"人文主义"这个名词的来历有二：其一是因为这个思潮的代表人物活动的领域和研究的对象是人文科学，其二是因为他们的基本思想是提倡属于人的东西和以人为中心。人文主义的内容包括：肯定现世人生的意义，要求享受人世的欢乐；提出个性解放，要求个性自由；相信人力的伟大，称颂人性的完美和崇高；推重人的感性经验和理性思维，主张运用人的知识来造福人生。从人文主义的得名和内容可以看出，类似的思潮并不一定非要到近代才能产生，在宗教的权威动摇、败落的时代和地方，都有可能产生。例如，中国的春秋战国时期，就是如此。至于欧洲文艺复兴中的人文主义之所以成为资产阶级反封建的思潮，起决定作用的主要不是人文主义内容本身，而是这些内容与西方以教会文化为代表的封建意识形态相冲突这一事实。

在人类的封建时代，差不多所有国家和民族都处于宗教的全面统治之下，唯独中国是一个例外。当然，这不是说在中国封建时代宗教没有起重要的作用。在中国，佛教、道教及各种封建迷信也曾广泛传播，并多次试图登上封建意识形态的王座。与其他国家和民族形成鲜明对照的是：非宗教的具有浓厚理性主义和人文精神的儒家文化占据着统治地位。这是中国传统文化远远高出其他国家封建时代文化的突出标志。

中国传统文化中的理性主义和人文精神源远流长。

中国的理性主义和人文精神的源头，可以追索到西周。殷商时期的奴隶主阶级是笃信宗教的，大大小小的事都要求神问卜，巫师集团在政治生活中占有十分重要的地位。据《尚书·洪范》追述，殷人在作出重大政治决策时，要"谋及乃心，谋及卿士，谋及庶人，谋及卜筮"。其中有五种情况值得注意："汝则从，龟从，筮从，卿士逆，庶民逆，吉。卿士从，龟从，筮从，汝则逆，庶民逆，吉。庶民从，龟从，筮从，汝则逆，卿士逆，吉。汝则从，龟从，筮逆，卿士逆，庶民逆，作内吉，作外凶。龟筮共违于人，用静吉，用作凶。"从这里可以看出，在殷人的决策程序中，龟筮的结果，即神的意志(亦即巫师集团的意志)，具有不容违抗的最高权威。这种情况，至西周为之一变。西周统治者虽然从形式上继承了殷商的宗教并以此愚弄、恐吓治下的人民，但他们骨子里并不真正相信。西周统治者的信条是"敬天保民""明德慎罚"。"民之所欲，天必从之"，"天视自我民视，天听自我民听"，在宗教的外壳里明显地孕育着理性主义和人文精神。《礼记》说："殷人尊神，率民以事神，先鬼而后礼。""周人尊礼尚施，事鬼敬神而远之，近人而忠焉。"[①]道出了殷周在宗教方面的差异。

西周末年，随着宗法奴隶制的危机日益加深，"天"的权威也维持

---

① 《礼记·丧礼》。

不下去了。春秋战国时期，理性主义和人文精神破壳而出，独立地发展起来，并从此确立了它们在士文化中的统治地位。春秋战国时期的人文主义和理性主义，与西方近代的人文主义和理性主义在理论形式上颇为相似。它也和西方人文主义一样，把自己活动的领域和研究的对象集中在人文方面，而把鬼神生死之类的宗教问题置之度外。如孔子讲"务民之义，敬鬼神而远之，可谓知矣"[①]，后来的许多思想家，进而采取了无神论的立场。它也和西方人文主义和理性主义一样，重视现世人生的意义，高度评价人类在宇宙中的地位和作用，称颂人性的完美和崇高，推重人的感性经验和理性思维。在春秋战国时期多数思想家看来，人类在宇宙中有卓越的地位，"天地之性人为贵"，是域中"四大"之一、是"三才"之一。人有道德，是"天地之德"；人有知觉，是"天地之心"；人能凭借道德和智慧"裁成天地之道，辅相天地之宜"，能够"参天地、赞化育"。一些哲学家如老子、庄子把所谓"天道""地道""人道"中的"道"抽象出来，抬高到宇宙本体的高度，他们所谓的道，实际上是被实体化了的普遍规律、最高原理。一些哲学家如荀子主张以"道"为"衡"。道在荀子那里有总的原则、规律等意思。以道为衡，也就是主张以人们认识到的法则、规律为裁判、衡量一切的准绳。一些思想家如韩非讲"缘道理以从事者，无不能成"[②]，即人们的行为应该遵循客观规律。凡此种种，都是人文主义和理性主义的观点。

中国传统文化中的人文主义和理性主义传统自春秋战国时期确立之后，在两汉时期、南北朝时期受到严重的挑战。两汉时期，具有许多"非常可怪之论"的春秋公羊说和宗教迷信色彩极浓的谶纬之学盛行一时，南北朝时期，佛道二教泛滥。但这两次挑战，都受到人文主义和理性主义坚决而有效的回击。宋、明以降，儒学在思想文化领域中的统治力量大大加强，宗教势力日益衰落。

---

① 《论语·雍也》。
② 《韩非子·解老》。

>>> 中国从古以来就有一个唯物论和无神论的传统。《管子》的"天不变其常"、荀子的"天行有常"、王充的"天道自然"、裴颜的"崇有"、张载的"理皆在物"、王廷相的"理载于气"、王夫之的"天下唯器"、李塨的"理在事中",形成了一个唯物主义传统。

中国传统文化中的人文主义和理性主义具有坚实的理论基础。

简言之，人文主义是一种反对神(包括神的世界、神的权威、神的力量等)而提倡属于人的东西和以人为中心的思潮，理性主义是一种"把一切现象都归因于自然而不归因于奇迹的倾向"①。这种思潮和倾向，需要有一定的理论支持，才能在与宗教迷信、非理性主义乃至反理性主义的抗衡中站稳脚跟。

中国的人文主义与理性主义也有自己的理论基础，这些理论基础，在当时的理论思维水平上，在与神道主义、蒙昧主义的理论基础相比较的意义上，是相当坚实牢靠的。

第一，中国从古以来就有一个唯物论和无神论的传统。《管子》的"天不变其常"、荀子的"天行有常"、王充的"天道自然"、裴颜的"崇有"、张载的"理皆在物"、王廷相的"理载于气"、王夫之的"天下唯器"、李塨的"理在事中"，形成了一个唯物主义传统。而王充《论死》之篇，范缜《神灭》之论，更是无神论的光辉篇章。这个唯物论和无神论的传统，对各个时期唯心主义和有神论据以立足的主要观点进行了深刻批判，从而给人文主义、理性主义以有力的支持。例如，先秦"天行有常"的唯物主义对摧廓殷周主宰天的宗教观念起了巨大作用，王充的"天道自然"论对清算两汉儒学中的有神论起了关键作用，范缜的"神灭论"把依靠皇帝支持的一大批有神论者打得丢盔弃甲。另外，在西方哲学史中，许多唯心主义者都把论证"上帝存在""灵魂不死"当做哲学的重要课题。西方的唯心主义哲学是为宗教服务的。但在中国哲学中，尤其在宋、明时期的哲学中，唯心主义却与无神论在一定限度内结合起来。孔子、老子、庄子、扬雄、程颢、程颐、朱熹、陆九渊、王守仁等唯心主义哲学家，都在不同程度上主张无神论，排斥宗教。这表明了中国哲学思想中唯物主义的巨大成就与无神论的深刻影响。例如，"天道自然"的观念对宋、明时期唯心主义哲学的影响就很大。朱熹肯定理"无情意，无计度，无

---

① 汉默顿：《西方名著提要》，北京：商务印书馆1963年版，第394页。

造作"①，这样的唯心主义属于观念论，与将精神视为宇宙本原的西方唯心主义有显著的不同。宋、明时代唯心主义能在一定限度内与无神论相结合，与其接受了"天道自然"观的深刻影响分不开。

第二，中国传统哲学中有辩证思维的传统。《周易大传》《老子》、扬雄、张载、朱熹、王夫之都提出了精湛而丰富的辩证思维的命题，而孔、孟、荀、庄诸家的思想中也包含辩证法的因素。中国传统哲学中辩证思维的主要内容，是整体、过程的观点和对立统一观点。中国传统的辩证法虽然有这样那样的缺陷和不足，但在批判宗教方面却是相当雄辩的。中国古代哲学将事物内部的阴阳对峙视为事物自己运动的动力，因而很难产生和接受"第一推动"之类的观念；中国古代哲学坚持宇宙是一个整体和过程，因而很难产生和接受永恒不灭的精神实体和与此岸世界迥然不同的彼岸世界之类的观念；中国古代哲学坚持"体用一原、显微无间"，亦即本质与现象的统一，因而像佛教那样以世界为虚幻不实的观念受到最坚决的排斥，如此等等。

第三，中国传统哲学相当成功地把伦理道德学说和政治思想置于自己的控制之下。中国传统哲学的基本特点之一是本体论、认识论、道德论的统一，这主要表现在两个方面：一是以为宇宙最高本体即道德的最高准则或基本根源，二是强调求知方法与修养方法的一致。从先秦到宋、明，儒家思想的一个显著特点是强调道德原则与实际生活的统一，以为道德原则不能脱离日常生活，日常生活之中必须体现道德原则。这两个特点并不都是正确的。宋、明理学把宇宙的普遍规律与人类社会的一个历史阶段中出现的道德准则统一起来，宣扬永恒的道德，这显然是错误的。但它们对把伦理道德学说和政治思想置于哲学的控制之下却有决定性的意义。而这又产生了两个重要的结果：一个是不必依赖宗教的力量去推行道德。在西方和其他地方的封建时代，推行道德是宗教的重要社会功能，这无疑加强了宗教的地位。而在中国，宗教只有在缺乏文化教养的大众

---

① 《朱子语类》一。

中推行道德时才得到容忍和一定程度上的扶植,而在受儒学熏陶的士大夫中,就起不到这样的作用。另一个是不必依赖宗教去论证政治。如宋、明理学把君臣、父子、夫妇的伦理看做永恒的真理,把封建社会的等级秩序视为天秩、天序。这就避免了政教合一,或政权依赖于教权的格局出现。而儒家所坚持的现实生活与道德理想统一的观点,本身就是人文主义和理性主义的观点。中国传统哲学中还有一种试图将唯物论贯彻到历史观中的努力,尽管由于阶级和时代的局限性,这种努力并没有成功,但也留下了一些可称为唯物史观萌芽或个别论断的思想。如由《管子》提出,并经韩非、王充绍述的"仓廪实则知礼节,衣食足则知荣辱"的观点,孔子富先于教的观点,孟子以"制民之产"为道德教育先决条件的观点,柳宗元关于国家起源的具有理性精神的假说,等等。这些观点对人文主义和理性主义也起了一定的支持作用。

应当承认,中国古代的人文主义和理性主义基本上是封建地主阶级的思想,因而不能将它近代化。但同样不能否认的是,这种人文主义和理性主义在理论形态上与西方人文主义、理性主义是相通的。也正因为如此,中国哲学和文化在17世纪传入欧洲后,受到了启蒙思想家的大力推崇,在启蒙运动中推波助澜,成为启蒙思想家们理性主义倾向的思想先驱和他们"借以鞭挞旧欧洲的'巨杖'"①。

中国哲学对西方近代哲学的影响,在法国可能要追溯到被称为近代哲学之父的笛卡尔。美国传教士丁韪良曾指出,笛卡尔的"以太旋涡学说"与宋、明关于气的学说惊人的相似,他把气论称为前笛卡尔的笛卡尔哲学,并推测笛卡尔曾受到宋、明哲学的影响。② 在德国,这种影响可以明确地追溯到德国古典哲学的先驱莱布尼茨。莱布尼茨高度评价中国文化和中国哲学,他的"单子论"在相当程度上吸收了中国哲学尤其是宋、明理

---

① 王德昭:《服尔德著作中所见之中国》,载《新亚学报》1970年第2期。
② 丁韪良:《笛卡尔的"以太""旋涡"说与张载的"太虚即气"说》,载《陕西师大学报》1982年第4期。

学的思想。莱布尼茨认为在实践哲学方面，欧洲人实不如中国人，中国人的伦理更美满，立身处世之道更进步，从而开启了以后启蒙思想家借重中国文明鞭笞旧欧洲传统的先河。

18世纪西方启蒙思想家最感兴趣的，是中国哲学和文化中的理性主义和人文精神。

法国启蒙思想家伏尔泰的政治理想，是希望在清除现存的基本迷信的"神示宗教"之后，建立一种崇尚理性、自然和道德的新的"理性宗教"。而在伏尔泰心目中，中国儒学乃这种"理性宗教"的楷模，而中国人"是在所有的人中最有理性的人"①。他推崇孔子，称赞他"卓然不以先知自诩，绝不认为自己受神的启示，他根本不传播新的宗教，不求助于魔力"②。他的书房挂着孔子的画像，下面题着四句颂诗：

> 子所言者唯理性，实乃贤者非先知，
> 天下不惑心则明，国人世人皆笃信。③

伏尔泰还仿照元曲《赵氏孤儿》编写了诗剧《中国孤儿》(副题《孔子学说五幕剧》)，剧中崇尚武功、企图以暴力取胜的成吉思汗，最后折服于崇高的道义。伏尔泰在这部诗剧的前言中写道："这是一个巨大的证明，体现了理性与才智对盲目和野蛮的力量具有自然的优越性。"④

伏尔泰对中国理性主义的赞扬，得到其他启蒙思想家的共鸣。孟德斯鸠在《法的精神》中指出"孔教否认灵魂不死"；狄德罗在其《百科全书》中认为中国哲学的基本概念是"理性"，他特别称赞儒学，说它"只须以'理性'或'真理'便可以治国平天下"；黑格尔也认为"中国承认的基本原则为理性"。

---

① 《伏尔泰小说选》，北京：人民文学出版社1980年版，第31页。
② 《伏尔泰全集》第7集，第330—331页。
③ 同上。
④ 《伏尔泰全集》第1集，第680页。

莱布尼茨说从东方的中国给他们以一大"觉醒",伏尔泰说哲学家在东方发现了一个新的精神和物质的世界,法国学者戴密微认为发现中国这件事大大推动了欧洲从16世纪已经开始的文艺批评运动。这些评论都说明,中国的理性主义和人文精神对西方近代的启蒙运动发生了不可忽视的重要作用。这一事实表明,同一种理论在不同的文化背景下、在不同的时代和地域可以获得不同的社会政治意义。

中国古代的理性主义和人文精神不仅对世界文明做出了重要的贡献,对中华民族的发展也起了不可忽视的重要作用。近现代的中华民族,是世界上宗教负担最小的民族,这就是古代理性主义和人文精神的硕果。在西方和其他许多地方,"反对封建制度的每一种斗争,都必然要披上宗教的外衣,必然首先把矛头指向教会"[①]。而在中国,情况则大大不同。中国反对封建制度斗争的矛头,首先不是指向教会,而是指向封建专制主义、封建礼教、封建的土地制度,而且除了农民自发的反封建斗争外,这种斗争都采取了公开的政治斗争和经济斗争的形式。中华民族的宗教负担很轻,这对今后的振兴和腾飞将具有深远意义。

三 开近代文明先河的科学技术

中国古代的科学技术是中国传统文化的重要组成部分。要在短短的

[①] 恩格斯:《"社会主义从空想到科学的发展"英文版导言》,见《马克思恩格斯全集》第22卷,第348页。

一节文字中将中国古代科技方面的辉煌成就和对世界文明的重大贡献讲清楚，是不可能的。这里所可能做的只是就中国古代科技在世界文明史上的地位、作用、特点和现代意义，做一些最一般的探讨。

中国古代科技在世界文明史和科技史上占有十分重要的地位。英国著名科学史家李约瑟对中国古代科学技术做了详细的调查研究，撰写了七卷本的《中国科学技术史》巨著。他对中国古代科学技术在世界科学技术上的地位，做了如下的总评价：中国人"在许多重要方面有一些科学技术发明，走在那些创造出著名的'希腊奇迹'的传奇式人物的前面，和拥有古代西方世界全部文化财富的阿拉伯人并驾齐驱，并在公元3世纪到13世纪之间保持一个西方所望尘莫及的科学知识水平"[①]。这也就是说，中国古代科学技术从东汉末至元代的千余年曾长期处于世界领先地位。

曾经走在世界前列的中国古代科技成就不胜枚举。尽管如此，这里仍有必要略举一二，以见一斑。

封建时代中国科学的主要成就在天文学、数学、地学、生物学、医学几个方面。在天文学方面：中国古代天文学以对多种天象的最早观测记录著称于世，其连续性、完备性、准确性亦为世所罕见；中国有世界第一流的历法；有在设计和制造水平上遥遥领先的天文仪表；在天体测量方面有多项最先进的成果。在数学方面：中国最早发明了十进位值制记数法，并在此基础上形成了一整套简捷的运算方法，并因此而在圆周率、"天元术"（即根据问题所给已知条件，列写包含所设未知数的方程的普遍方法）等许多方面取得遥遥领先的成果；中国还最早提出了负数的概念和正负数的加减运算法则。在地学方面：中国地图学发达早于古希腊，绘制的精确程度也大大超过了古希腊；中国古代关于地貌学的研究，如明末徐霞客关于石灰岩地貌的考察记录在世界地学史上是空前的；中国

---

① 李约瑟：《中国科学技术史》第1卷，第1分册，北京：科学出版社1957年版，第3页。

>>> 曾经走在世界前列的中国古代科技成就不胜枚举,科学的主要成就在天文学、数学、地学、生物学、医学几个方面。图为宋代李唐《艾灸图》。

是世界上最早发现石油的国家之一；中国的地震观测历史悠久，记录丰富，张衡的地动仪领先于西方 1700 年。中国有在世界上独树一帜的中医学，在农学和中药学的基础上，取得了生物学方面一系列具有世界意义的重大成果，如李时珍的《本草纲目》。中国是化学原始形式——炼丹术的起源地。中国"四大发明"之一的火药就是炼丹术的产物。在物理学方面，中国古代的力学成绩平平，但在电学、磁学、声学等方面却比西方领先。这方面的突出例证就是指南针的发明。

封建时代中国技术的成就比科学更大，其领先于世界的地位更显著。李约瑟在《中国科学技术史》中列举了中国在机械与技术方面的 26 个世界第一，并声明："我写到这里用了句点，因为 26 个字母都已经用完了，可是还有许多例子可以列举。"[1]

文化的交流一般来说总是相互的，但在古代，西方从中国学到的东西远远超过它给予中国的东西。在这方面做过专门研究的美国学者德克·卜德在《中国物品西传考》中说："从公元前 200 年到公元后 1800 年这 2000 年间，中国给予西方的东西超过了她从西方所得到的东西。"[2] 中国在科学技术方面对世界文明实有巨大的贡献。这里需要特别指出的是，中国古代的"四大发明"——指南针、造纸术、火药和活字印刷传入西方后，起了开近代文明先河的伟大革命性作用。

造纸术是我国古代劳动人民一项卓越的创造发明。公元 2 世纪初蔡伦发明了植物纤维纸，公元 6 世纪开始，造纸术传往朝鲜、越南、日本，公元 751 年传到中亚细亚的撒马尔罕，又传到西亚的大马士革，12 世纪传入欧洲，16 世纪纸张已流行于欧洲。

"纸对后来西方文明整个进程的影响无论怎样估计都不会过分。"[3] 中世纪的欧洲使用羊皮纸，一本《圣经》要用三百多张羊皮，由此可以想见，

---

[1] 李约瑟：《中国科学技术史》第 1 卷，第 2 分册，北京：科学出版社 1957 年版，第 547—549 页。
[2] 转引自《中国文化》第 2 辑。
[3] 德克·卜德：《中国物品西传考》，转引自《中国文化》第 2 辑。

纸的广泛使用对欧洲蓬勃发展的教育、政治、商业活动所具有的巨大意义。

中国的雕版印刷术产生于公元7世纪，活字印刷术发明于11世纪中叶，13世纪传入欧洲，并于14—15世纪开始流行于欧洲。

印刷术对西方近代文明的产生和发展产生了直接而巨大的推动作用。恩格斯指出："印刷术的发明以及商业发展的迫切需要，不仅改变了只有僧侣才能读书写字的状况，而且也改变了只有僧侣才能受较高级的教育的状况。"① 这一变化最直接的意义是使在中世纪享有知识教育垄断地位并因此而成为头一个"必要的阶级"的僧侣"多半变成了多余的人"②，而这又意味着以教会为龙头的整个封建统治阶级必然灭亡的历史命运。随着文化教育的解放，产生出一个越来越强大的依附于新兴资产阶级的世俗知识分子阶层，特别是法学家，从而为资产阶级上升为社会的领导阶级创造了条件。

火药是炼丹术的产物。其发明可追溯到唐初甚至更早。唐末已出现了将火药用于军事的"飞火"，宋代将火炮、火箭用于战争更为普遍。火药及其在军事上的运用经蒙古人、阿拉伯人辗转传入欧洲，其时为13世纪末、14世纪初。

火药的使用使西方中世纪的另一个封建统治阶级——贵族阶级由必要的阶级变成了多余的阶级，并结束了贵族的统治。恩格斯说："火器一开始就是城市和以城市为依靠的新兴君主政体反对封建贵族的武器，以前一直攻不破的贵族城堡的石墙抵不住市民的大炮；市民的枪弹射穿了骑士的盔甲。贵族的统治跟身披铠甲的贵族骑兵队同归于尽了。"③

早在战国时期，中国人已经发现了天然磁石吸铁和指示南北的现象，制成了最初的指南针——司南。宋代的沈括发现了磁偏角。最迟在北宋末年，中国人已将指南针运用于航海。大概在1180年左右，指南针由阿

---

① 恩格斯：《德国农民战争》，见《马克思恩格斯全集》第7卷，第391页。
② 同上。
③ 恩格斯：《反杜林论》，见《马克思恩格斯选集》第3卷，第207页。

>>> 火药是炼丹术的产物,它的发明可追溯到唐初甚至更早。图为明代陈洪绶《炼丹图》。

拉伯人传到欧洲人手中。

指南针的发明，是世界航海业中划时代的事件。15世纪、16世纪时，葡萄牙人达·伽马环绕非洲到达印度的航行，哥伦布发现美洲新大陆的航行，麦哲伦的全球环行，若是没有指南针，是不可想象的。新航线的开辟、殖民地的建立，导致了世界市场的出现，刺激了欧洲的工业生产。

"四大发明"的文化价值为世界所公认。对"四大发明"的社会历史意义，马克思论之最精。他曾指出，火药、罗盘、印刷术——这是预兆资产阶级社会到来的三项伟大发明。火药把骑士阶层炸得粉碎，罗盘打开了世界市场并建立了殖民地，而印刷术却变成新教的工具，并且一般地说变成科学复兴的手段，变成创造精神发展的必要前提和最强大的推动力。正是在这个意义上说，中国古代科技起了开启近代文明先河的伟大革命性作用。

"四大发明"源于中国，却在欧洲而不是在中国产生了伟大的革命性作用，这是一个发人深省的现象。在我们看来，这也是一个相同的文化要素在不同的文化系统中具有不同的性质和意义的例证。中国没有一个依靠垄断知识教育而处于万流归宗地位的教会，没有一个依靠铠甲和堡垒横行霸道的贵族阶级，中国工商业的发展还没有达到需要世界市场的地步，如此等等，因而中国封建制度也不会因为有这些发明及广泛的实际运用而陷入危机。

中国古代科学技术具有实用和经验的特征，还不具有近现代形态。这是毋庸置疑的。但这并不等于说，中国古代没有精粹的科学思想；也不能说，中国古代科学技术对世界文明的贡献，只限于一些科学资料的积累和技术的发明，而不包括科学思想。事实并非如此。随着科学史研究的深入和20世纪以来科学革命对人们的科学思想的深刻改变，中国古代科学思想的价值和现代意义越来越受到人们的重视。

通过科学史的研究，人们越来越多地发现了中国古代科学思想对西方近代科学思想的形成所做出的贡献。如李约瑟肯定了中国的技术发明和科学思想对近代欧洲科学技术的形成和发展所做出的贡献。他认为，道家对大自然的思考与探究奠定了中国古代科学的基础，中国古代人的实验精神也远比古希腊人强。许多人指出，笛卡尔的宇宙旋涡理论，胡克的光的"波动学说"可能与接受中国科学思想有密切的关系。

20世纪的自然科学在科学思想方面与经典的自然科学大异其趣。这个时期的许多科学家在做出他们的重大科学发明发现之前，接受过中国科学思想的熏陶。如日本的汤川秀树就承认，他通过唐代大诗人李白受过老庄的影响。另一些科学家则在做出了伟大成就之后，对中国科学思想产生了似曾相识之感。例如，量子力学的主要创立者玻尔20世纪30年代访问中国时，发现他所倡导的并协原理在中国古代文明中就有其先河，又如耗散结构理论的创始人普利高津认为他的理论与中国着重研究整体性和自发性、研究协调与协和的传统学术思想相符合。

基于上述两方面的事实，人们不能不得出结论："现代的自然科学思想大厦不是西方的私产，也不只是亚里士多德、欧几里得、哥白尼和牛顿的领地，这座盛誉的建筑物也属于老子、邹衍、沈括和朱熹。"①

值得注意的是，中国古代和西方古代的科学思想虽然都属于原始型的，但有明显区别。从思维方式看，西方古代长于分析和实证，中国古代长于整体把握和直觉体认。从自然观看，西方古代原子论者心目中的世界图景是：在绝对的虚空中，存在着数量无限的、有不同形状的、不可分割、不可毁灭的原子，这些原子在永恒不断地进行机械的运动，万物的产生和消灭即原子的集结和消散；而在中国古代的气一元论者看来，有形的万物是由无形、连续的气凝聚而成的，元气或气不仅充塞着所有的虚空，或与虚空同一，而且渗透到有形的万物内部，把整个物质世界联结成一个整体，并以气为中介普遍地相互联系、相互作用。②对于这种

---

① R.A. 尤利坦：《中国传统的物理学和自然观》，见《美国物理学杂志》第43卷，第2期。

② 参见程宜山：《中国古代元气学说》，武汉：湖北人民出版社，1986年版。

重大差异,研究者见仁见智,说法不一。如李约瑟认为,中国古代的自然观是"有机论"的,而西方的自然观是机械论的。由于科学思想和科学成就的差异,李约瑟甚至推测,如果中国科学技术沿着自身的轨迹发展起来,其发现和发明的顺序可能与西方大不相同。由于历史事件的一次性,这种推测永远只能是推测。但有一点是明显的,即中西古代的科学思想各有所见,亦各有所蔽,而在它们影响下发展起来的近现代科学思想也包含着两个既相互排斥又相互补充的倾向。例如在近代,就有牛顿学派与笛卡尔学派的对立,光的波动学说与微粒学说的对立。终有一天人们可能会承认,中国古代科学思想与古希腊的科学思想一样,能够为自然科学的发展提供各种观点的胚胎和萌芽。

四 丰富多彩的文学艺术

  中国传统的文学艺术,是中国传统文化中一个很重要且得到了高度发展的部分。但要对它所取得的成就、对世界文明所做出的贡献及其对于今天的价值做出中肯的评论,却是一件颇为困难的事情。这是因为,文学艺术有一些与其他文化很不相同的特点,这些特点决定了对它的评价需要有一些与评价其他文化不相同的方法。而这是首先需要阐明的。

  文学艺术活动是从人类认识和改造世界的活动中分化出来的一种相对独立的活动,一种以身心享乐为目的的创造和消费活动。文学艺术的这一特点决定了它发展的特殊规律,即百花齐放、推陈出新。人类身心享乐的需要是各种各样的，而且这需要是不断更新的。为了适应人类对文学艺术各种各样的需要和不断更新的要求，文学艺术本身就必须丰富多彩，需要推陈出新。因此，一个民族的文学艺术是否丰富多彩，是否富于变化，可以作为衡量其所取得的成就的一个标准。

文学艺术与物质文化、思想文化既有联系又有区别。对于像哲学、宗教、科学一类的精神文化作品来说，文采当然也是很重要的，但那只是"载道"的工具，而像诗歌、散文一类的文学作品，文采却是其艺术生命，其艺术形式与思想内容有不可分的水乳交融的联系。对于像宫室、器用、饮食一类的物质文化来说，艺术性当然也是很重要的，但其根本价值仍在于实用，即满足人们物质生活的需要，而像雕塑、绘画、公园中的楼台亭榭一类的建筑，其根本价值在于供人观赏。基于此，苏联学者卡冈将文化区分为物质文化、精神文化、艺术文化三个层次，认为艺术文化的特点在于，它的精神因素和物质因素不是简单地结合在一起，而是有机地交融在一起，互相融为一体，产生出某种第三者的东西、某种性质上独特的现象——被称作"艺术"的精神——物质价值。这是颇有见地的。从文学艺术的这一特质可以看出，文学艺术是人类生活富裕的产物和表现，从这里我们可以引申出一个衡量文学艺术发展程度的客观尺度，即纯艺术文化与具有复功用的各种实用艺术的分化程度，以及已经分化出来的纯艺术文化在整个文化中的比重。

艺术文化是思想内容与艺术形式的统一，艺术价值是思想价值(道德价值、政治价值、宗教［或反宗教］价值)与审美价值的统一。思想是无国界的，而艺术形式则有强烈的民族性和时代性。艺术形式之所以有强烈的民族性和时代性，是因为它与艺术文化的物质因素紧密相连。艺术文化的物质因素指声音、色彩、形体、动作，等等。古今中外由于语言、文字、器物、人种等不同，艺术形式差异极大，往往达到不能沟通的境地。例如，中国的书法艺术就是以汉字为基础发展起来的，它本身只能在使用汉字的国度中产生，而书法艺术又与诗歌、绘画、园林等艺术形式水乳交融地融合在一起，使中国的文学艺术在形式和风格上独具一格。思

>>> 不同民族、不同时代的文学艺术具有相容性，《诗经》、楚辞、唐诗、宋词、元曲、明清小说，对现代的中国人来说，仍然具有巨大的艺术价值。图为元代赵孟頫《九歌·山鬼》。

想内容的相通性和艺术形式的特异性这种双重品格，使得文学艺术在不同时代的继承和不同民族的交流中产生了一些特殊的方式。一方面，本民族现时代的文学艺术具有不可取代性。近百年来，中国文化发生了天翻地覆的大变化，在物质文化、制度文化、精神文化诸领域中，中西来源的文化要素融合在一起，很难区别开来，但中国本民族的文学艺术仍然以其鲜明的民族个性顽强地独立存在着。另一方面，不同民族、不同时代的文学艺术具有相容性，《诗经》、楚辞、唐诗、宋词、元曲、明清小说，对现代的中国人来说，仍然具有巨大的艺术价值，而来自西方的音乐、美术、舞蹈、戏剧等文学艺术也与中国传统的文学艺术并行不悖。在这里，思想内容的相通性使不同时代、不同民族间文化艺术的继承和交流成为可能，而艺术形式的特异性则使这种继承和交流成为必要和必然（有些艺术文化如书法、诗歌由于特异性太大，无法交流或无法直接交流，诗歌、散文等语言艺术虽可通过翻译而交流，但这种翻译在很大程度上是一种再创作，其中能够译介出来的只限于思想意境，而语言美却无法译介出来）。由此可见，一个民族、一个时代在文学艺术上的贡献与物质文化、精神文化不同，它主要以其特异性为世界文艺的百花园增彩。

不同民族、不同时代的文学艺术在思想境界和艺术水平上，可以有高下优劣的区别，因而在文学艺术的继承交流中，也伴随着批判继承和学习借鉴。在讨论一个时代、一个民族的文学艺术成就及其贡献时，这一点也是不可忽视的。

基于以上所述，分四点来讨论中国传统文化艺术。

"等闲识得东风面，万紫千红总是春。""江山代有才人出，各领风骚数百年。"中国传统文学艺术的第一个特点是既丰富多彩，又富于变化。

中国传统文学艺术的形式极为多样。

黑格尔把艺术中的精神内容和物质形式相互关系的改变，当做建立艺术系统的基础，结果形成了"建筑——雕塑——绘画——音乐——诗歌"的系列。苏联学者卡冈根据这一思路，进而将艺术文化描述为一个"光谱式"的系列。

精神文化	
"实用"语言艺术的过渡地带 演说艺术｜艺术政论作品	
纯语言艺术创作地带	
音创作地带	
语言——造型和音乐——造型的表演创作地带	
哑剧和舞蹈创作地带	
纯艺术的对象——造型创作地带	
复功用建筑艺术的过渡地带	
在手工基础上	在工业基础上（工业品艺术设计）

物质文化[①]

中国传统文化艺术的丰富多彩，首先表现在卡冈所列的各种艺术形式在中国古代几乎应有尽有，而且在艺术上都有很高的造诣。

中国传统文学艺术的丰富多彩，也表现在其多种多样的民族和地域特色方面。

中国自古就是一个多民族的国家。据语言学家研究，中国境内的语言有六七十种之多，分属汉藏、阿尔泰、南亚、印欧、马来·波利尼西亚五大语系。各个民族的语言、习俗、神话、物质、思想文化各不相同，其文学艺术也各不相同。中国古代对来自外域及各民族的文学艺术采取兼容并包的态度，这就使得中国传统文学艺术呈现出五光十色、绚丽繁复的特色。例如唐代乐舞中的十部乐，就有九部来自外域或少数民族。"胡音胡骑与胡妆，五十年来竞纷扬"，"座参殊俗语，乐杂异四方"。从唐人的这些诗句中，不难想象当时各种民族的文学艺术荟萃中原的盛况。

中国是一个幅员辽阔的国家，各地的方言、风俗各不相同。如汉语有官话、吴语、赣语、客家话、湘语、闽语、粤语七大方言，这七大方言又包含许多亚方言。由于方言民俗不同，给文学艺术带来了浓郁的地

[①] 卡冈：《作为系统的艺术文化》，见《多维视野中的文化理论》，杭州：浙江人民出版社 1987 年版，第 286 页。

>>> "等闲识得东风面,万紫千红总是春。""江山代有才人出,各领风骚数百年。"中国传统文学艺术的第一个特点是既丰富多彩,又富于变化。图为清代丁观鹏《饮中八仙图》。

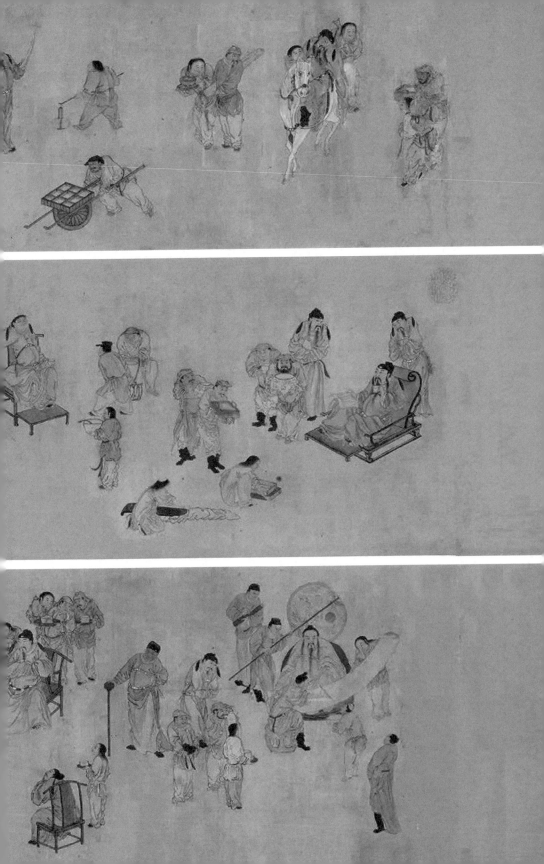

方特色。这一点集中体现在戏剧方面。我国有世界上最丰富的戏剧文化，尤其在戏剧音乐和表现形式的多样性方面，更是独具特色，异常丰富。大大小小的地方戏曲剧种多至数十百种。辽阔的地域，众多的人口，繁复的方言土语，各地不同的风俗习惯，独特的地方音乐如民歌小调，都给千姿百态的地方戏曲的孕育发展，提供了极其有利的条件。

中国传统文学艺术的丰富多彩，还表现在创作方法和流派的多样上。中国有神奇瑰丽的上古神话，并从中孕育出浪漫主义的传统，这种传统早在战国时期的《楚辞》中已经发端。中国又有发达的史官文化和人文传统，并从中孕育出现实主义传统，这种传统早在先秦的《诗经》中已经奠基。春秋战国以降，儒家、道家及佛教的思想，特别是美学思想，分别对这些传统产生巨大的影响，使得浪漫主义和现实主义两大传统如鸟之两翼、车之两轮，共同推动着中国传统文学艺术的发展。在文学方面，既有像《左传》《史记》这样传神肖物、文辞优美的历史散文，又有像《庄子》这样汪洋恣肆、富于浪漫主义色彩的哲理散文；既有豪迈奔放的"诗仙"李白，又有深沉凝重的"诗圣"杜甫；既有《西游记》这样神奇瑰丽的神话小说，又有《三国演义》这样构思宏伟的历史小说，还有像《儒林外史》《红楼梦》这样极摹人情世态之歧的世情小说。浪漫主义和现实主义，在中国传统文学的各个领域——诗歌、散文、小说中，都是并肩而立、交相辉映的。类似的情况，也出现在中国传统艺术的众多领域中，如书法中有篆、隶、楷、行、草，绘画中有工笔与写意。在被誉为"世界第八奇迹"的秦始皇墓兵马俑上，可以看到东方雕塑写实主义的先例；而汉代霍去病墓前的石雕，则极富浪漫主义色彩。由于创作方法的不同，中国传统文学艺术的题材、风格、审美情趣、思想倾向也多彩多姿。以绘画而言，宗教、神话、日常生产生活、山川、建筑、花鸟虫鱼，无不入画，涉笔成趣，琳琅满目。如果说，现实主义以其对现实生活的反映和反思见长，浪漫主义则以其对现实生活的升华和补充取胜，二者交相辉映，相得益彰。

中国传统文学艺术不仅丰富多彩，而且富于变化。以文学而言，先秦的《诗经》《楚辞》和诸子散文、汉代的赋、魏晋的诗文、唐诗、宋词、元曲、明清小说，几千年间一种又一种文学样式接踵而起，高峰迭见，真可谓"江山代有才人出，各领风骚数百年"。

中国传统文学艺术在中国传统文化的大系统中占有重要的地位，纯文学艺术很早就从各种实用艺术中分化出来，并占有相当大的比重。这是中国传统文学艺术的第二大特点。

中国传统文学艺术在文化大系统中地位之重要。首先表现在中国古代的图书分类和学术分类上。西汉后期的刘向、刘歆整理皇室藏书，将所有书籍分为七类，其中一类即诗赋。西晋荀勖在刘向《七略》分类法的基础上，创立四部分类法，其中丁部包括诗赋、图赞和汲冢书。这种四部分类法，后来以"经、史、子、集"的名称沿用至清代。其中集部即文艺类。文艺作品能够成为四大部类中之一大部类，其重要性可以想见。清代学者又将中国传统的学问分为三类：考据之学、义理之学、辞章之学，辞章即诗文的总称，辞章之学即文学。这种分类，也反映了文学艺术在文化上的重要地位。

中国传统文学艺术在文化大系统中地位之重要，还反映在传统的教育思想和教育制度之中。从孔子开始，中国传统教育就把文学艺术当做重要的科目。孔子以礼、乐、射、御、书、数六门功课教人，礼、乐列在首位，而乐便是各门艺术的总称，除声乐、器乐以外，还包括诗歌、舞蹈、传说故事和雏形的戏剧。在儒家看来，文学艺术具有政化、事功、修身等多方面的作用，如《诗·大序》宣称："正得失，动天地，感鬼神，莫近于诗。先王以是经夫妇，成孝敬，厚人伦，美教化，移风俗。"在这种教育制度和思想的影响下，浪漫主义和现实主义，在中国传统文学的各个领域——诗歌、散文、小说中，都是并肩而立、交相辉映的。类似的情况，也出现在中国传统艺术的众多领域中，如书法中有篆、隶、楷、行、草，绘画中有工笔与写意。在这种教育制度和思想的影响下，还形成了将文学艺术作为科举考试重要内容的制度。唐代分科取士，有秀才、

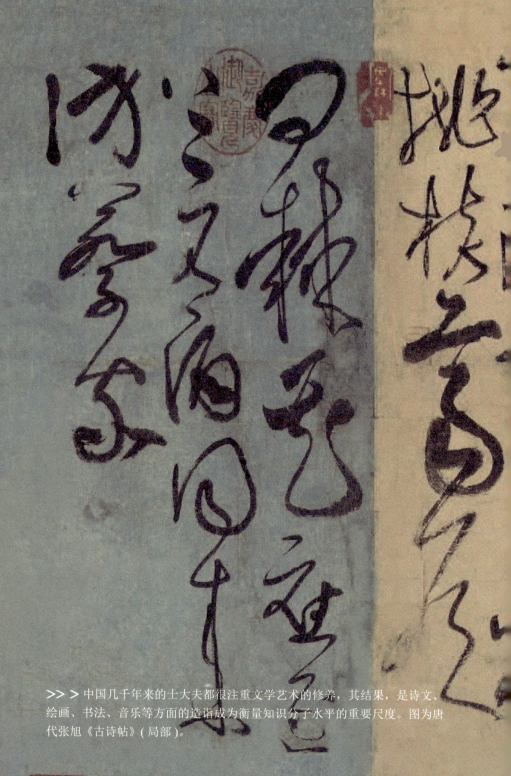

>>> 中国几千年来的士大夫都很注重文学艺术的修养,其结果,是诗文、绘画、书法、音乐等方面的造诣成为衡量知识分子水平的重要尺度。图为唐代张旭《古诗帖》(局部)。

忽然絕叫三五聲
滿壁縱橫千萬字

明经、进士、明法、明书、明算、童子、博学宏词等科目，其中进士科特别为人所重。进士着重诗赋和时务策，博学宏词科则更是专为选拔学问渊博、文辞清丽之秀士而设的。其他各科，试策前均要加试杂文二篇，即一诗一赋。宋元明清各代科举制度虽有许多变化，包括自宋熙宁至明代不试诗赋，但总的看来，诗赋是科举考试的重要内容之一。这种以诗赋取士的方法反过来又影响学风，使得读书人从初学就要在诗赋上下功夫。

应当指出，中国传统教育思想、教育制度及科举制度中重文学艺术修养的传统有利亦有弊。其有利的一面是促进了文学艺术的高度繁荣。一般读书人和士大夫都有一定的文学艺术修养，其中并分化出一大批文学家、艺术家。中国传统文学艺术作品之所以能在全部图书典籍中占了一大部类，辞章之学之所以能与考据、义理鼎足而三，与读书人和士大夫中有一大批文学家、艺术家是分不开的。对文学艺术的重视还影响到历代王朝上流社会的生活方式，从帝王到各级官吏都崇尚风雅。如汉武帝好辞赋，养了一批"文学侍从之臣"，《汉书·艺文志》著录西汉的赋共有七百余篇，其中武帝时就有四百余篇，赋的兴盛与汉武帝的倡导有关。如魏的曹氏父子，"昼携壮士破坚阵，夜接辞人赋华屋"，他们自身既是杰出的诗人，也是文学艺术的积极倡导者，他们的宫廷遂成为建安诗歌的中心。为了满足上流社会文化生活的需要，大批专职文艺工作者应运而生，如女乐、伎乐、倡优等，他们虽然身份低下，但却是音乐、舞蹈、戏剧等艺术领域中的专家。依赖这样一支专职的文学艺术队伍，中国古代的音乐、舞蹈、戏剧等艺术才繁盛起来，达到很高的艺术水平。然而，问题还有另一面。中国古代的士大夫本质上是一个以从政为务的阶层，帝王将相更是身系天下兴亡的关键人物。诗赋取士的制度、沉湎于诗词歌舞中的生活方式，往往导致文学艺术的畸形发展。许多读书人将精力耗费于辞章，进入仕途后却缺乏实际的从政才干，一些在文学艺术方面颇有造诣的皇帝，如五代十国的李后主、北宋的徽宗等，却是政治上的庸才。

中国传统文学艺术有鲜明的民族特色。这种民族特色，是中国传统精神文化和物质文化诸特点的综合产物。

中国文学的民族特色之一是它的抒情传统。在种种文学类型中，发达最早、最繁盛的是诗歌，是抒情诗。闻一多曾指出，中国、印度、以色列、希腊四个国度里同时迸出歌声，但那歌的性质并不一致。印度、希腊是在歌中讲故事，他们那歌是比较近于小说、戏剧性质的，而且篇幅都很长，而中国、以色列则都唱着以人生与宗教为主题的抒情诗。中国和其余那三个民族一样，在开宗第一声歌里，便预告了以后数千年文学发展的路线。中国文化大体上是从刚开端的时期就定型了。文化定型了，文学也定型了，从此以后两千年间，诗——抒情诗，始终是我国文学的正统类型，甚至除散文外，它是唯一的类型。由于诗的正宗地位，小说、戏剧、散文、书法、绘画、园林等文学艺术都受到它的支配和影响。诗不但支配了整个文学领域，还影响了造型艺术，它同化了绘画，又装饰了建筑(如楹联、春联等)和许多工艺美术品。

中国传统文学艺术全方位、多角度地反映了中国传统文化的特点，艺术地再现了中华民族的精神风貌。中国传统文学艺术讲究"风骨"，追求"阳刚"之美，从刚健遒劲的建安诗歌、字势雄强的右军书法、雄劲浑厚的茂陵石刻、高洁坚贞的四君子画中，不难领略到刚健自强的中华民族精神。中国传统文学艺术讲究"气韵生动"，如绘画要求以形写神，气韵生动，形神兼备，这种艺术价值观和生生不息的世界观一脉相通。儒家主张文学艺术要具有中和之美，对诗来说，就是要"温柔敦厚"，"乐而不淫，哀而不伤"。这种"温柔敦厚"的"诗教"，不仅对诗，而且对整个文学艺术产生了深远的影响。例如，中国的小说、戏剧，虽然充满着矛盾、对抗，但差不多都是曲终奏雅，以大团圆结局。中国传统文学艺术还讲究情景交融、情景合一的"意境"，这种美学意蕴，实际上是追求人与自然和谐统一的天人合一思想在艺术领域中的表现。此外，由《诗经》发端的忧国忧民的传统，由《楚辞》发端的爱国主义传统，也是传统文学艺术渗透着中华民族精神的明证。

中国传统文学艺术鲜明的民族特色，还特别表现在实现其艺术价值的物质材料和手段上，这里所说的物质材料，如语言艺术(诗歌、散文)中的语言，书法艺术中的文字之类；而所谓物质手段，如书法、绘画中使用的笔墨纸张，器乐中的乐器之美。马克思说"颜色和大理石的物质特性不是在绘画与雕刻的领域之外"[1]，上述的物质材料和手段也不在文学艺术的领域之外。中国的语言、文字、乐器、书写绘画工具等有自身的特点。汉语是单音节的，一音一词或一音一字，有四声平仄之分，这些特点，是格律诗和词产生发展的基础。汉字是世界上仅存的一种象形文字，它的方块结构造型具有建筑造型的抽象美特征，本身具备了艺术的对比、平衡、穿插、均匀等素质，因而成为书法艺术的物质材料。中国用以书写和绘画的材料——毛笔、墨、宣纸等也是中国特有的，在这些材料的基础上，形成了书法和绘画的独特技法和独特的表现方式。如能够以墨代色的别具一格的水墨画，如果没有毛笔、中国墨及宣纸等绘画工具，是不可能产生的。

中国传统文学艺术对世界文明的贡献，大体上包括两个方面。一方面是以其本身的特异性为世界文艺大花园增色。如中国特有的书法艺术独步于世界艺术之林；中国古代绘画，尤其是山水画、花鸟画，赢得了世界地位，足以同希腊的雕刻和德国的音乐媲美；融合了中外文化优秀因子的中国佛雕与希腊雕刻并肩而立；中国优秀的诗歌、散文、小说、戏剧作品被译为世界各国文字，受到高度评价，成为世界性的宝贵的文学艺术遗产。另一方面是以其特有的思想价值和技巧技法对世界文明的发展起了促进作用。如17世纪、18世纪中国戏剧在欧洲流传，使欧洲艺术家从我国古典戏剧中吸收了表演手法及舞台要素，大大丰富了他们的艺术创作。

---

[1] 《马克思恩格斯论艺术》第1卷，北京：人民文学出版社1960年版，第118页。

马克思曾经指出："困难不在于理解希腊艺术和史诗同一定社会发展形式结合在一起。困难的是，它们何以仍然能够给我们以艺术享受，而且就某方面说还是一种规范和高不可及的范本。"①马克思提出的这个问题和他给出的答案，对我们研究中国传统文学艺术在现时代的意义很有启发。对于传统的文学艺术遗产，过去我们注意的主要是借鉴，而比较忽视文学艺术遗产本身仍然具有的艺术价值。这是不够全面的。中国传统文学艺术遗产不仅能够成为我们创造新文学艺术的借鉴，而且也像希腊艺术和史诗一样，仍然能够给我们以艺术享受。这里面存在着深刻的辩证法。马克思说，希腊的"艺术对我们所产生的魅力，同它在其中生长的那个不发达的社会阶段并不矛盾。它倒是这个社会阶段的结果，并且是同它在其中产生而且只能在其中产生的那些未成熟的社会条件永远不能复返这一点分不开的"②。中国传统文学艺术也是如此。它是封建时代的产物，是人类青春少年时代的产物。它的永久魅力是与产生它的时代的永不复返性分不开的。

五　耐人寻味的政治智慧

中国封建时代的政治法律制度是为封建的经济基础服务的，是封建

---

① 马克思：《〈政治经济学批判〉导言》，见《马克思恩格斯选集》第2卷，第114页。
② 同上。

社会的上层建筑。这种政治法律制度在与西方近代文化的冲突中打了大败仗,并且随着封建经济基础的崩溃而崩溃。近百年以来,特别是"五四"以来,先进的中国人对这种政治法律制度口诛笔伐,不遗余力,很少有所肯定。在社会革命的大潮中,这是不足为怪的。但是,到了现在,冷静地回味一下两千年间先人在政治法律领域中所曾建树的一切,还是应该承认,这方面也有耐人寻味的东西。

秦汉以来,中国古代的政体一直是君主专制中央集权制度。这种制度有其历史的必然性和合理性。一方面,占人口绝大多数的农民所经营的自给自足的小农经济,为这种制度提供了深厚的社会基础;另一方面,它对国家的统一、国防的巩固、社会的安定和经济文化的发展也是必要的。但这并不等于说,有了这种必然性和合理性,君主专制中央集权制度就能自然地建立起来并维持下去。由于疆域辽阔、山川阻隔、自然经济、民族众多、交通通信落后等因素,这种制度经常受到分裂割据倾向的威胁。同时,皇帝的宝座实在太诱人,身为君主者,得时时刻刻提防患生肘腋之间。为了在君主专制中央集权体制下获得国家的长治久安,历代政治家费尽心机,想了许多办法,其中一类办法就是不断完善君主专制中央集权的各项制度。尽管由于君主专制中央集权制度本身具有不可克服的内在矛盾,这些努力没有也不可能消弭威胁这种制度的各种隐患,但它们仍收到了明显的效果。这其中最值得注意的是科举制度、在中央政权机关和地方政权机关中实行的分权制度、监察谏议制度。

先说科举制度。英国著名哲学家罗素在其所著《中国之问题》一书中,认为中国传统文化有三大特点,其中之一是治国者为由考试而起之士人,非世袭之贵族。这是颇有见地的。科举制度本身虽然存在许多弊病,但仍不失为中国人在制度文化方面的一大创造。这种制度,曾经受到17世纪、18世纪欧洲人的高度评价和效法,西方国家的文官制度就是学习借鉴这种制度的产物。在这种情况下,不能不注意对科举制度进行历史的分析,从中吸取经验教训。

科举制度是中央集权的政治制度确立后，在建立与之相匹配的官僚制度方面摸索了上千年的产物。

在中国古代，中央集权制度与郡县制、官僚制是相辅相成的。官僚制与贵族制不同的地方在于，官僚对官职不能世袭，且升迁流转不定，他们靠取得俸禄为生，不像贵族那样有世袭的领地。从秦汉到清代，历朝选拔官吏的方法经历了一系列变化，大体上可分为两个阶段，即察举制与科举制。汉代选士，学校与选举并行。中央的太学以及"鸿都门学"和"四姓小侯学"的学生，学成后可得相当的官职。"四姓小侯学"是贵族学校，学生为功臣子孙、外戚子弟等。太学与鸿都门学学生则由太常和州郡选送。除此之外，朝廷更以察举、征辟等方式罗致人才。察举的方法是令郡国的官员推荐选送，入京后经过一定的考试，然后授予官职。征辟的方式，是由朝廷或各级官僚招聘贤士为官。汉代这种选拔官吏的方法有很明显的弊病。太学等学校的学生故多达官贵人子弟，而通过察举、征辟而来的人则与察举者、征辟者形成一种"举主与门生"的特殊关系，并以这种特殊关系为核心，形成特殊的利益集团，这对中央集权制度是个威胁。如东汉末年的袁绍，四世三公，门生故吏遍天下，黄巾起义失败后，成为一个势力极大的军阀集团。更为严重的是，随着豪门地主阶级实力的大增，地方的选举逐渐落到了他们的控制之下。三国时期，曹丕为了扫清取代名存实亡的汉朝的道路，建立了"九品官人法"，以讨好豪门地主阶级。其办法是在朝廷选择"贤有鉴识"的官员，兼任本郡的"中正"官，负责察访与他们同籍的散在各地的士人，评列为从上到下九品，作为吏部任官的依据。魏末，司马懿当政，于各州设大中正，由世族豪门担任，取士原则以"家业"为重，九品中正制成为门阀世族操纵政权的工具。这种制度，实行于魏晋南北朝。形成了"上品无寒门，下品无世族"的局面，做官成了一小撮门阀世族的特权。魏晋南北朝时期吏治的腐败、中央集权国家的软弱无力乃至内乱外患的频仍，与门阀世族利用九品中正制操纵政权是分不开的。从北魏孝文帝时起，封建国家开始了重振中

>>> 科举制度是中央集权的政治制度确立后,在建立与之相匹配的官僚制度方面摸索了上千年的产物。从秦汉到清代,历朝选拔官吏的方法经历了一系列变化,大体上可分为两个阶段,即察举制与科举制。汉代选士,学校与选举并行。图为明代仇英《观榜图》。

央集权制度的斗争，其措施之一就是从隋代开始采用的科举制度。隋文帝废除九品中正制，隋炀帝大业二年正式设置进士科，实行以试策取士的方法。其办法是由州郡策试于前，朝廷策试于后，录取的标准重在策试而不重德望。这种科举制度经唐宋元明清历代的增损完善，成为封建国家选拔官吏的基本制度。

察举制与科举制的根本区别在于，前者是一种推荐与考试相结合而以推荐为主的制度，后者是一种纯任考试的制度。与察举制度相比，科举制有一系列明显的优越性。其一是通过废察举兴科举，国家收回了选用官吏的大权，结束了门阀世族垄断仕途的局面。隋唐两代实行科举制度的结果，是门阀世族急剧衰落，逐渐退出了历史舞台，官僚地主阶级代之而起，中央集权制度因此得到了加强。其二是封建国家通过科举制度可以把各阶层、各阶级的优秀人才网罗起来为自己服务。按照科举制的规定，除少数身份低贱者外，原则上人人都可以参加考试，人人都有通过竞争进入仕途的机会。尽管这种纸面上人人平等的机会实践起来极其困难，如广大农民因经济原因无力读书，如层出不穷的科场舞弊现象，但它毕竟为许多中小地主家庭出身乃至少数殷实农民家庭出身的才俊之士提供了晋身之路。这对封建制度的巩固起了很大作用。其三，尽管科举考试并不足以反映应试者的真才实学，但毕竟保证了进入仕途者有一定的文化素养，改变了实行九品中正制时期出现的"举秀才，不知书"的局面，有利于提高官吏的素质和行政效率。科举制度的这些优越性，都是从有利于封建中央集权制度而言的，但这种特殊性中包含着普遍性，可以为后来者批判地继承。

毋庸讳言，科举制度也有许多弊病，对中国社会和文化的发展起了很大的消极作用。这些弊病，有些与通过考试选拔官吏的方式本身有关，但更多的是与考试方法和考试内容有关。科举制度的弊病之一是考试内容褊狭、不切实用。科举本由分科取士得名，唐宋两代也曾设有许多科目，如明经、进士、明法、明书、明算等，但当时人们所重的是明经、进士两科，明清则只剩下进士一科。历代王朝以诗赋、经义、策论取士，明清更以八股文取士，把读书人引导上只在一些不切实用的虚文上下功夫的歧途，而对作为行政官员所需要的各种学问反而弃置不讲。科举制度的弊病之二是考试方法呆板。如帖经法迫使人们去死记硬背繁多的经典，帖诗法迫使人们去死守酒绿对灯红的排律格式，策论成了千篇一律的陈词滥调，而最糟糕的是明清时期考经义用的八股文。八股文有一套僵死刻板的格式，发挥经义必须依照朱熹的《四书集注》，必须"代圣贤立言"，不准有自己的主张。科举制度的弊病之三是程序烦琐，误人青春。如明、清两代读书人要经过县、州、府三级考试才能取得"秀才"资格，然后是赴省"乡试"、进京"会试"，还要通过殿试、朝考，才能获得官职。这些考试，几年举行一次，即使一路连捷上去，最少也得七年，稍有差池，大半辈子的光阴就都要搭进去。真所谓"太宗皇帝真长策，赚得英雄尽白头"。科举制度的弊病之四是形成一个庞大的寄生阶层。读书人很多，而能入选的很少；入选获得做官资格的人很多，而能得到实授官职的很少。读书人的学问是专为应付考试而学的，除了做"敲门砖"之外别无用处。这样，势必形成一个庞大的除了读书外别无所长、除了做官教书外别无所能的知识阶层。在无官可做、无书可教的情况下，他们就只能浮食寄生，家境贫寒者就难免变成"孔乙己式"的人物。

正因为科举制度有上述种种弊病，戊戌变法将其废除是一大进步。但话又说回来，只要内容、方法、程序适宜，用公开竞争、公开考试的方法选用行政官员的方法还是可用的。无论如何，它比察举制要优越得多。

再说分权制。君主集权与各级官吏之间的分权和相互制约是一个问题的两个方面。秦代在中央设"三公九卿"，丞相掌政务、太尉掌兵权、御史大夫管纠察，地方政权也设官分职，各有所司，其要义就是分权于下，集权于上。不过，当时的分权制还很不完善。掌握行政大权的丞相和掌握兵权的太尉、大将军之类，每每成为君权的威胁。地方虽设官分职，但实行的还是一长制，很容易成为分裂割据势力的滋生地。历代王朝为了解决这个问题，想了许多办法。

例如，秦汉时期的丞相总揽行政权，统率群僚，位尊权重。汉代丞相还有权自行征辟僚属，有权封驳诏敕。为了削弱相权，汉武帝重用宫廷内的文武侍从之臣，这些人本来只是皇帝的宿卫、参谋、顾问班子，而非正规的行政机关官员。这样，就形成了外朝官与中朝官对峙的局面，外朝官即由丞相领导的朝廷正规行政机构中的各级官员，中朝官即皇帝的文武侍从之臣。东汉以降，丞相成为虚衔，真正行使宰相职权的是皇帝的文武侍从之臣。如东汉的尚书令，魏晋的中书令、中书监，南北朝的门下省长官侍中，等等。这些职务，本来都不过是皇帝的办公室主任。唐代进而形成中书省决策、门下省审覆、尚书省执行的制度。尚书省下设兵、吏、刑、户、工、礼六部，分管行政事务。但这种方法并没有真正解决问题。行使宰相职权的人一旦大权在握，其职位顿时就会显赫起来，仍然可能构成对君权的威胁。皇帝不断用职卑权轻的侍从官员取代相权的结果，只是导致了宰相名称的不断变化，而不能改变宰相权力过于集中所构成的对君权的威胁。为了彻底解决这个问题，明太祖朱元璋干脆废丞相、废中书省，使尚书省六部及都察院（主管监察、谏议），通政司（主管下情上达），大理寺（主管司法）等直属皇帝，并于各部设尚书一人、侍郎一人，同为各部长官。这一办法的实质是将相权与君权合而为一，其效果是很明显的。明代虽然有"内阁"，其地位类似于过去的宰辅，但却是货真价实的皇帝秘书班子，再也不能构成对君权的威胁。

分权于下、集权于上的方法，不仅被用来解决君权与相权的矛盾，也被用来解决君权与军权的矛盾、中央集权与地方分裂割据的矛盾。朱元璋在废丞相、废中书省的同时，废总管军队的大都督府，军队分由中、左、右、前、后五都督府掌管。后来遂形成皇帝通过枢密院或军机处统率全国军队的体制。枢密院、军机处也和内阁一样，是皇帝的秘书班子，不掌握实权。明代还改变了地方政权机构实行一长制的办法，分设布政使、按察使、提学使等分管民政、财政、司法、教育等事务。不过，这一改革未坚持到底。后来又在这些分权并行的机构之上，设总揽地方军政大权的总督、巡抚之类的职务，从而种下了辛亥革命后军阀混战的祸根。

君主专制权力的威胁，不仅来自掌握行政大权、军事大权的大臣，还来自皇帝内部、来自外戚。有些朝代如唐代往往让皇室成员担任行政或军事首脑，结果往往酿成宫廷政变。明代改变了这种做法，储君和诸子都不担任行政军事职务，藩王无权干预地方行政。明代以前皇室往往与重臣联姻，经常出现外戚与太后勾结专权擅政的局面，明代采取在大臣圈子之外选择皇后、妃子、驸马的办法，外戚只能得到"勋官"，不能掌实权。

为了巩固君主专制中央集权制度，历代王朝还实行了任期制、流动制、异地为官制。如明清时期各级官员任期三年，任满或升或调，不让他们在同一地方同一职位上长期供职，而且官员不得在本省任职。这些做法的实质也是分权制。

封建王朝实行分权于下、集权于上的制度的结果，是把越来越多、越来越大的权力集中在君主一人之手。这防止了野心家、阴谋家对君主的篡弑和地方的分裂割据，而极大地加强了专制君主的独裁。

时至今日，君主专制中央集权制度早已成为历史的陈迹，但这并不等于说它的经验教训在今天已毫无借鉴的价值。历史的经验告诉我们，无论在中央还是在地方，将过多过大的权力集中在一个人手中是不可取的，而简单地分权、放权也不可取，容易形成政出多门、各行其是的局面。

西方资本主义国家典型的政治体制是立法、司法、行政"三权分立"。这个体制脱胎于封建社会后期的君主专制中央集权。在一些国家，"三权分立"坚持较好，而更常见的是行政权力畸形发展，议会成为清谈馆。波拿巴主义、法西斯主义就是借行政权力过于集中而得逞的。

中国古代有历史悠久的监察谏议制度，这种制度是君主专制中央集权制度的重要组成部分。属于监察的机构有御史台、司隶台、都察院等，这些机构的官员，以纠弹中央及地方各级官员为职司，权势很重。如秦代的御史大夫地位仅次于丞相、太尉，为"三公"之一；汉代的御史中丞与司隶校尉、尚书令号称"三独座"，为人所敬惮。监察官员常常被派往地方，按察地方官员。属于谏议的官员有议郎、谏议大夫、拾遗、补阙、司谏、正言等，他们的主要职务是侍从规谏。宋代以降，监察官和谏官合而为一，他们同时都负有监察百官和讽谏君主的双重任务。清代更规定，都察院无长官与属员之分，科道（各道监察御史及给事中）均独立发言。除了建立独立的直接向皇帝负责的监察系统外，历代王朝还重视来自民间的监督。除了设立专门的谏议官员，历代还有"封驳"制度，即对朝廷诏敕认为不当，予以封还或驳正的制度。这些制度，对朝廷政令的推行起了重要作用，对行政官员违法行为也起了相当的抑制作用。监察和谏议制度给了一部分官员乃至臣民对朝廷的大政方针发表不同意见的机会，在一定程度上弥补了君主专制制度的不足。监察谏议制度也是中国人在制度文化方面的一大创造。

中国古代的政治体制，对近现代政治产生了一定的影响。孙中山综合中西政治体制之长，提出了"五权分立"的设想。其中行政、立法、司法"三权分立"取自西方，考试、监察二权取自中国古代。由于这一设想本身存在的问题及其他原因，这一设想没有实现。但孙中山在政治体制建设方面博采中西之长的思路还是应该肯定的。

第八章

中国传统文化的不良倾向

中国传统文化中有两个最大的缺点：一个是缺乏实证科学，一个是缺乏民主传统。

一 领先与落后的反思

中国传统文化是世界文明发展史上的高峰之一，中国曾经在物质文化、精神文化、制度文化、艺术文化诸领域中居于世界领先地位。但是，自 15 世纪以后，中国逐渐落后了，1840 年以后的百余年间，甚至落到了任人欺凌、任人宰割的悲惨境地。这究竟是为什么？许多人对这个问题苦苦思索，提出了种种答案。

历史的进程证明，中国传统文化的问题不仅仅是枝节性的问题。例如，要弥补中国在船坚炮利方面的不足，就要兴办工业，要兴办工业，就要发展资本主义的生产关系，就要变革固有的经济制度和政治制度，要变革旧的经济政治制度，就要变革旧的观念上层建筑。牵一发而动全身，中国传统文化的整个体系都有变革的必要。从洋务运动到五四运动的历史经验，就是如此。于是，有人认为中国"万事不如人"，主张"全盘西化"。他们认为，"全盘西化"也就是世界化、现代化。但是，在帝国主义时代，在随时都有亡国灭种危险的中国，"救亡图存"是中华民族的首要问题。全盘抹杀中国传统文化，也就等于消灭了民族的向心力和凝聚力，等于自己断送了自己的生存。民族的生存尚成问题，更何谈世界化、现代化？

>>> 自15世纪以后，中国逐渐落后了，1840年以后的百余年间，甚至落到了任人欺凌、任人宰割的悲惨境地。图为现代佚名《上海黄浦江开埠图》。

正因为如此，抗日战争一爆发，"全盘西化"的高论就被搁置起来，各党派团体不约而同地都举起了民族文化的旗帜。

为了进一步说明问题，有必要把中国传统文化落后下来的现象放在世界文明发展史的背景上做一番考察。

纵观世界文明发展史，一度领先者衰败下去、原来落后者后来居上的事情屡见不鲜。希腊、罗马的奴隶制文明可谓世界文明发展史上的一个高峰，但后来老大的罗马帝国却软弱地俯伏在日耳曼蛮族的铁蹄之下。中国古代的封建制文明也可谓世界文明发展史上的一个高峰，但在近代却落后了。西方的资本主义文明可谓世界文明发展史上的又一个高峰，但社会主义革命却首先在相对落后的苏联、中国等国及东欧国家取得成功。这种领先与落后的交替不仅发生在各大文明发展阶段更替上，也往往发生在同一文明阶段内部。如在近现代史上，曾经盛极一时的西欧衰落下去，美国代之而起。世界文明发展史上还有一种耐人寻味的现象：一个丧失了活力的文明在没有受到致命冲击的情况下，可以在很长时间内苟延残喘，典型的例子是东罗马帝国。

对于古希腊、罗马文化繁荣和衰落的原因，恩格斯有过精辟的论述：

> 奴隶制被发现了。这种制度很快就在一切已经发展得超过旧的公社的民族中成了占统治地位的生产形式，但是归根到底也成为他们衰落的主要原因之一。只有奴隶制才使农业和工业之间的更大规模的分工成为可能，从而为古代文化的繁荣，即为希腊文化创造了条件。没有奴隶制，就没有希腊国家，就没有希腊的艺术和科学；没有奴隶制，就没有希腊国家，就没有希腊的艺术和科学；没有奴隶制，就没有罗马帝国。[①]

他又说："奴隶制，在它是生产的主要形式的地方，使劳动成为奴

---

① 恩格斯：《反杜林论》，见《马克思恩格斯选集》第3卷，第290—291页。

隶的活动,即成为使自由民丧失体面的事情。这样就封锁了这种生产方式的出路,而另一方面,更加发展的生产受到了奴隶制的限制,迫切要求消灭奴隶制。一切以奴隶制为基础的生产和以这种生产为基础的公社,都是由于这种矛盾而毁灭的。"[1]例如,在罗马帝国后期,"奴隶制已不再有利,因而灭亡了。但是垂死的奴隶制却留下了它那有毒的刺,即鄙视自由人的生产劳动。于是罗马世界便陷入了绝境:奴隶制在经济上已经不可能了,而自由人的劳动却在道德上受鄙视。前者是已经不能成为社会生产的基本形式,后者是还不能成为这种形式。只有一次彻底的革命才能摆脱这种绝境"[2]。

对于日耳曼蛮族征服罗马帝国从而使垂死的欧洲返老还童的现象,恩格斯也有精辟的论述。他指出:"使欧洲返老还童的,并不是他们的特殊的民族特点,而只是他们的野蛮状态,他们的氏族制度而已。"[3]例如,处于野蛮高级阶段、生活在氏族制度下的日耳曼人,他们个人的才能和勇敢、他们对自由的爱好、他们的民主本能从罗马世界的污泥中造就了新的国家,养成了新的民族;他们的母权制遗风改革了一夫一妻制的古代形式;他们的按氏族定居的方式为中世纪农民提供了地方性的团结和抵抗的手段;他们的比较温和的隶属形式(未充分发展的奴隶制)给被奴役者提供了一个使自己作为阶级而逐渐获得解放的手段。

从恩格斯的这些论述中,可以得到很多方法论上的启迪。

第一,繁荣和衰落的辩证法。

恩格斯指出,古希腊、罗马文化的高度繁荣和衰落的原因是:奴隶制的充分发达,更严格地说,是同一个事物的双重效应。这里特别值得注意的是"充分发达"四个字。没有奴隶制的"充分发达",就没有农业和工业之间更大规模的分工,就没有古希腊、罗马文化的繁荣;没有

---

[1] 恩格斯:《〈反杜林论〉材料》,见《马克思恩格斯全集》第20卷,第676页。
[2] 恩格斯:《家庭、私有制和国家的起源》,见《马克思恩格斯选集》第4卷,第146—147页。
[3] 同上书,第152页。

奴隶制的"充分发达"，也不会使劳动成为奴隶的活动，不会形成鄙视劳动的社会风气，不会在奴隶制丧失活力之后使社会陷入绝境。恩格斯这里具体论述的是奴隶制文明，但不乏普遍的指导意义。迄今为止，除了方兴未艾的社会主义文明外，其他文明都是建立在剥削制度基础上的文明。这些文明的成就和弊病也是如影随形，相互伴随的。它们的成就越高，随之而来的问题也越大，发展越充分，越显得积重难返。这就从原则上说明了，差不多所有高度发达的文明都不免于衰落。同时也告诉人们，摆脱绝境的出路在于彻底改造，但这种彻底改造并不意味着全盘否定旧文化的一切成果，相反是要通过对旧文化的改造而挽救其中的积极成果。

第二，领先与落后的辩证法。

征服了罗马帝国的日耳曼蛮族，其文化显然落后于古希腊人和古罗马人。罗马帝国已进入奴隶制的末期，而日耳曼人还刚刚踏上文明的门槛。但先进和落后是相对的。罗马帝国因为奴隶制文明烂熟而垂死，日耳曼人则因其野蛮状态和氏族制度而血气方刚。这样，落后的日耳曼人一旦吸取了罗马文明的先进成果（当时主要是生产力），就后来居上。这里面表现出来的领先与落后的辩证法，对解释世界文明史上文明中心不断转移的现象也有普遍意义。这也告诉人们，对于一种因过时而衰落的文明，要坚持分析的态度，不可全盘否定。

应当指出，中国近代落后的原因，主要在于秦汉以来不断巩固和加强的封建专制主义，包括政治上的君主专制中央集权和文化专制主义。中国传统文化的种种缺陷和消极因素，有些是专制主义的产物，有些则借专制主义而大行其道；中国传统文化的种种优点和积极因素，有的遭到专制主义的扼杀，有的则受到压抑，得不到发扬光大。

二 中国传统文化的两大缺陷

中国传统文化中有两个最大的缺点：一个是缺乏实证科学，一个是缺乏民主传统。

中国的科学技术曾经长期处于世界领先地位，中国的科学技才发明传入欧洲后曾起到开近代文明先河的重大作用。但是，在中国却没有产生出自己的哥白尼、伽利略、培根，没有产生出近代实证自然科学。这是一个很大的矛盾，其中原因颇值得深刻反省。

对于为什么中国没有产生近代实证自然科学这个问题，人们进行了许多研究，提出了各种各样的看法。这些看法，大体上可归纳为几种类型：一种是"非不能也，是不为也"；一种是"非不为也，是不能也"；一种是亦非不能，亦非不为，而是不得为、不准为；最后一种则是上述各种答案的综合。

应当承认，在中国传统文化中，确实存在对科学技术不屑为之的问题。中国古代思想家有一种过于狭隘的实用观点，对于与安邦治国、国计民生关系不密切、不明显的纯理论、纯知识缺乏热情，如荀子就讲"无用之辩，不急之察，弃而不治"。同时，他们还认为，技艺是小人的事业，为君子所不齿。如《礼记·王制》说："凡执技以事上者"，"不与士齿"，"作淫声、异服、奇技、奇器以疑众，杀"。前者对各种实用科学(如天文历算、农学、医学等)向近代实证自然科学的发展是一个不利因素，后者则对科学与技术的结合产生了不利影响。但对这一点也不能过于夸大。在先秦，中国也有过不鄙薄科学技术的学派和思想家，如墨家、名家。它们的不幸中绝是不能仅仅用别派思想家的反对来说明的。秦汉以降，包括儒家在内的各派哲学家为了建立学贯天人的哲学体系，对自然科学问题也进行了相当多的研究，有些人颇有建树。至于技艺受士人鄙视，更不足以阻碍近代自然科学的产生。在西方，直到17—18世纪，从事技术发明的主要还是能工巧匠，而非科学家。

应当承认，在中国传统文化中，确实存在使近代实证科学难以产生的因素。从思维方式看，中国古代思想家重整体轻分析、重直觉轻知解、重关系轻实体、重实用轻理论。这对于以分析、知解、实体和公理化体系为特点的近代自然科学的产生是很不利的。从自然观看，中国古代特别强调"天地一体""变化日新"，它的许多结论与支配近代自然科学的"力学自然观"格格不入，而与现代自然科学则相吻合。如果自然科学的发展一定要走西方那样一条道路（在这个问题上学术界尚有争议），那这种自然观对实证自然科学的产生也很不利。从自然科学看，西方古代最早发展起来的是天文学、数学（几何学）、力学，而中国古代最先发展起来的是天文学、数学（代数学）、电磁学。几何学与力学的不发达，对于牛顿式的近代自然科学的产生也相当不利。这些都可谓"非不为也，是不能也"的因素。但对这些因素也不能过分夸大。一方面，人们的思维方式是可以随着所研究的问题的变化而变化的。清代学者在整理古代文献典籍时，就发展了一种崭新的方法。按胡适的见解，这种方法和同时期西方科学家所使用的方法是一样的，只是因为所面对的材料不同，结果也大不相同。①

另一方面，按照李约瑟的观点，自然科学发展的道路不见得只有一条，只要中国的社会条件允许，中国是可能根据自己在自然观和自然科学方面的特长独辟蹊径的。他说："中国人在这方面（指磁学——译者）是如此的领先于西方人，以至于我们差不多可以冒险猜测：如果社会条件有利于现代科学的发展，中国人可能已经首先通过磁学和电学的研究，先期转到场物理，而不必通过撞球式的阶段了。假如文艺复兴发生在中

---

① 参见胡适：《治学的方法与材料》，见《胡适文存》第3集，第2卷。

国而不是欧洲，整个发明的次序也许会完全不同。"①

我们觉得，中国没有产生近代实证科学的根本原因，在于封建专制主义的经济政策和文化政策。

中国封建社会后期与西方封建社会后期实行的都是君主专制中央集权制度，但二者有本质区别。西方封建社会后期的君主专制中央集权，是王权在市民阶级的支持下削平封建贵族割据势力后建立起来的，是市民阶级与贵族阶级势均力敌、相持不下的产物。这种制度对资本主义工商业由萌芽到羽毛丰满起了重要作用。它消灭了国内关卡林立的现象，保证了国内市场的建立；它用暴力剥夺农民，加速了生产资料与劳动者分离的资本原始积累过程；它奉行对外扩张政策，开辟海外殖民地；它推行重商主义经济政策，在国内扶植工商业，在海外用武力保护商人，如此等等。尽管它也有保护没落的封建生产关系、压迫资本主义工商业的一面，以致市民阶级与王权的联盟最后破裂，导致革命，但它在一段时间内曾成为资本主义工商业发展的政治形式则是不可否认的。中国的情况则大不相同。中国的君主专制中央集权的社会基础是分散孤立经营自给自足自然经济的小农，它的阶级基础是地主阶级。由于秦汉以来上千年的经营，它的科举制度、职官制度和监察谏议制度十分严密、完备，有利于它的社会意识形态根深蒂固，除了大规模的农民起义和外族入侵，什么力量都无法动摇它。同时，这架国家机器又高度腐败、机构庞大、吏治败坏，从皇帝到各级官吏，竞相奢靡，在一定程度上变成了一架唯以榨取社会财富为能事的机器。它所推行的经济政策，严重阻抑了资本主义工商业的发展，使得自然科学失去了社会对技术的需要这一根本动力，而它所推行的文化政策，又使得自然科学在向近代形态发展的关键时刻失去了知识分子的参与，因而使这一发展成为不可能。

中国有素称发达的农业和手工业，宋元明清时期，随着人身依附的日渐松弛和大量无地农民涌入城市，工商业有了长足的进步。随着工商

---

① *Science and Civilization in China*, Vol.4, Sect 2, p.1.

>>> 中国有素称发达的农业和手工业,宋元明清时期,随着人身依附的日渐松弛和大量无地农民涌入城市,工商业有了长足的进步。图为清代佚名《渝城图》(局部)。

业的发展，官办工商业和行会工商业之外的自由商人（"市人"）集团形成并逐步壮大，资本主义生产关系也在萌芽生长。中国是一个幅员辽阔的统一的大国，国内市场很大。如早在明代，就出现了西北人民不纺织，衣料棉布全靠外地输入，南方妇女不缝纫，衣物仰赖裁缝的情况。中国资源富饶、手工业技术先进，拥有在国际市场上久负盛名的抢手产品，如丝绸、瓷器、茶叶、铁器、铜器、棉布，等等。中国有漫长的海岸线，有许多良港，沿海一带有悠久的海外贸易传统，在明代，中国的航海业支配了西太平洋和印度洋，直到英国产业革命前，中国的造船技术和海船载重量，一直是世界最先进的。由于对外贸易的发展，清代乾隆时期的福建、广东沿海已成"望海谋生十居五之"之势。这一切都表明，中国发展资本主义工商业的自然条件和一般社会条件是存在的。但是，封建专制主义的淫威却把资本主义工商业发展的大好时机断送了。

封建专制主义对工商业的压抑摧残是多方面的。其一，重税盘剥。统一的国家本应有统一的市场，但宋元明清时期的中国国内却到处关卡林立，过一个关卡要交一次税。如明代长江上顺流而下的货船，一天要交五六次税，仪真与京口一江之隔，不过一二里地，却有两道税卡。这种关卡林立、重征叠税的局面，对于商品经济的发展是严重的障碍。从宋到明清，工商税税率不断提高，宋代过税值百抽二、住税值百抽三，至清代商品交易税竟高达百分之十到二十。在一些时期如明代后期，工商税简直成了一种对工商业的毁灭性掠夺。赵翼在《廿二史札记》中形容明朝后期的情形，是"矿、税两监遍天下……所至肆虐，民不聊生，随地激变"。其二，官商垄断。官营工商业和以官绅为背景的富商大贾本是中国封建经济的重要组成部分，他们享有免税特权，且可以利用行政手段对工商业进行垄断性经营。宋元明清时期，官营工商业也有很大发展，成为对市民阶级及资本主义工商业的重要抑制因素。其三，行政性的禁堵。如禁止海外贸易。明穆宗到神宗时期因倭寇骚扰禁了一次。清代更进而实行闭关锁国政策，致使福建、广东等沿海城市"百货不通，民生日蹙"。

又如禁止人民开矿，此为清代一项国策。除此之外，清政府还禁止铁器、铜器、白铅、丝等出口，限制手工工场经营规模（如织机不准超过100张）等。在这些政策的压迫下，中国的资本主义工商业和商品经济几起几伏，屡遭挫折，一直没有能够发展起来。

应当指出，封建后期压抑工商业的经济政策是封建专制主义腐败、愚蠢、短视和卑鄙的产物。宋、明以来的封建政府，是大地主、大官僚的政府。宋代官僚地主占有百分之七十的土地，且享有免税特权。为了维持庞大的国家机器，统治者遂把重税加到工商业和余下的百分之三十土地上。明代皇庄官田遍天下，豪门世族又将赋税负担"飞洒"到农民和中小地主土地上，造成农村经济崩溃，国家财政陷入严重困难。明廷不思改革，却对工商业进行毁灭性的重税盘剥。这就表明，封建专制主义对工商业的压迫是其本身腐败的产物。封建社会后期的统治者既腐败，又愚蠢、短视。例如，明朝仅仅为了防止坏人与倭寇勾结，不惜禁止人民从事海外贸易；清政府为了防止人民与海外华侨联合抗清，不惜禁止华商出海贸易；为了防止"聚人生事"，不惜严禁人民开矿。这些措施，可谓愚蠢、短视，权衡失当，因小失大。历代王朝的工商政策，虽然受重农抑商传统观念的影响，但清醒地意识到市民阶级的兴起对封建统治的威胁而有意识地摧残工商业的，只有清朝。清朝统治者从明朝后期市民抗暴斗争和明清之际东南沿海城市抗清斗争中看到了这个新兴阶级的力量，因而采取了一系列反动政策。例如清政府在税收方面，不像明代那样一味盘剥，而有明显的政策性，不同的商品有不同的税率。房屋田产红契税只收百分之三，而商税从百分之五到二十不等，矿税更高达百分之二三十。

恩格斯指出："如果……技术在很大程度上依赖于科学状况，那么科学状况却在更大程度上依赖于技术的状况和需要。社会一旦有技术上的需要，则这种需要就会比十所大学更能把科学推向前进。"①

---

① 《恩格斯致符·博尔吉乌斯（1894年1月25日）》，见《马克思恩格斯选集》第4卷，第505页。

马克思指出，机器在17世纪的出现和应用为当时的大数学家创立现代力学提供了实际的支点和刺激。中国因为封建专制主义的重压，工商业没有充分发展起来，没有出现机器生产，这应该是近代自然科学没有能够产生的主要原因。而科学的不发达，又使产业革命成为不可能。这样就陷入了工业和科学都发展不起来的恶性循环。

从古代到近代，技术的发展并不需要知识分子参与，但是，科学特别是近代科学的产生和发展都离不开知识分子。然而，中国古代的文化专制主义却把绝大多数知识分子与科学隔绝开来。这也是中国未能产生近代自然科学的主要原因。

中国的文化专制主义的表现之一是汉代的"罢黜百家、独尊儒术"及其具体措施——学官制度。汉代"独尊儒术"的目的很明显，就是要贯彻"《春秋》大一统"的原则，消除"百家殊方"的情况，使"民知所从"，亦即统一人民的思想。对于"罢黜百家、独尊儒术"，应当进行历史的分析。在当时尊崇孔子，提倡孔学，是可以的，但也不必对百家采取排斥的态度。

古往今来，任何一个国家、一个阶级、一个政党，都需要一种占主导地位的思想意识形态，对于危害其统治的思想意识形态，也不可能不进行斗争。但一个民族、一个国家的生机活力，也有赖于多种思想、学术的自由竞争。汉代统治者用行政的力量强行禁止其他一切思想意识形态，这就成了文化专制主义。"独尊儒术"的具体措施是学官制度。汉武帝设置五经博士，《汉书·儒林传》说："自武帝立五经博士，开弟子员，设科射策，劝以官禄，讫于元始，百有余年，传业者寖盛，支叶蕃滋，一经说至百余万言，大师众至千余人，盖禄利之路然也。初，《书》唯有欧阳，《礼》后，《易》杨，《春秋》公羊而已。至孝宣世，复立《大小夏侯尚书》《大小戴礼》《施》《孟》《梁丘易》《穀梁春秋》。至元帝世，复立《京氏易》，平帝时又立《左氏春秋》《毛诗》、逸《礼》、古文《尚书》，所以网罗遗失，兼而存之，是在其中矣。"学官越立越多，但都限于经学，以利禄诱人，使士子治学大都倾向于经学一途。其他学问，如天文、算学、地理、水利、农学等，都不能立于学官。

汉代"罢黜百家，独尊儒术"是中国文化史上的一件大事。它结束了先秦百家争鸣、学术高度繁荣的局面，结束了中国传统文化向各种不同方向发展的可能性，规定了中国文化发展的方向，规定了以儒家思想、儒家文化为主导的文化格局。"独尊儒术"的一个明显的消极后果是名、墨之学中绝不传，中国因此而丧失了一个把逻辑、数学、科学技术结合在一起的比较注重自然科学理论的学术传统，使中国传统文化的发展呈现了畸形。独尊儒术的思想支配了汉以后整个封建社会，特别是中国封建社会的后期。例如清代学者把绝大部分精力用在经典文献的整理研究上，而没有放在对自然的研究上，与开一代学风的顾炎武所倡导的"经学即理学"就有很大关系。而这种学风，正好兴起于西方产生布鲁诺、伽利略、牛顿的同时，中国于是失去了产生近代自然科学的良机。

文化专制主义的表现之二是：封建国家对儒家"道统说"的官方支持。道统说起于唐代的韩愈，至宋、明盛行一时。这种学说企图将儒家学说的发展归结为一线单传式的道统，凡与这个道统不相吻合的儒家别派受到冷落、排斥。对于这一种思潮，我们也应作历史的分析。战国时期，儒分为八，汉代公羊学派和谶纬之学盛行一时，隋唐又有不少人主张儒佛道三教混融，使儒学出现肤浅、芜杂的局面，影响了儒学的地位和作用。唐宋儒家学者在复兴儒学的斗争中提倡道统之说，对提高儒学的理论思维水平、整顿儒学阵营起了一定的积极作用。但是，"道统说"又是有褊狭的宗派主义性质，它把在儒学史上许多起过重要作用的思想流派如荀子、汉儒、隋唐儒者排斥在正统以外，使儒学的发展更趋于褊狭。"道统说"在宋代受到不少儒者的批评和抵制。如果它只是一部分儒者的一家之言，还不至于产生太恶劣的影响。但元明清时期，封建统治者都公开出面支持"道统说"，其具体表现就是把符合儒家道统的思想家的牌位送进孔庙，同时规定士子们在科举考试发挥经义时，必须以朱熹的《四书集注》为标准。这就使"道统说"成为文化专制主义的重要工具，起

>>> 明末清初的学者不仅重视对现实政治问题和最近的历史的研究,如黄宗羲的《明夷待访录》、顾炎武的《日知录》,对自然科学也表现出相当大的兴趣。图为当代杨参军、卢家华、郑泓《明末清初三大思想家》。

了束缚思想、限制学术自由的恶劣作用。

文化专制主义的表现之三是：以八股取士的科举制度。唐宋实行科举制度，有其合理、进步的一面，但其考试内容、考试方法、考试程序很不合理。唐宋以辞赋或经义取士，明清更以八股取士，使广大知识分子耗精疲神于无用的虚文，阻碍了文化进步的道路。在这种制度下，自然科学的发展受到严重的影响，如李时珍的科学巨著《本草纲目》献给朝廷，明神宗批了"书留览，礼部知道"便束之高阁，宋应星的科学巨著《天工开物》命运更惨，刊出后无人问津，如果不是在国外的图书馆中还保存着，今天的人们将无从知道此书。

文化专制主义的表现之四是：文字狱。从明代后期开始，学术界开始厌倦关于心性的抽象思辨，而转向用实事求是的方法从事客观的考察。明亡之后，学者们痛定思痛，深刻反省明代学术的空疏无实，热衷于经世致用之学的研究。明末清初的学者不仅重视对现实政治问题和最近的历史的研究(如黄宗羲的《明夷待访录》、顾炎武的《日知录》)，对自然科学也表现出相当大的兴趣。方以智、徐霞客、宋应星、徐光启、李之藻、王锡阐、梅文鼎等都是这一时期涌现出来的科学家。但雍正、乾隆之后，学风却为之一变。除仍有一些学者注意研究自然科学外，多数学者都钻到故纸堆中去了。这种变化最主要的原因，是康熙、雍正、乾隆特别是雍乾年间的文字狱。清朝统治者寻找这样那样的借口，对知识分子大肆迫害。顺治十八年"江南奏销案"一案，株连一千三百余人，江浙缙绅之家无一获免。乾隆三十九年至四十七年，烧书二十四回，烧书一万三千八百六十二多部。在这种高压政策下，学者们动辄得咎，只好一头钻进故纸堆中去。

文化专制主义的表现之五是：文化上的闭关锁国政策。从明万历年间到清康熙年间，随着天主教传教士的东来，出现了中西文化交流的热潮，大批西方科学学术著作被翻译出来，著名的如《几何原本》等。康熙皇帝是清初诸帝中思想比较开明的人物，他通过南怀仁致信西方耶稣会士：

"凡擅长天文学、光学、静力学、动力学等物质科学之耶稣会士，中国无不欢迎"，又专命白晋为"钦差"赴法国延揽科学家来华。他还请传教士进宫，为他讲授几何、测量、代数、天文、物理、乐理及解剖学知识，使宫廷一度成为引进西学的中心。但好景不长，康熙四十六年(1707)，因罗马教皇的"1704年教令"，清廷将教皇派来的公使送到澳门监禁，雍正元年更进而尽逐西方传教士。封建专制主义这种闭关锁国的愚蠢政策，使中国学术界接触西方文化的机会中断了一百多年。

中国传统文化中为什么没有民主传统？这也是一个值得深思的问题。

对于这个问题，梁启超、梁漱溟曾做过一些研究。梁启超的结论是：中国有族民而无市民，有乡自治而无市自治；西洋人之市自治为其政治能力之滥觞，而中国人之乡自治为其政治能力之炀灶。梁漱溟对此很赞赏并加以发挥，他认为："根本上中国是无数家族借伦理联锁以成之社会，纵然增加武力成分，亦还变不成阶级统治之地缘国家。它借礼教维系一消极相安之局，就在这一瞬间，一面有几分民主，一面却断送了政治。……归结来说：中国不是缺乏民主，乃是缺乏集团生活，缺乏政治和法律。"①

应当承认，中国封建社会中宗族制度的大量存在确实是民主制度的一个阻抑因素。同时也不可否认，西方中世纪中后期逐渐成长起来的市民自治制度对日后民主政体的形成起了很大的作用。但是，梁启超、梁漱溟对宗族制度在中国封建社会的重要性过于夸大了。照他们的观点，中国还没有形成阶级，没有形成按地域划分治下居民的国家，这显然是偏见。实际上，在中国封建社会中，宗族的势力只在基层，整个国家还是按地域划分治下居民的，而且农村的宗族组织也很难说是族民的自治组织，在更大程度上它是地主阶级统治农民的方式，是政权的一种补充形式。另外，把中国民主制度之不见归结为无市民自治或无集团生活，也未能穷究本原。市自治是西方民主政体的初级形式，而且这种形式最初也是仿照农村中的马尔克公社制度建立起来的。人们可以追问，为什

---

① 梁漱溟：《中国文化要义》，上海：学林出版社1987年版，第253页。

么在西方，仿照马尔克公社（它的前身是氏族公社）建立起来的市自治可以发展为近代民主政体，而中国则不行呢？

问题的关键仍在于中国封建社会的畸形发展。为了说明这一点，先来看一下西方的情况。

在西方古代，政体演变的一般轨迹是氏族贵族制——公民民主共和制（公民由奴隶主和享有公民权的自由民组成）——寡头制或君主专制。古希腊奴隶制充分发达的最后结果是使希腊全国软弱地臣服于马其顿帝国，古罗马奴隶制充分发达的最后结果是罗马帝国取代了罗马共和国。古希腊和古罗马的奴隶制城邦国家都是在部落联盟的基础上进一步演变发展起来的，它们的民主共和政体由原始社会后期的军事民主制发展而来。在这些国家中，由全体公民组成的军队是国家的支柱，而这种军事制度同时也是公民民主政体的支柱。但是，随着奴隶制的充分发展，自由民的土地财产被兼并，自由民的劳动被奴隶取代，到后来他们在军队中的位置也被雇佣兵取代。公民民主政体的社会基础被奴隶制的充分发展掏空了，公民民主政体也随之坍台。那些掌握军队的人逐渐演变为专制君主，他们不仅把自由民踩在脚下，甚至也把奴隶主踩在脚下。帝制成了奴隶主政权垂死没落的一种形式。帝国的统治日益摧毁着各个阶级、各个民族的民主本能和爱好自由的天性，摧残着社会本身的发展力、抵抗力和创造力，并使生产力萎缩下去。

在西方中世纪，政体演变的一般轨迹是君主专制中央集权制——封建贵族分裂割据——君主专制中央集权制，这种君主专制中央集权制崩溃后，代之而起的是近代的民主政体。早期的君主专制中央集权制是建立在日耳曼自由民义务兵役制的基础上的，随着自由民向农奴的演化，这种政体崩溃了，被拥有大量土地和依附农民的封建贵族的分裂割据肢解了。但日耳曼人乡村自治的传统并没有被完全摧毁。随着生产力的发展，不少农奴逃亡到关津要道从事手工业和商业，并仿照马尔克公社制度建立了城市自治制度。这些城市先是通过武装斗争或金钱赎买的形式从贵族的统治下解放出来，获得城市自治权，继而与王权结成联盟扫平封建贵族割据，重建君主专制中央集权的民族国家。在这种国家中，市民阶级的地位虽然很卑微，但并非完全无权。特别是他们手捏钱袋，专制君主要养兵打仗，不能不仰赖他们。这样，市民阶级就有可能利用议会与王权相对抗，并在打倒了王权之后能够建立起代议制的民主政体。

历史表明，西方近代民主政体的建立，有些得天独厚的条件，如分裂割据的局面给了市民阶级在缝隙中生长起来的机会，如封建统治并没有把社会底层的民主自由传统摧残殆尽，君主专制中央集权国家不能完全无视市民阶级在割据时代通过斗争已经取得的政治权力，最重要的是，资本主义生产关系、资本主义工商业趁此良机迅速发展起来，使得资产阶级在取得政权以前即已成长为头号经济巨人。而这一切，可以说都是封建制度发展并不充分所赐。此外，在资产阶级革命过程中，古希腊、罗马在民主共和方面的思想、制度也起了重要作用，它为资产阶级的斗士们提供了理想、艺术形式和幻想。

中国的情况与西方很不相同。中国古代封建制度得到了最充分的发展，系统的惯性显得特别大，走向民主的道路也格外艰难漫长。首先，秦汉建立起来的君主专制中央集权制度虽在魏晋南北朝时期因门阀世族控制大量土地和农民而一度削弱，但北魏以后，封建国家又利用均田制夺回了相当多的土地和农民的控制权，从而使君主专制中央集权得到进一步的巩固和加强。封建经济的高度发达还使许多王朝得以用货币的形式征收赋税并以货币支付官吏和军队的俸禄薪饷，可以在兵农合一的府兵制瓦解后维持一支雇佣兵。雄厚的经济基础为维持一个庞大的国家机器提供了物质基础。"纵是深山更深处，也应无计避征徭。"这样，中国就没有一块可以让市民自治政体生长起来的空隙之地。其次，在中国，封建君主专制中央集权所仰仗的两支力量——军队、法庭、官僚机构等物质力量和哲学、宗教、伦理道德等精神力量是高度统一的。这对民主力量的形成和发展也很不利。这种统一主要体现在士大夫阶层身上。士大夫一方面是国家机器的骨干，另一方面也是封建意识形态的执掌者，在乡村，他们作为乡绅还控制着基层政权组织、宗族组织和各种文化教育机构。这就使得封建专制主义显得特别坚强有力。例如，封建社会后期士大夫们提倡的"天理""良心"和封建礼教深入人心的程度是空前的，地方史志中连篇累牍的"烈妇""节妇"之类的名单即其威力的明证。而在西方，王权与教权经常发生摩擦冲突，这也往往给市民阶级的生存发展提供了机会。最后也是最重要的一点：封建专制主义坚强有力的统治和沉重的剥削阻抑了市民阶级经济实力的增长。要而言之，充分发达的封建制度为封建专制主义提供了物质、制度、思想文化各方面的有力支持，阻抑了民主力量的发展。与西方相比，中国还缺乏一个奴隶制民主的榜样可资效法。同时，由于奴隶社会向封建社会的转化没有走野蛮民族征服的道路，中国缺少由此而来的实行民主政体所需要的许多优良素质，这些素质，经过漫长的阶级社会早已被摧残殆尽。

缺乏实证科学和民主传统这两大特点，对于中国传统文化的整体结构和功能有决定性的影响，中国文化在 15 世纪以后逐渐落后，主要表现即在于此。

三 农业社会、封建制度下的"国民积习"

20 世纪 20 年代以来，"国民性"问题是中国文化问题讨论中的热门课题。讨论中国人的"国民性"或"民族品性"的文章著述相当多。从事这方面研讨的,不仅有许多中国人,还有一些外国学者。这个问题甚至还引起了侵略者的注意。抗日战争时期,日寇曾作《支那人心理之研究》,印行成小册子,供侵华士兵和侨民使用。这里只略述几家,以见一斑。

鲁迅以小说、杂文的形式对国民劣根性进行了揭露和鞭挞。例如,《阿Q正传》的立意,就是试图"写出一个现代的我们国人的魂灵来"[①]。他所塑造的阿Q这个文学形象获得了巨大的成功。在鲁迅笔下,这个集懒惰、怯懦、散漫、迟缓、守旧、屈服于旧势力等不良习惯于一身的人物,成了某些中国人的典型写照。

梁漱溟在《中国文化要义》一书中,综合国内外学者的研究,提出中国民族品性方面的十个特点:自私自利、勤俭、爱讲礼貌、和平文弱、知足自得、守旧、马虎、坚忍及残忍、韧性及弹性、圆熟老到。他认为这些特点,大多是由民族文化陶铸而成。

应当承认,国民性问题的提出有重要的历史意义,它对清除中华民族数千年来遗留下的封建主义的恶习起了一定的作用,鲁迅关于改造国民劣根性的观点至今仍值得我们深思。但是,对于所谓国民性必须进行科学的分析。

首先,国民性、劣根性这样的概念不科学。应当指出,国民性不是天生的遗传性,不是中国人的本性,不是"根性",而是在以农业经济为基础的封建社会中形成的不良习惯、陈规陋习。用科学的概念来概括这些现象,那就不应称之为"国民性",而应叫做"国民积习"。这些积习源远流长、根深蒂固,改造起来要费很大的力气,但并非完全不可改变。

其次,对于国民积习形成的原因应做分析。这里有两点值得注意。一是建立在阶级对立基础上的文明所固有的两重性。古希腊、罗马在文化方面的积极建树不可谓不高,但古希腊、罗马文明烂熟之时人们腐朽

[①] 鲁迅:《俄文译本〈阿Q正传〉序》,见《集外集》,北京:人民文学出版社1976年版,第69页。

堕落的情况也令人触目惊心。近现代的西方在文化方面的积极建树也不可谓不高，但那里精神空虚的程度也令人惊异。恩格斯指出，阶级社会取代古代氏族社会是一个伟大的历史进步，但同时也是一种从古代氏族社会的淳朴道德高峰的堕落，或者说，进步是以堕落为代价的。恩格斯的这一观点用来分析中国封建社会的情况也是完全适用的。二是文化体系中不同要素、不同成分对国民积习的不同责任。文明具有两重性，正因为阶级社会中科学、艺术等进步是以剥削和压迫为基础的，所以消极的历史沉淀也随之而增长。这也就是说，不应该把国民积习的账笼统地算到中国传统文化身上，更不能因为有这些国民积习而否定整个中国传统文化。

最后，如果一定要用"根性"这个词，那么还应该强调，所谓"国民性"中既有"劣根性"，也有"良根性"。所谓"良根性"即中华民族的优良传统、优良习惯。中国人民历来就有反暴政、反专制、反侵略的优良传统，这些传统，是历史进步的推进器，是中华民族真正的长城。而且，劣根性与良根性在不同的个人、不同的阶级、不同的党派那里分布是不均匀的。有陶醉于精神胜利法的阿Q，也有清醒冷静地鞭挞精神胜利法的鲁迅；有极力维持一盘散沙局面的官僚军阀，也有为统一富强而奋斗不止的孙中山。这些都是应该注意的。

从20世纪20年代到当代，人们所说的国民劣根性，大都可归为两个方面：一是小农经济养成的不良习惯，如愚昧、守旧、怯懦、盲从、散漫、迟缓、安土重迁，没有时间观念，没有效率观念，等等。二是封建专制主义压迫下形成的不良习惯，例如，讲亲亲，重亲属关系，亲朋之间拉关系的风气；尊官，敬畏官长的风气；家长作风，家长独断一切的风气，等等。这两方面既有联系，又有区别。大体言之，前者主要根源于小农经济，由于封建专制主义而强化；后者主要根源于封建专制主义，由于小农经济而加剧。对于这些国民积习的成因和在现代生活中的危害，需要作一些分析。

愚昧、守旧、盲从、散漫、迟缓、安土重迁等不良习惯在很大程度上是自给自足的小农经济的产物，但是，封建统治者在上下两千年间执行的许多政策对这些不良习惯的养成也负有相当大的责任。春秋战国时期，随着宗法奴隶制的瓦解，自由民特别是其上层——士阶层高度活跃，当时的百家争鸣虽然主要在士阶层中展开，但当时自由民阶级所具有的文化素养、民主精神、革新精神和历史主动性、创造性都是后世的农民、手工业者所远远不及的。例如，在先秦，有以自由民为主体并代表自由民利益的墨家和农家，它们不仅仅是一种学术派别，而且有进行政治斗争所必需的组织。这在秦汉以后的封建社会里是罕见的。又如，韩非子讲到战国后期的情况说："今境内之民皆言治，藏商、管之法者家有之，而国愈贫，言耕者众，执耒者寡也；境内皆言兵，藏孙、吴之书者家有之，而兵愈弱，言战者多，被甲者少也。"[1]此说显然有夸大的成分，在当时生产力水平上，不可能家家藏书、人人论学，但的确也反映出士民中有相当多的人有比较高的文化素养，有读书议政能力，这在秦汉以降的封建社会里也是罕见的。这两种情况——政治上积极性的丧失和文化素养的低落与后来封建专制主义的统治和压迫密切相关。秦代实行韩非"明主之国无书简之文，以法为教；无先王之语，以吏为师"的"愚民"政策；汉武帝"罢黜百家、独尊儒术"，政策虽有改变，愚民的宗旨则始终如一。例如，西汉统治者广求天下遗书，除表彰儒学外，其他书籍都秘藏起来，大臣学者非经批准，不得接触，私泄秘书者，罪至免官。有一则东平思王求诸子及太史公书的故事，非常明显地暴露了汉统治者垄断图书的政治用心。东平思王求诸子及太史公书，皇帝不许。内部商量时大将军王凤提出的理由是："诸子书或反经术，非圣人；或明鬼神，信物怪；太史公书有战国纵横权谲之谋，汉兴之初，谋臣奇策，天官灾异，地形厄塞，皆不宜在诸侯王。"[2]而对东平思王的回答却是：五经圣人所制，万事靡

---

[1] 《韩非子·五蠹》。
[2] 《汉书·宣元六王传》。

>>> 愚昧、守旧、盲从、散漫、迟缓、安土重迁等不良习惯在很大程度上是自给自足的小农经济的产物,但是,封建统治者在上下两千年间执行的许多政策对这些不良习惯的养成也负有相当大的责任。图为明代文徵明《湖舍耕织图》。

不毕载，其他的书皆不足留意。这样的政策不仅把广大人民与文化学术隔绝开来，就连统治核心圈之外的诸侯也不许问津，这就难怪东汉宗教迷信泛滥一时。事实表明，中国民众特别是农民的愚昧、守旧、盲从等，在一定程度上是封建专制主义长期统治的结果。

在中国，亲亲、贵贵之风沦肌浃髓，危害很大。究其原因，封建专制主义的压迫是主要的。例如，"官"这个东西，在春秋战国时期并不是什么很尊贵的东西，当时的人心目中的"贵"，是有国有家的贵族，而以做官为职业的士，都是贫贱者。当时的士人，很看重自己独立的人格，即孟子所说的"天爵""良贵"，而对那些"以富贵骄人"的王公贵族则相当看不起。那时士人的理想，不是做官，而是要当帝王的师友。而当时的贵族王公，为了在激烈的竞争中站稳脚跟，也不得不"礼贤下士"。但是，随着君主专制中央集权制度的发展，官僚的地位也越来越高。魏晋南北朝隋唐时期，祖先官位的大小成为门阀世族门第高低的标志，祖先无官位的寒门庶族备受轻贱。宋元明清时期，统治者千方百计用科举制和高官厚禄收买来自社会各方面的人才。"书中自有黄金屋，书中自有颜如玉"，"万般皆下品，唯有读书高"，贵贵尊官的风气进一步深入社会各阶层。

要而言之，中华民族在长期的农业经济和封建专制主义压迫下长期形成的"国民积习"，是一种封建时代文明的老年综合征。看不到这种老年综合征对中华民族复兴的巨大危害性是不对的，但因为有这些老年综合征而对中国传统文化持全盘否定的态度，并因此对中华民族的光明前途丧失信心，也是不对的。一百多年的历史证明，中华民族虽然由于封建制度充分发达而一度陷入衰败，但并没有像罗马人那样达到不可救药的地步。中华民族仍充满活力，仍然有光复旧物、自立于世界民族之林的能力。

四 俗文化中的迷信成分和庸俗心习

对于俗文化的全面分析及其在中国传统文化系统中地位的说明，已经在第四章给出，这里只分析俗文化中的消极因素。中国古代俗文化中的消极因素是各种各样的，但为害最大的有两方面：其一是宗教迷信，其二是以庸俗价值观为核心的处世之术。

在中国古代俗文化中，宗教迷信占有极大的势力。如果说在中国的士文化中，无神论思想占了上风，那么在俗文化中则是宗教迷信占了统治地位。中国古代的宗教各种各样。有土生土长的，如以皇天上帝为崇拜对象的原始宗教，它虽经春秋战国时期无神论思潮的冲击而支离破碎，但在俗众中仍有一定势力；又如道教。也有许多外来的，如佛教、基督教(唐之景教、元之也里可温教)、伊斯兰教、犹太教、祆教、摩尼教(及由其演变而来的明教)，等等。中国古代的迷信五花八门，如祖先崇拜、鬼神崇拜、星命、相术、拆字、起课、风水、炼金术、房中术，等等。宗教迷信在广大劳动者中影响之大，可从历代农民起义中有许多以宗教为旗帜(大的如黄巾起义、太平天国)看出，也可从许多民间结社以宗教迷信(所谓会道门)为依托看出。宗教迷信对统治阶级也有很大影响。"南朝四百八十寺，多少楼台烟雨中"，遍布全国的宫观寺庙、石窟摩崖，没有来自统治阶级方面的大量钱财资助是搞不起来的。宗教迷信甚至对士大夫也有很大的浸润力。宋代唯物主义哲学家张载说："自其说(指佛教——引者注)炽传中国，儒者未容窥圣学门墙，已为引取，沦胥其间，指为大道。其俗达之天下，致善恶、知愚、男女、臧获，人人著信。使英才间气，生则溺耳目恬习之事，长则师世儒宗尚之言，遂冥然被驱……自古诐淫邪遁之词，翕然并兴，一出于佛氏之门者千五百年，自非独立

>>> 遍布全国的宫观寺庙、石窟摩崖，没有来自统治阶级方面的大量钱财资助是搞不起来的。图为清代管念慈《热河行宫全图》。

不惧,精一自信,有大过人之才,何以正立其间,与之较是非、计得失!"①由此可见宗教迷信对士大夫队伍浸润之严重。

中国人对宗教信仰的态度,以"无特操"为特色。"无特操"就是兼容并包。死了人,一边请和尚念经"超度",一边请道士作法"升仙",一边请风水先生选择墓地,"事死如事生",把大量钱财埋到地下,供亡灵在地府中享用。中国人心目中的神灵世界,也是混杂着佛教、道教、原始宗教等多种因素的大杂烩。中国人对宗教迷信往往是信而不坚,所谓"平时不烧香,临时抱佛脚","宁可信其有,不可信其无","诚则灵"之类,就是这种态度的写照。这些特点的形成,与历代封建统治者的宗教政策是分不开的。我们既不可无视宗教迷信在俗文化中的巨大影响,又不可夸大它在中国传统文化中的地位和作用。

俗文化中宗教迷信之所以占据着统治地位,一方面固然与广大劳动者悲惨的命运、与阶级社会丑恶严酷的现实及文化科学知识贫乏有关,但另一方面也是历代封建统治者扶植提倡的结果。中国历代封建统治者,有些人本身就深受宗教之害,如秦始皇、汉武帝、梁武帝等,他们利用手中的权力和财富,人为地造成宗教迷信的泛滥;有些人本人并不信什么宗教,但他们看到宗教有"佐教化"即维护封建统治的作用,主张对宗教采取宽容乃至有意扶持的态度。中国古代有许多杰出的唯物主义思想家和无神论者,对各种各样的宗教迷信进行了坚决、深刻的批判揭露,但他们的注意力,首先是放在士大夫和统治者身上,告诫他们宗教迷信对正确地实行统治的危害,而很少主张在民众中也进行反对宗教迷信的宣传教育。荀子说:"日月食而救之,天旱而雩,卜筮然后决大事,非以为得求也,以文之也。故君子以为文,而百姓以为神。以为文则吉,以为神则凶也。"②这种自己不信宗教迷信而从文饰政事、欺骗群众的目的出发,仍保留宗教迷信形式的主张,为后来大多数唯物主义者、无神

---

① 《正蒙·乾称》。
② 《荀子·天论》。

论者所采纳，这反映了古代唯物主义者、无神论者的阶级局限性。

中国古代俗文化中尽管没有系统的哲学理论，但却有许多极其庸俗的处世之道，这种庸俗的处世之道的核心是庸俗的价值观。这些庸俗的处世之道，公然写在诸如《增广贤文》之类的通俗读物中，流传极为深远。

庸俗价值观所追求的人生价值，是富贵、权势、声色、多子之类，要而言之，是不出一己的物质的私利。应当指出，这种庸俗价值观并没有什么一以贯之的理论体系。庸人们所追求的人生价值，虽不出一己的物质的私利，但追求的具体目标又是各个不同的。有人为了富贵而甘冒极大的危险，他们的信条是"人为财死，鸟为食亡"。有人为了纵情声色而不惜促寿伤身，他们的信条是"对酒当歌，人生几何"。有人为了出人头地，心狠手辣，什么坏事都干得出来，他们的信条是"量小非君子，无毒不丈夫"。有人为了保住身家性命，胆小怕事，怕出头露面，怕得罪人，他们的信条是"明哲保身"，如此等等。追求的目标不同，处世之道也不同。

庸俗价值观和处世之道的根源是私有制，是存在剥削和压迫的社会制度。因此，它并不是中国的国粹，而是到处都有的现象。但是，中国古代的庸俗心习特别严重且具有中国特色，这也是实情。例如，梁漱溟所归纳的中国民族品性的十大特点中，有许多是属于中国特有的庸俗心习。如：

（一）自私自利　此指身家念重、不讲公德、一盘散沙、不能合作、缺乏组织能力，对国家及公共团体缺乏责任感，徇私废公及贪私等。

（三）爱讲礼貌　此一面指繁文缛节、虚情客套、重形式、爱面子以至于欺伪；一面亦指宁牺牲实利而要面子，为争一口气而倾家荡产等。

（六）守旧　此指好古薄今、因袭苟安、极少进取冒险精神、安土重迁、一动不如一静等。

（八）坚忍及残忍　残忍指对人或对物缺乏同情；此最为西洋人

所指斥谴责者。坚忍则谓自己能忍耐至甚高之程度。克己、自勉、忍辱、吃亏等皆属于此。

（十）圆熟老到　此盖为中国民族品性之总括的特征，故列以为殿。其含义有：悠悠然不慌不忙、稳健、老成持重、心眼多、有分寸、近情近理、不偏不欹、不露圭角而具有最大之适应性及潜力。①

中国人在为人处世方面的上述特点，其形成原因是各种各样的，其中最主要的，还是封建专制主义和官僚政治长期的压迫和腐蚀。

梁漱溟认为，中国人的一盘散沙是缺乏团体生活的结果，而缺乏团体生活又是因为家族制度特别发达的结果。前者颇有道理，而后者则值得商榷。中国封建专制主义对社会上自然形成的团体生活极为敏感，千方百计予以破坏。例如，汉代和明代曾对士大夫中的政治集团(所谓"党")进行大规模严酷的镇压，朱元璋曾把发表过一些原始民主思想的孟子赶出孔庙，清代的乾隆皇帝严词申斥儒家一向倡导的"以天下为己任"的思想。他说，你以天下为己任，你把我皇帝放在什么地方？你以天下为己任，就是大逆不道。清朝统治者为了避免在士大夫中出现政治集团，还借尹嘉铨一案大作文章，来个釜底抽薪。对此，鲁迅先生有很深刻的分析。尹嘉铨派儿子上奏乾隆皇帝，请许"我朝"名臣汤斌、范文程、李光地、顾八代、张伯行及他自己从祀孔庙，结果惹得乾隆大发雷霆，落了个人头落地的下场。鲁迅分析说："这回的祸机虽然发于他的'不安分'，但大原因，却在既以名儒自居，又请将名臣从祀：这都是大'不可恕'的地方。清朝虽然尊崇朱子，但止于'尊崇'，却不许'学样'，因为一学样，就要讲学，于是而有学说，于是而有门徒，于是而有门户，于是而有门户之争，这就足为'太平盛世'之累。"②封建专制主义者歪曲地利用孔子"君子不党"的名言，对于结党的现象，不问是非邪正，

---

① 梁漱溟：《中国文化要义》，上海：学林出版社1987年版，第22—23页。
② 鲁迅：《且介亭杂文》，北京：人民出版社1973年版，第41页。

概予严禁。封建专制主义还有极其毒辣的一手——"枪打出头鸟",对社会上自然形成的领袖人物予以严惩。这些都是中国古代团体生活发展不起来的根本原因。封建社会的法律中还有很毒辣的一手——株连九族。一人犯法,不仅罪及妻孥,甚至连同族、亲友也都牵连进去。在这种封建专制主义的高压下,社会本身必然缺乏团结力、凝聚力,不能形成紧密的团体生活。一旦出现了权力真空(如民国初年),整个国家就难免陷入一盘散沙的局面。而俗文化中许多处世之道,诸如"莫谈国事","事不关己,高高挂起","人怕出名猪怕壮"之类,正是人们在封建专制主义的高压下长期生活的经验之谈。

在一切存在着贫富差别和身份贵贱的社会里,人们都难免有富贵之心,在社会秩序健康正常的时代,人们尽可以通过光明正大的竞争去求取富贵。在各个王朝创始之际及以后的一段或长或短的时间内,也确实有过这样的局面。但是,封建专制主义和官僚政治本身有一种不可避免的自发地走向腐败的趋势。这一方面是因为金钱权势本身对人的巨大腐蚀作用,另一方面,庞大的掌握着无限权力的专制国家机器得不到来自社会的有效监督。中国古代少则几十年、多则二三百年就要来一次改朝换代,专制国家机器的自发腐败趋势是主要原因之一。随着政治的腐败,各种正当竞争的路被堵死,邪门歪道大行其时,"黄钟弃毁,瓦釜雷鸣",城狐社鼠,窃据要津,整个社会的风气也被搞得混浊不堪。在这种污浊世界中成长起来的人,其品性自然要受到严重的扭曲摧残。猜忌、残忍、虚伪、圆滑、贪私、谄媚、纵欲等恶劣的品性,当然也日积月累。

在中国古代,勇于改革、敢于进取的,历代都不乏其人,守正不阿、反抗流俗的,历代也不乏其人。但是,封建专制主义与官僚政治自发的腐败和保守趋势具有万牛莫挽之力,少数人的努力,即使是这少数人是皇帝(如宋神宗)、宰相(如王安石),也照例不能成功。他们的命运往往十分悲惨。尽管历史的审判最终是公正的,他们的努力迟早会得到肯定,但这种肯定往往要在时过境迁之后。这就难免令英雄气短,一般人更视改革、创新、进取为畏途了。

俗文化中的庸俗心习一方面以封建专制主义、官僚政治为滋生的重要温床,另一方面它又假封建专制主义的虎威肆虐于社会。它像一群白蚁,一次又一次把精心构筑起来的社会结构和国家机器蛀空,使之轰然坍塌。只要封建专制主义和官僚政治这个祸根不除,这种恶性循环也就没有完结之日。

五 传统文化与现代化的冲突

中国传统文化除了有上述种种的缺陷和消极因素外,在价值观念和思维方式方面还存在一些严重偏向。这些严重偏向,在论中国传统哲学的一章中已有分析,概括起来,大体上有四点:第一是重理想而轻效用,这在伦理上表现为重义轻利,在职业观上表现为重农轻商;第二是重协同而轻竞争;第三是重继承而轻创新,孔子自称"述而不作",特别重视传统,社会上更以标新立异为诟病;第四是重直觉而轻知解。这些严重偏向,对中国传统文化的健康发展,特别是向近代形态的发展起了重大的阻碍作用。

经过从1840年来一系列巨大的历史变迁,中国传统文化的体系已经瓦解,新的文化体系已初具规模。但是,由于种种历史原因,对传统文化的清理工作还很不彻底。这一方面表现在对其中积极健康的因素继承发扬得很不够；另一方面表现在对其中消极陈腐的东西批判得很不彻底，它们像梦魇一样，还在纠缠着人们。这些不易甩掉的坏东西，不可避免地要与社会主义现代化建设发生尖锐的冲突。这种冲突主要表现在以下六个方面。

第一，尊官贵长的陈旧传统与民主精神的冲突。辛亥革命结束了封建帝制，确立了民主共和的政体；五四运动请来了"德先生"；中国共产党人领导全国人民经过二十八年艰苦卓绝的斗争，创立了人民民主专政制度。在民主政治的建设方面是有成绩的。但是，尊官贵长的陈旧传统、家长制一言堂的遗风仍然严重地存在，成为民主政治建设中的一大隐患，在一些时候甚至恶性泛滥，使民主政治变成徒有形式的空架子。北伐战争中有所谓"军事北伐、政治南侵"，致使大革命的成果被假民主、真独裁的蒋介石集团窃取了去。新中国建立以后又出现了"文化大革命"，社会主义的民主和法制受到践踏。

第二，庸俗心习与革命理想的冲突。一百多年来的风雷激荡，特别是中国共产党人领导下的艰苦卓绝的斗争，使经清王朝两百多年统治而弥漫举国上下的庸俗心习受到极大的冲击。在20世纪50年代初期，中国人民曾经以一种崭新的精神风貌出现在世界舞台上。可惜的是，由于民主政治的不健全和官僚政治的积习，特别是由于"十年动乱"，庸俗心习又故态复萌。许多人从反面吸取经验教训，将曾经一度成为人生精神支柱的共产主义理想视为空想，转而追求所谓"实惠"，将高度的革命热情、恪守原则的认真态度、忠诚老实的为人处世之道视为迂腐，转而把几千年封建专制主义、官僚政治下形成的庸俗的处世之道拿来应用，这就造成了社会风气不正的严重问题。

第三，因循守旧的陈旧传统与革新精神的冲突。几十年社会主义建设的正反两方面经验证明，不改革没有出路。而改革所遇到的最大障碍，来自因循守旧的陈旧传统。今天人们所守之旧虽不同往昔，但因循守旧的心理却是祖传的。

>>> 辛亥革命结束了封建帝制,确立了民主共和的政体。图为当代油画《武昌起义》。

第四，传统价值观念、思维方式的偏颇与新时代要求的冲突。例如，重理想、轻效用的传统价值观念在社会上仍有相当大的影响。

第五，家庭本位与个性自由的冲突。中国古代的家庭本位重相互的义务而轻个人的权利和自由，这对个性自由是一个严重的障碍。注意家庭成员相互的义务，这本身并没有错，但这义务的内容须随时代的变化而变化。有许多父母仍然认为，只要子女未找到工作、未成家立业，自己的义务就没有尽完，至于教育子女的任务，则似乎只要一息尚存就责无旁贷，而子女乃至社会往往也以此要求父母。这显然是一种过时的观念。权利和义务是密不可分的。一些父母干涉子女的婚姻自由和选择职业的自由，干涉成年子女的生活，与这种义务观也是分不开的。一些子女在就业、成家等事情上过分依赖父母，甚至干涉父母的生活。这种义务观加上家长制遗风，势必严重影响个性自由的发展，从而影响整个民族的素质。

第六，悠闲散漫习惯与重视纪律、效率的冲突。在长期的农业社会里，中国人养成了一种悠闲散漫的习惯，这种习惯，不仅表现在生产活动中，也蔓延到社会生活的各个领域，不仅在农民中严重存在，也感染了社会各阶层。习惯的力量是很强大的。尽管生产和社会生活发生了很大的变化，但悠闲散漫的习惯仍然到处可见。"八点开会九点到，十点开始作报告"；一点小事，议来议去，旷日持久，迟迟不决；纪律松弛，违章作业；浪费时间，不讲效率。如此等等，不一而足。这对现代化是严重的障碍。

第九章

中国文化的论争(上)

中国自古是一个声名文物之邦。在与西方近代文化接触之前，一向是一个文化辐射源，在目力所及的"天下"，还找不到第二个可以与之分庭抗礼的文化中心。这种情况给人们带来了一个很大的错觉：中国是世界的中心，是普天下文化最发达的国家。早在战国时期，这种错觉就统治了人们的思想。赵武灵王为了进行军事改革，带头穿着"胡服"，引起一场轩然大波。保守派的代表公子成说："臣闻之，中国者，聪明睿知之所居也，万物财用之所聚也，贤圣之所教也，仁义之所施也，诗书礼乐之所用也，异敏技艺之所试也，远方之所观赴也，蛮夷之所义行也。"[①]这种华夏中心主义实际上统治了上下两千年中国人的思想。明朝万历、天启年间耶稣会教士东来，向人们展示了一个闻所未闻的陌生世界的一部分文化，华夏中心主义开始受到挑战。关于中国文化的论争，也从此揭开了序幕。

16世纪以来的文化论争，按其演变的线索大体上可分为四个阶段第一阶段是从明万历、天启年间耶稣会传教士的东来到清朝的雍正元年(1723)。第二阶段是从鸦片战争爆发(1840)到五四运动前夕(1919)。第三阶段是从五四运动到中华人民共和国成立。第四阶段则从1981年开始。

16世纪以来的文化论争，各家观点虽纷纭繁杂，但大体上不出四种类型：一是国粹主义的；二是"全盘西化论"；三是在这两个极端之间持调和折中立场的；四是主张发扬民族的主体精神，综合中西文化之长，创造新的中国文化。这四种类型的主张，唯有第四种是正确的。但历来的论者，往往只注意前三种，而无视第四种，甚至于把第四种与第三种混为一谈，这是令人遗憾的。

---

① 《战国策·赵策二》。

一 "会通以求超胜"论

中西文化的直接交流，开始于16世纪末期。其时西方天主教会受宗教改革的打击，地位发生动摇，企图以向海外传教的方式扩大势力，遂有向中国派驻传教士之举。于是，利玛窦、庞迪我、熊三拔、龙华民、邓玉函、阳玛诺、罗雅谷、艾儒略、汤若望等，自万历至天启、崇祯年间(16世纪末、17世纪初)先后来到中国。他们传教的方法很巧妙。他们知道中国人不喜欢极端迷信的宗教，所以专把中国人所最感缺乏的科学知识来做引线。他们的这一手颇有效。当时有许多中国学者如徐光启、李之藻等和他们来往，接受了他们介绍过来的西方自然科学，主要是天文学和数学，有些人还信了基督教。明朝所行的"大统历"，循元代郭守敬"授时历"之旧，错谬很多，万历末年，朱世堉、邢云路先后上疏指出"大统历"的错误，请重修历法。天启、崇祯两朝十几年间，很拿这件事情当一件大事办，经屡次论争，最后决定由徐光启、李之藻主持此事，而请利玛窦、庞迪我、熊三拔等以"客卿"的身份参与其事。这样，西方的天文学和数学就登上了中国文化的大雅之堂。有名的《崇祯历书》就是由徐光启、李天经等与外国传教士罗雅谷、汤若望等合作完成的。

>>> 16世纪末、17世纪初,西方天主教传教士利玛窦等人来到中国,有许多中国学者如徐光启、李之藻等和他们来往。图为徐光启和利玛窦。

从明朝末年开始的中西文化交流，在清朝初年有继续扩大之势。清人入关后，请传教士汤若望主持钦天监，并将明崇祯年间已完成的《崇祯历书》以《西洋新法历书》的名称刊印出来。清初的多尔衮和顺治帝，都热心于吸收西方科学技术，康熙帝更是引进西学的杰出人物，他通过传教士南怀仁并派出专使赴法国招揽科学人才，并特召传教士进宫，为他讲授几何、测量、代数、天文、物理、乐理乃至解剖学知识。但好景不长，公元1704年，罗马教皇颁布教令，勒令在华传教士改变方针，特别是禁止中国教徒礼拜祖宗，引起朝野上下的强烈反对，1707年，教皇派来的公使被送到澳门监禁，雍正元年(1723)进而将在华传教士尽行驱逐。已经进行了百余年的中西文化交流就此中断，这一中断达一百多年之久。

在这次从16世纪末叶开始到18世纪初叶中断的中西文化交流中，在中国学者内部，围绕着历法改革问题进行了长期的论争。这场论争，虽然局限于天文学和数学问题，但论争各方的立场，与后来各阶段论争各方的立场都颇有相似之处。

围绕历法问题进行的争论，简言之，是主张学习吸收西方天文学和数学成果的一派人与主张固守中国传统的一派人之间的争论。但主张学习吸收西方成果的人们在对待中西历算之学的态度上并不完全一致，细分起来有四派：

其一以徐光启、李之藻为代表。他们承认西洋学术有高明之处。例如，徐光启盛赞欧几里得的《几何原本》，以极为忠实的态度译出前六卷。在自序中，他称赞《几何原本》说："由显入微，从疑得信，不用为用，众用所基。真可谓万象之形囿，百家之学海。"李之藻说，利玛窦等传教士带来的物理、几何等科学，"有中国累世发明未晰者"。但他们并不像后来的全盘西化论者那样，盲目崇拜西方学术。徐光启在崇祯四年上疏，提出了"会通以求超胜"的主张。他说："欲求超胜，必须会通。会通之前，先须翻译。……翻译既有端绪，然后令深知法意者参详考定。"①

---

① 《明史·徐光启传》。

这就是说，中国人要超胜西方，必须走会通中西即综合中西之长的道路，而要做到这一点，又必须先将西学忠实地翻译介绍过来。"西法不妨于兼收，诸家务取而参合。"①这就是徐光启、李之藻等人所主张并努力实行的治学态度。

其二以黄宗羲为代表。黄宗羲对中、西、回历法及数学均有研究，写成天文历算著作多种。他信服利玛窦、徐光启的新法，但却认为此法为我国所固有。他曾说："周公商高之术，中原失传而被纂于西人，试按其言以求之，汉阳之田可归也。"这一观点与徐光启、李之藻相异之处，不在天文学、数学这些具体学问上，而在文化观上。徐、李虽未提出明确的文化观点，但从他们盛赞西学的态度看，他们是倾向于文化起源的多元论的。而黄宗羲则明确主张文化起源的一元论，并且认为这个源是中国。这还是华夏中心主义。由于文化观的不同，他们对学习西方学术的理解也不同，徐、李将其视为"会通归一"事业的一部分，而黄宗羲则将其视为光复旧物。

其三以王锡阐、梅文鼎为代表。王、梅是清代天文历算学之泰斗。他们的态度，是前两种态度的调和。王、梅当《崇祯历书》颁布施行之际，对盲目崇拜西法之徒及挟民族偏见排斥攻击新法的守旧派都不以为然，重申了徐光启的主张。王锡阐说："近代西洋新法，大抵与土盘历同原，而书器尤备，测候加精……徐文定(即徐光启——引者注)以为，欲求超胜，必须会通，会通之前，先须翻译，翻译有绪，然后令深知法意者参详考定。其意原欲因西法求进，非尽更成宪也。文定既逝，继其事者仅能终翻译之绪，未遑及会通之法，至矜其师说，龃龉异己，廷议纷纷。……今西法且盛行，向之异议者亦诎而不复争矣。然以西法有验于今可也，如谓不易之法无事求进不可也。"②但他们并没有原原本本地继承徐光启、李之藻的主张，从他们治学的道路可以看出，他们也接受了西方天文历

---

① 《明史·徐光启传》。
② 《历说》一。

算源于中国的思想。如梅文鼎在研讨西域历法的著作中，认为欧罗巴法乃中国周髀遗法流入西方之结果。梅文鼎之孙梅瑴成根据康熙帝关于西方代数学名为阿尔热八达(algebra 意译为"东来法")的提示，经过研究，认为西方的代数学来源于中国的天元术。故梁启超认为，王、梅所企之"会通以求超胜"，其动机中有黄宗羲"汶阳之田可归"的成分。徐光启、李之藻"会通以求超胜"的观点经王、梅重申并修正后，对清代学术界产生了很大影响。

在主张学习西方的人中，除了上述三种态度外，还有一种态度，就是王锡阐所批评的"矜其师说，龃龉异己"。他们将西法视为"不可易之法"，即绝对真理，而抹杀中国的固有历法。这些人人数很多，他们自觉或不自觉地成为耶稣会传教士们所鼓吹的西方文化中心主义的信徒。

与上述几种主张学习西法的人相对立的，是一些固守中国旧法的人，其代表人物有邢云路、魏文魁、冷守忠、杨光先等人。其中邢云路、魏文魁是旧派的天文学家，而冷守忠、杨光先则是腐儒。他们的反对意见，大体上包括两个层次，一是在政治和社会方面，一是在学术方面。他们对西法的反对虽然并非完全没有道理，正如李约瑟指出的那样："耶稣会传教士们自以欧洲当时的科学具有优越性，实际上他们是过分夸大了，并且有许多错误，因此就不能指望不引起强烈的反作用。"[①]但他们在积极的建树方面却实在可怜，如冷守忠竟然建议根据邵雍的《皇极经世》修订历法。他们反对西法，除了反映出他们"拘牵经义、妄生议论"的非科学态度外，还反映出强烈的盲目排外情绪。

在上述五派观点中，最为正确的是徐光启、李之藻一派。他们提出的"会通以求超胜"之论，无论在文化学上还是在天文历算之学上都是很有见地的。在天文历算方面，耶稣会传教士介绍过来的东西总体来说比中国的先进，但也有许多不如中国的东西。据李约瑟的研究，其先进

---

① 李约瑟：《中国科学技术史》第4卷，第2分册，北京：科学出版社1957年版，第1091页。

处有六点：一是预报交食的方法；二是用几何分析法解释行星运动及为运用这种方法所需要的欧几里得几何学；三是几何学在日晷计时、星盘的体视投影以及测量方面的应用；四是地圆说和用经纬线把地球划为若干长方格；五是16世纪的新代数学，许多新的计算方法和计算尺之类的器械；六是仪器制造、刻度、测微螺旋以及诸如此类的欧洲新技术，特别是望远镜。但他们也带来了一些错误的、过时的乃至宗教迷信的东西。一是托勒密—亚里士多德的封闭的地心说，这种学说认为，宇宙是由许多以地球为中心的同心固体水晶球构成的，天有十二重，第十二重为天堂，第十一重为宗动天，地球的中心是地狱。他们不仅热心兜售这种宗教化的宇宙理论，而且以此为依据批评中国的宣夜说和浑天说，后者在理论上显然比托勒密—亚里士多德体系要正确。二是阻挠哥白尼的日心说在中国传播。这种阻挠使得中国人民迟至18世纪末才得以接触到哥白尼学说，这时哥白尼学说问世已两个半世纪。三是在岁差问题上用一种错误的理论，来代替中国人不提出任何理论的谨慎态度。四是他们完全不能了解中国传统天文学的赤道坐标和天极特点，因而把二十八宿和黄道带混淆起来，毫无必要地又引入赤道十二宫。五是把不太令人满意的希腊黄道坐标强加于基本上完全使用赤道坐标的中国天文学。① 很显然，如果按照耶稣会传教士的传授亦步亦趋，中国人不仅会丧失掉自己的许多正确成果，而且会陷入耶稣会传教士布下的迷魂阵，从而丧失迎头赶上真正先进的西方天文学的能力。而只有通过"会通以求超胜"的努力，才有走上近代科学大道的希望。

在上述五派观点中，影响最大、成果最丰的是王、梅一派。

徐、李一派学者实际上的文化多源论本质上是正确的，但在当时的中国却很难得到公认。这一方面是因为华夏中心主义的思想在作祟，另一方面是耶稣会传教士们欧洲中心主义的狂妄态度引起了中国人的反感和反对。而王、梅一派人的可贵之处在于没有因华夏中心主义而陷入情

---

① 参见李约瑟：《中国科学技术史》第4卷，北京：科学出版社1957年版。

绪化。他们以实事求是的态度继承了徐、李"会通以求超胜"的事业，因而取得了成果。

王、梅一派学者治学的方向大体有二。一是发掘整理中国的固有学术成果；二是融合中西，力求超越耶稣会传教士所带来的西方学术。

徐光启虽提出了"会通以求超胜"的主张，但所做的实际工作主要还是翻译介绍西方学术，在会通方面并未作出多大的成绩。其中一个重要原因，是中国传统的历算之学在明代出现了一个巨大的断裂。中国古代的天文学和数学(合称历算)本有很高的成就，宋元两代名家辈出，历算之学发展到鼎盛。可是，进入明代以后却急剧地衰落下来，典籍文献大量散佚，幸而保存下来的也多讹舛不能成读。在"汶阳之田可归"信念的支持下，从梅文鼎开始，展开了发掘整理中国传统天文数学的大规模工作。梅文鼎写成阐明古历法的著述数种，其中《古今历法通考》所按论者凡七十余家，是中国历学史的重要著作。戴震辑校了算经十书。代表宋元天文数学最高成就的秦九韶《数书九章》，李冶《测圆海镜》《益古演段》，朱世杰《四元玉鉴》三家四种书，经戴震、钱大昕等多人的发掘整理，至嘉庆、道光年间也大显于世。这一系列工作对重新阐明中国固有的天文、历算之学并使之汇入近代科学大流，对推进中西学术会通都起了重要的作用。

为了反对耶稣会传教士所宣传的一切科学都起源于西方的思想，并为华夏中心主义作论证，清代学者还努力发掘中国古代科学技术的史料。陈元龙的《格致镜原》(1735)、《子史精华》(1727)等书即这方面的成果。由于思想倾向的偏颇，这些书在史料的诠释方面有一些牵强附会之处，但在重新发现中国固有的科学技术成果方面仍作出了贡献。

从王锡阐开始，王、梅一派学者努力从事"会通以求超胜"的实际工作，取得了一些令人注目的成果。在天文学方面，王锡阐发表了《晓庵新法》，这是熔中西学说于一炉的一种尝试。薛凤祚发表了《天学会通》，这也是一部融合中西天文学的著作。王锡阐在第谷体系基础上，

>>> 中国古代的天文学和数学(合称历算)本有很高的成就，宋元两代名家辈出，历算之学发展到鼎盛。图为清代徐扬《日月合璧五星联珠图》。

自己推导出一组计算行星位置的公式,准确度较前人都高。① 可以说,通过会通,确实达到了"求进"的目的。但由于耶稣会传教士所介绍过来的天文学并不是当时西方最先进的,他们长期隐匿了哥白尼的日心说,所以,这种会通求进的工作总体上只起了"愈来愈摆脱明末清初因耶稣会传教士出现而造成的迷雾"②的作用和使中国天文学"和世界性的天文学合流"③的作用,而没有能够赶上、超过西方。数学方面的情况也大体如此。通过对西方数学的学习、吸收和对明以前中国传统数学的重新发现,至乾隆、道光、咸丰年间,中国数学家在许多领域取得了一系列新成果,但他们靠自己的力量并没有能达到牛顿和莱布尼茨的水平。这种情况,与雍正元年开始的锁国政策有密切关系。

明末清初的中西文化交流是在中国仍保持独立自主地位的情况下进行的。在这种情况下,虽然也出现了盲目排外和盲目崇信西方两个偏向,但正确的或基本正确的态度占据着主流地位。这就雄辩地证明,中国传统文化的本性不是封闭的,而是开放的。由徐光启等倡导并经王锡阐、梅文鼎等人推进的"会通以求超胜"的事业,尽管没有能达到预期目的,但毕竟使中国传统的天文学和数学得到了可观的发展,并融入了世界性的天文学和数学,这一历史经验值得注意。

---

① 参见席泽宗:《试论王锡阐的天文工作》,载《科学史集刊》1963年第6期。
② 李约瑟:《中国科学技术史》第4卷,第2分册,北京:科学出版社1957年版,第690—691页。
③ 同上。

二 "中学为体，西学为用"

"中学为体，西学为用"一语最早见于 1896 年 4 月沈寿康在《万国公报》上发表的《匡时策》中。沈寿康说："夫中西学问，本自互有得失，为华人计，宜以中学为体，西学为用。"同年 8 月，孙家鼐也有相同的提法。他说："应以中学为主，西学为辅；中学为体，西学为用。中学有未备者，以西学补之；中学有失传者，以西学还之。以中学包罗西学，不能以西学凌驾中学。"①两年后，著名的洋务派张之洞在《劝学篇》中按洋务派的观点对"中学为体，西学为用"的思想作了解释、论证。于是，"中学为体，西学为用"的观点似乎成了洋务派的专利品。其实，它是整个 19 世纪后半期的时代思潮，当时的各派知识分子，凡是讲西学、谈时务的人，差不多都赞成此论或受到它的影响。正如梁启超后来回忆所说："'中学为体，西学为用'的口号，为当时维新派的'流行语'"，"而举国以为至言"。②

"中学为体，西学为用"说的渊源，可以追溯到魏源。魏源在《海国图志》一书中提出了"师夷长技以制夷"的主张。其所谓夷之长技，指的是"战舰""火器"和"养兵练兵之法"。不过，他并不认为单凭这些就可以制外夷。在魏源看来，无论是"以夷制夷"还是"师夷长技以制夷"，都不过是"兵机"而非"兵本"，他借用明代人的话说："欲平海上之倭患，先平人心之积患。"也就是说，兵之本还在于人心。

魏源的上述思想，后来被人们沿着两个不同的方向发展。

早期的洋务派认为："中国文物制度，事事远出西人之上，独火器

---

① 孙家鼐：《议复开办京师大学堂折》。
② 参见梁启超：《清代学术概论》，上海：商务印书馆 1923 年版。

万不能及。"(李鸿章语)因此,他们主张向西方学习"船坚炮利",以求"自强"。当然,洋务派也没有愚蠢到认为只要学一点坚船利炮就可以万事大吉。李鸿章说:"顾经国之略,有全体,有偏端,有本有末,如病方亟,不得不治标,非谓培补修养之方,即在是也。"① 这也就是说,他们也承认,欲使中国转危为安、转弱为强,首要工夫还应在文物制度上,至于洋务,只不过是末节,只是"治标"之术。这样,在早期洋务派那里,就有了以中国固有的文物制度及其意识形态为本,以西方的船坚炮利为末的思想。这种思想,以朱孚的一段话最为典型。他说:"今之天下,欲弭外患,非自强不可,人能知之;而自强之要之本,人固不能尽知也。简器、造船、防陆、防海,末也;练兵、选将、丰财、和众,方为末中之本。修政事、革弊法、用才能、崇朴实,本也;正人心、移风俗、新民德、精爱立,方为本中之本。……人心何以正?躬教化、尊名教,其大纲也。风俗何以变?崇师儒、辨学术,其大要也。"② 这段话把所谓本末分成四个层次,很值得注意。

有意思的是,林则徐的学生冯桂芬在略早于李鸿章之前(1861)也提出"以中国之伦常名教为原本,辅以诸国富强之术"③ 的主张。有人认为这是对早期洋务派中体西用说的概括,其实不准确。冯氏并没有像李鸿章那样完全抹杀西方文物制度的长处,相反,他认为中国在这些方面也有不如人处。他认为中国"人无弃材不如夷,地无遗利不如夷,君民不隔不如夷,名实必符不如夷"④,因此,他主张改革科举制度:奖励科学技术人才,扩大绅士的政治权力,准许人民用诗歌表达意见。这已经涉及政治制度方面的一些问题。这表明,冯氏与早期洋务派的观点有同有异,其同在于都主张以伦常名教即以儒家伦理道德为本,而异在对富国强兵之术的理解上。在早期洋务派看来,中国向西方学习,仅限于坚船利炮,

---

① 《同治四年八月初一日奏折》,见《李文忠公全集》奏稿卷九。
② 《复许竹筼书》。
③ 《校邠庐抗议》。
④ 《校邠庐抗议》。

而在冯桂芬看来,富强之术还包括一些政治制度方面的改革。

19世纪70年代,洋务派的思想有了一些变化。他们看到仅仅靠制炮船、练兵将还不足以自强,为了求强,先要求富,提出"寓强于富"的口号,兴办许多军事工业以外的企业。而在这时,从洋务派中也分化出一些早期改良派人物,如王韬、马建忠、薛福成、郑观应等。他们认为,西方之富强,根本在于其经济政治制度。如郑观应说:"乃知其治乱之源,富强之本,不尽在船坚炮利,而在议院上下同心,教养得法。兴学校,广书院,重技艺,别考课,使人尽其才;讲农学,利水道,化瘠土为良田,使地尽其利;造铁路,设电线,薄税敛,保商务,使物畅其流。……育才于学校,论政于议院,君民一体,上下同心……此其体也;轮船、火炮、洋枪、水雷、铁路、电线,此其用也。"① 有些论者认为这里已隐约地冲击着"中体西用"的宗旨。其实这是误解。郑观应和其他早期改良派都是中体西用论者。王韬说:"器则取诸西国,道则备自当躬。盖万世不变者,孔子之道也。"② 薛福成说:"取西人器数之学,以卫吾尧舜禹汤文武周孔之道。"③ 郑观应说:"道为本,器为末;器可变,道不可变。庶知所变者,富强之权术而非孔孟之常经也。"④ 郑观应还明确提出:"中学其本也,西学其末也,主以中学,辅以西学。"⑤ 按早期改良派的意思,资本主义的经济制度和君主立宪的政治制度,是"富强之本",中国人如不学这些,专讲坚船利炮,是"遗其体而求其用",不可能富强。但这样的"本"或"体",还只是末中之本,即"富强之权术",还不是本中之本,本中之本还是"孔孟之常经"。这种思想的实质与冯桂芬相似而更有所发展,即他们都只是在最高的层次和要害问题——伦理道德的层次及君主政体的意义上讲"中学为本"。它与早期洋务派的中体西用论的区别在于,洋务派只在"末"

---

① 《盛世危言·自序》。
② 《弢园文录外编》卷十一。
③ 《筹洋刍议·变法》。
④ 《盛世危言新编·凡例》。
⑤ 《盛世危言·西学》。

与"末中之本"两个层次讲"西用"。

1894年中日甲午战争中国的失败，宣告了洋务运动的失败，改良派也随即脱颖而出，成为在政治舞台上取洋务派而代之的势力。以康有为、梁启超等为代表的改良派与早期改良派的区别，一是把改革封建专制制度和制定资本主义法律作为变法的核心和关键，二是肯定地评价了自由、民权、平等等资产阶级观念，并以其作为变法的理论基础。这种立场使得他们很难再使用"中体西用"的旗号。有些人如康有为不得不更多地借重于"西学中源说"，把民权观念附会到孔子身上，对于"中体西用"说则仍采取附和态度。如康有为仍讲"以孔学佛学宋明理学为体，以史学西学为用"①，而梁启超在其参与起草的《京师大学堂章程》中，也讲"夫中学体也，西学用也，二者相需，缺一不可"。有些人则对"中体西用"说开展了批判，如严复、谭嗣同等人。而当时虽大势已去而仍在负隅顽抗的洋务派，则把"中体西用"说当成了对抗改良派的旗号。

仔细分析一下戊戌变法前后洋务派与部分改良派围绕"中体西用"说展开的争论，是很有意思的。

洋务派著名代表人物张之洞在1898年抛出了著名的《劝学篇》，对"中体西用"说做了说明。张之洞说："不可变者，伦纪也，非法制也；圣道也，非器械也；心术也，非工艺也。……法者，所以适变也，不可尽同；道者，所以立本也，不可不一。……夫所谓道本者，三纲四维是也。"②又说："中学为内学，西学为外学；中学治身心，西学应世事。不必尽索之于经文，而必无悖乎经义。如其心圣人之心，行圣人之行，以孝弟忠信为德，以尊主庇民为政，虽朝运汽机，夕驰铁路，无害为圣人之徒也。"③张之洞在这里所捍卫的"中体"，已不同于早期洋务派的"文物制度"，而是"三纲""四维"(君为臣纲、父为子纲、夫为妻纲与礼、义、廉、耻)，即

---

① 康有为：《梁启超传》。
② 《劝学篇外篇·变法》第七。
③ 《劝学篇外篇·会通》第十三。

>>> 洋务派著名代表人物张之洞在1898年抛出了著名的《劝学篇》,对"中体西用"说做了说明。其中说:"中学为内学,西学为外学;中学治身心,西学应世事。不必尽索之于经文,而必无悖乎经义。如其心圣人之心,行圣人之行,以孝弟忠信为德,以尊主庇民为政……"他在这里所捍卫的"中体",是"三纲""四维"(君为臣纲、父为子纲、夫为妻纲与礼、义、廉、耻),即封建的伦理道德、社会秩序及与之相应的封建君主政体,而他所谓的"西用",则包括"法制""器械""工艺"等。图为宋代佚名《女孝经图》(局部)。

封建的伦理道德、社会秩序及与之相应的封建君主政体("尊主庇民"之政)，即所谓"伦纪""圣道""心术"，而他所谓的"西用"，则包括"法制""器械""工艺"等。这一立场与早期改良派甚为接近，而所起的作用则相反。因为早期改良派的主张是一种前进的探索，而张之洞的主张则是对改良派民主民权思想的反扑和对改良派君主立宪的实际政治主张的阻挠。至于他在变法维新问题上附和维新派的某些言论，则不过是一种鱼目混珠的欺骗手法。

对于张之洞的"中体西用"说，严复等人进行了正面的驳斥，而尤以严复的驳斥为深刻，需要做详细的引证分析。严复在《与外交报主人论教育书》中，对"中学为体，西学为用""西政为本，而西艺为末""主于中学，以西学辅所不足"诸论进行了系统的分析批判，其基本的论据是体用一原说。

严复说："善夫金匮裘可桴孝廉之言曰：'体用者，即一物而言之也，有牛之体，则有负重之用；有马之体，则有致远之用，未闻以牛为体，以马为用者也。'中西学之为异也，如其种人之面目然，不可强谓似也。故中学有中学之体用，西学有西学之体用，分之则并立，合之则两亡。议者必欲合之而以为一物，且一体而一用之，斯其文义违舛，固已名之不可言矣，乌望言之而可行乎！"这是对"中学为体，西学为用"论的驳斥。这里值得注意的是，严复将中西文化看成是相异的两个个体，各有其体用，不能将中体与西用勉强地凑合在一起。这一驳斥是相当深刻的。中体西用说的要害正在于企图把西方的科学技术乃至经济政治制度嫁接在封建的伦理道德、社会秩序上，嫁接在君主政体上。不过，严复所谓的"体用"，与"中体西用"论者所说的"体用"在含义上并不一致。严复所说的体用，是实体及其功能、作用，这只是中国传统哲学中体用范畴的一义。"中体西用"论者所谓体用则不是此义。

中国传统哲学中的体用范畴，经历了一系列变化。在宋代哲学中，体用的意义比较抽象，体指永恒的根本的深微的东西，用指流动的从属的外发的东西，体是永恒的基础，用是外在的表现。如程颐说："至微者理也，至著者象也，体用一原，显微无间。"①即以"理"为体，以"象"为用，象即显现在外的具体事物现象。由于流动、从属、外发的东西均得谓之用，故用并不局限于功能、作用一义，在唯心主义者看来，由理所产生的或以理为根据的万事万物均得谓之为用。这样，体用又含有本末、主辅、常变等义。这种理论用在文化观上，体就转义为文化系统的主导思想、基本原理，用则转义为在这种主导思想、基本原理驾驭支配下的具体的文化。例如，宋初的胡瑗(程颐的老师)讲"明体达用"之学。他认为圣人之道可分为体、文、用三个层次："君、臣、父、子，仁、义、礼、乐，历世不可变者，其体也。诗书、史传、子集，垂法后世者，其文也。举而措之天下，能润泽斯民归于皇极者，其用也。"②这里的体指万世不变的原理，文指各种文化典籍，用则指能产生"润泽斯民"的功用的东西。胡瑗办教育的方法是"立'经义'、'治事'二斋：经义则选择其心性疏通、有器局、可任大事者，使之讲明六经；治事则一人各治一事，又兼摄一事，如治民以安其生，讲武以御其寇，堰水以利田，算历以明数是也"③。这里经义之学即"明体"之学，"治事"即"达用"之学。又如清初的李颙讲"明体适用之学"。他说："穷理致知，反之于内，则识心悟性，实修实证；达之于外，则开物成务，康济群生。夫是之谓明体适用。"④又说："明存在心以为体，经世宰物以为用，则体为真体，用为实用；……苟内不足以明道存心，外不足以经世宰物，则体为虚体，用为无用。"⑤由此可见，文化观上的体用与本体论中的体用是不尽相同的。本体论中的体用指永恒的基础与外在的表现，而文化观上的体用则指基本原理与原理的实际运用，前者为哲学、伦理学，后者为政治、军事、农田水利、

---

① 《易传序》。
② 《宋元学案·安定学案》。
③ 同上。
④ 《二曲集》卷十四。
⑤ 《二曲集》卷十六。

天文历算，等等。李颙还提出："明体而不适用，失之腐；适用而不明体，失之霸。腐与霸，非所以言学也。"①腐指迂腐，霸指霸道。这说明，明体之学与适用之学之间存在既统一又区别的关系。其统一之处在于适用之学要受明体之学的指导，不能脱离王道的原则，流为霸术，其区别在于在明体之学所允许的范围内，适用之学不是一成不变的，可以有一定的活动范围，不能泥守原则而失之迂腐。

"中体西用"论者所谓的体用，承中国传统的文化体用观而来。例如，郑观应以道为本，以器为末，他所谓"道"指万物与人性之本原，作为一种学问，是"一语已足包性命之原，而通天人之故"的原理之学；"器"指万物，作为一种学问，指"一切汽学、光学、化学、数学、重学、天学、地学、电学"等"后天形器之学"。又如张之洞说："其学堂之法，约有六要：一曰新旧兼学。《四书》《五经》、中国史事、政书、地图为旧学，西政、西艺、西史为新学。旧学为体，新学为用，不使偏废。"②

要而言之，"中体西用"论者所谓的体用，不是指单一的个体与其功能、作用的关系，而是指一个文化系统的指导思想、根本原则，与在其指导、统御下的各文化要素及其功能、作用的关系。严复没有能够在这种本来意义上针锋相对地驳倒"中体西用"论，或者说，其批判在理论上不够深刻。而肤浅的体用论对后来影响很大，至今仍有不少人以之为定论。这也是颇值得注意的。

严复又说"其曰政本而艺末也，滋所谓颠倒错乱者矣。且其所谓艺者，非指科学乎？名、数、质、力四者皆科学也，其通理公例，经纬万端，而西政之善者，本斯而起。……中国之政所以日形其绌，不足争存者，亦坐不本科学，而与通理公例违行故耳。是故以科学为艺，则西艺实西政之本；设谓艺非科学，则政艺二者乃并出于科学，若左右手然，未闻左右之相为本末也。"这里所批评的政本艺末也是张之洞的观点。严复认为，

---

① 《体用全学序》。
② 《劝学篇·设学》。

>>> "中体西用"论者所谓的体用，不是指单一的个体与其功能、作用的关系，而是指一个文化系统的指导思想、根本原则，与在其指导、统御下的各文化要素及其功能、作用的关系。严复没有能够在这种本来意义上针锋相对地驳倒"中体西用"论，或者说，其批判在理论上不够深刻。图为严复与家人在海军军舰上。

西方的政治和技术都以科学为本，他这里所说的科学，既包括自然科学，也包括资产阶级的社会政治理论，这在当时有重要的意义，因为它在理论上论证了将西方资产阶级社会政治观念如自由、民主引入并以之指导政治的必要性，是对中体西用说的实质性突破。

严复又说："尝谓吾国今日之大患，其存于人意之所谓非者浅，而存于人意之所谓是者深；图其所谓不足者易，而救其所自以为足者难。一国之政教学术，其如具官之物体欤！有其元首脊腹，而后有其六府四支；有其质干根荄，而后有其枝叶华实。使所取以辅者与所主者绝不同物，将无异取骥之四蹄以附牛之项领，从而责千里焉，固不可得，而田陇之功又以废也。挽近世言变法者，大抵不揣其本而欲支节为之，及其无功，辄自诧怪。不知方其造谋，其无成之理固已具矣，尚何待及之而后知乎。"这一段所批判的是中学为主、西学为辅之说。严复将文化比喻成有机的生命体，只有本末主辅相协调才能发挥其应有的功能作用，如果主辅绝不同物，则其功均废。严复还认为，洋务派失败的根本问题在于"不揣其本而欲支节为之"，给牛附上马之四足而责以千里。这些批评也是很深刻的。

作为一种理论，"中体西用"说并不是完全没有道理的。任何一个文化系统，都有自己的主导思想、根本原则，如世界观、价值观、思维方式，有与之相协调的经济政治制度。只要这些东西是健全的或基本健全的，就可以把外来文化的某些要素引进过来为我所用。这在中国历史上有过许多成功的范例，如著名的赵武灵王胡服骑射。今天，在确立了马克思主义指导地位和社会主义经济政治制度的情况下，也可以在具体的经济、政治、科技、教育体制方面进行改革，也可以引进外来的先进科学技术、经营管理方式，乃至部分地引进资本主义的经济成分。这也可以说是一种中体西用，变器不变道。"中体西用"论行不通的根本原因在于，"三纲""四维"之类的"道"及与之相应的封建经济政治制度已经过时，这样的"体"与所谓"西用"具有不相容性，如政治和文化上的专制主义与发展科学具有不相容性，民主的政治制度与"三纲"具有不相容性，封建的政治制度与发展资本主义工商业具有不相容性，等等。这些不相容性表明，中国传统文化的"体"没有驾驭"西用"的能力，随着这些"西用"的引进，必然引起激烈的冲突，迫使它步步后退，直至被取消。

"中体西用"论在理论上的错误之一在于把历史经验上升为吸收外来文化的通例和原则。实际上，它只有在一个先进的文化系统吸收来自落后的文化系统的文化要素或同等程度的两个文化系统相互学习时才行得通；只有在被吸收的文化要素对原系统有可分离性、对接受系统有相容性的前提下才行得通；只有在接受系统本身仍健全的情况下才行得通。错误之二在于在各民族文化势将融会成统一的世界性文化(当然，这并不排斥各民族文化仍具有民族特色)的近代，仍强调以本民族文化为体、为本、为主。这种中西对立、体用二元的僵化思维方式是不合时代潮流的。在文化主张的四种类型中，"中体西用"论属于调和折中类型，总体上是错误的。

作为一种文化主张，"中体西用"论从根本上是错误的。但对于这种理论形成的原因及历史功过，仍须做全面的分析和实事求是的评价。

"中体西用"论在很长一段时间内成为一种被经世派、洋务派、改良派广泛接受的社会思潮，有一系列原因，如华夏中心主义的传统偏见、西方列强对中国的侵略掠夺、太平天国农民起义在意识形态方面的特点、民族资产阶级兴起后对地主阶级统治地位的威胁、中国人当时对西方文化认识的程度，等等。"中体西用"论是这种种因素作用于中国传统的文化体用观的结果。

早在明末清初的中西文化交流中，华夏中心主义就有强烈的表现，其具体的形式，一是盲目排外的守旧派，一是西学中源说，后者在初步接触到一些西方科学技术的知识分子中有很大的影响。如果说在中国还保持着独立自主的情况下，"西学中源说"还足以用来驳斥守旧派并足以用来维持那些吸收西学的人的心理平衡的话，在1840年以后就显得越来越不够了。首先,现在向西方学习,是向敌人学习,这不仅需要相当的勇气,而且需要有比"西学中源说"更好的舆论工具。当时的极端守旧派,不仅给洋务派扣上"用夷变夏"的大帽子,而且指责洋务派"专恃术数……起衰振弱",指责洋务派"竭中国之国帑、民财而尽输之洋人"。他们天真地认为,只要牢牢地保持中国数千年礼义廉耻之"四维",就能得人心、鼓民气,在抵抗外侮的斗争中立于不败之地。他们还忧心忡忡地提出,制洋器、造洋船,就不能不学洋学,"窃恐天下皆将谓国家以礼义廉耻为无用,以洋学为难能,而人心因之解体"。这些问题,显然用西学中源说是解决不了的,而中体西用论则能帮助经世派、洋务派、早期改良派站稳脚跟,并与极端顽固派对抗。例如,针对极端守旧派的攻击,李鸿章辩解说:"顾经国之略,有全体,有偏端,有本有末,如病方亟,不得不治标,非谓培补修养之方,即在是也。"①王韬也说:"风俗厚,人心正,可使制梃以挞秦楚之坚甲利足矣。西法云乎哉,而西法自无不为我用矣!此由本以治末,洋务之纲领也,欲明洋务必自此始。"②问题很明显,洋务派向西方学习的,确实只限于"船坚炮利"一类的东西,即"末",如果他们不拿起中体西用的武器,是无法回答极端顽固派的攻击责难的。而早期改良派不仅主张学习西技,而且主张学习西政,这就更离不开"中体西用论"的保护。

在19世纪40年代乃至50—60年代,中国社会的阶级对抗还是传统的地主与农民的对抗。太平天国农民起义以拜上帝会为宗教旗号,不仅向地主阶级的政治经济统治挑战,而且向久被地主阶级尊崇的意识形态挑战。这也不能不对靠镇压农民起义起家的洋务派造成深刻的印象。例如曾国藩在《讨粤匪檄》中,指责"粤匪窃外夷之绪,崇天主之教……举中国数千年礼仪人伦,诗书典则,一旦扫地荡尽",认为这不仅是"我大清之变,乃开辟以来名教之奇变",并把他们镇压农民起义的行动视

---

① 李鸿章:《同治四年八月初一日奏折》。
② 王韬:《弢园文录外编·洋务下》。

为一种"卫道"的行为。有意思的是,洋务派在这场"卫道"战争中,正好用西方的"器"打倒了在他们看来似乎是西方的"道"。"洋法宜用,于是大明",这也是"中体西用"论兴起的重要背景。这表明,早期的"中体西用"论者对"西体"可能构成对"中体"的威胁是有所认识的,基于对"西体"的潜在威胁的认识和"西用"的实用价值,他们得出了"取西人器数之学,以卫吾尧舜禹汤文武周孔之道"①的主张。

1840年以来充当中西文化交流媒介的,不是耶稣会传教士那样的宗教家兼学者,而是鸦片贩子、商人、兵士和经城下之盟才得以闯入中国的传教士,其中许多是西方社会的渣滓,是一些杀人越货的匪徒和到中国来发财的冒险家。他们在中国的行径(大的如火烧圆明园)给了中国人极坏的印象。这也是"中体西用"论大行其道的重要原因。在当时人的心目中,西方人无礼义教化、无典章文物,这种看法虽然随着对西方越来越深入的了解而逐渐有所改变,但对西学评价相当高的人如郑观应仍认为"今西人所用,皆霸术之绪余耳"②。中国儒家的社会理想是王道,受王道思想长期熏习的中国人是很难全盘肯定和接受以侵略者、压迫者的面貌出现在中国人面前的人们的文化的。

1840年以来中国人向西方学习,经历了一个始而言技、继而言政、进而言教的过程,言教即主张学习西方自由、民主、平等等资产阶级观念。有的论者认为,这一进程符合异质文化接触始于物质的规律。此说可以商榷。从现象上看,异质文化的相互吸收可以从任何一个层次开始,例如,中国历史上吸收印度文化是从佛教开始的,其他东西如音乐、美术、舞蹈、医药、逻辑学等则是随佛教而来的副产品。同时,对于异质文化的吸收,一般来说也不是非整体吸收不可,如赵武灵王的胡服骑射就始终只是取其一端而已。近代向西方学习之所以始于言技,根本原因在于中国遭到了来自西方的侵略。而这种言技之所以引起了言政、言教的连锁反应,

---

① 薛福成:《筹洋刍议·变法》。
② 郑观应:《盛世危言·道器》。

一方面在于这些技、政、教之间有不可分的关系,另一方面在于西技与中政、中教之间,西政与中教之间存在不相容的关系。如要做到船坚炮利,就要有近代军事工业和近代其他工业交通运输业;要建立近代工业,就要有近代经济制度及与之相适应的政治制度;要建立近代经济制度和政治制度,就要有近代的思想观念。而这种不可分、不相容关系最深刻的根源,不在中西文化各有其民族特点并各成体系,而在于中西文化的"时代差"。因此,言技之后的言政、言教,其根本原因在于中国社会在言技之后出现了新的经济势力——民族资产阶级。如果说,在言技、言政阶段,改良派的主张还可以容纳在"中体西用"的纲领之中,那么,到言教阶段就再也不行了。而洋务派在历史发展到应该抛弃"中体西用"的时代仍固守着这个口号,很明显地是为了对付民族资产阶级对地主阶级统治的威胁。

作为一代思潮,"中体西用"论的历史功过相当复杂,可以说是因人而异、因时而异、因论战的对象不同而异,不可简单化。

长期以来,人们一直认为"中学为体,西学为用"是洋务派的思想原则或纲领,因而持完全否定的态度。这是欠分析的。近年来许多研究者根据大量史实,指出了"中体西用"论是一代社会思潮,这是一个不小的进步。

近代中国的中西文化冲突,本质上包含着三个层次:中西之争、古今之争和阶级之争,这三者往往紧密地纠缠在一起,但在理论上仍可分析,应区别对待之。

在19世纪70年代以前,即在资产阶级登上历史舞台以前,中西文化冲突还不具有古今之争的性质。因为在这一时期,无论内部或外部,都不存在一个代表"今"的势力。当时的西方列强对中国实行侵略、压迫,在中国倾销商品,而不是在中国发展资本主义;而当时袭用了西方基督教一些思想并以此为旗帜的太平天国起义,仍是旧式的农民起义,也没有代表"今"的资格。古今之争并不存在。当时,"中体西用"论的论战对象,一为极端顽固派,一为农民起义。对后者的论战可以说在政治上是反动的。而对前者即极端顽固派的论战,则是进步的。极端顽固派攻击洋务派早期改良派"以夷变夏",而洋务派则以"中体西用"说作了回应,主张引进和容纳若干西方新文化,为西学在中国的传播和发展争得了一定的合法地位。考虑到当时的洋务派是大权在握的实力派,这一作用不可低估。极端顽固派还攻击洋务派、早期改良派舍本趋末,在他们看来,西技、西艺都只是些"末议",不讲习也无所损。这是理学末流只讲身心性命之学而排斥经国治民的实学的迂腐之论,对此,洋务派、早期改良派也以"中体西用"论做了回应。他们认为,本固然重要,末也不能弃置不讲。在这个意义上,"中体西用"论是龚自珍、魏源等人经世思想的进一步发展,也是进步的。19世纪70—80年代,代表资产阶级利益的早期改良派开始以洋务派中激进的一翼出现在历史舞台上。他们利用"中体西用"论本身所具有的弹性,往里面填进要求发展资本主义经济政治制度的内容,而这时"中体西用"论的论争对象仍然是极端顽固派,当时还没有出现超出"中体西用"论的更激进的理论。因此,这一时期的"中体西用"论,在早期改良派那里,具有代表"今"向"古"争夺地盘的意义,因而具有进步意义。90年代以后,改良派与洋务派决裂,从言技、言政发展到言教,部分人开始批判"中体西用"论。这时,"中体西用"论才成了更激进的理论的对立面,才成为保守、反动的东西。

"中体西用"论的实质和历史作用随时间的不同而不同,亦随主张它的派别的不同和对体用的具体理解不同而异。例如,早期改良派不断扩大西用的范围,缩小中体的范围;洋务派则只是在形势的压迫下步步后退。前者进步而后者保守。又如,在某些早期改良派那里,所谓"中体"具有相当抽象的性质。例如,郑观应指为"中体"的"道",是"中"。他说:"盖人受天地之中以生,天地有中,人亦同具。……《大学》云,止至善,止此中也;《中庸》云,得一善则拳拳服膺,服此中也;《易系辞》云:'成性存存,道义之门',存此中也。'致中和,天地位焉,万物育焉。'

孝感動天

>>> 《易系辞》云:"成性存存,道义之门",存此中也。"致中和,天地位焉,万物育焉。"此中国自伏羲、神农、黄帝、尧、舜、禹、汤、文、武以来列圣相传之大道,而孔子述之以教天下万世者也。图为现代陈少梅《二十四孝图·孝感动天》。

此中国自伏羲、神农、黄帝、尧、舜、禹、汤、文、武以来列圣相传之大道，而孔子述之以教天下万世者也。"[1]孔孟之道是"中"与"和"(未发为中，已发为和)。郑观应以这样的"中体"反对基督教，贬低西方的"霸术"，主张中国走一条"由强企霸，由霸图王，四海归仁，万物得所"[2]的道路。这和张之洞以三纲四维为"中体"的说法有明显差别。这一差别的实际意义在于，张之洞所强调的是维护封建的伦理道德和社会秩序，其所谓"中体"具有强烈的政治色彩；郑观应所强调的是维护以儒家为代表的中国传统文化的特点(中和)及人生与社会理想。这也就是说，张之洞的"中体西用"侧重于守旧，而郑观应的"中体西用"侧重于维护中国传统文化的民族特色，侧重于卫"中"。在资产阶级改良派面前主张维护封建伦理道德、社会秩序，这是保守，但在西方文化面前主张维护中国传统文化的特色，则不能简单地斥为保守。

要而言之，"中体西用"论在不同时代、不同派别和不同论战对象面前具有不同实质和历史作用，对此应具体问题具体分析。至于在理论上，"中体西用"论的根本失误在于以中西分体用，在于在中西文化冲突中力图保持中国传统文化的本体或主导地位。

本来意义上的"中体西用"论虽已成"明日黄花"，但对它进行实事求是的评价仍具有现实意义。一方面，20世纪以来，仍有一些人在改变了的意义上讲"中体西用"，而一些人则根据"中体西用"论是文化保守主义口号的论断，对这些新"中体西用"论进行批评。这也失之笼统。对于本来意义上或改变了的意义上的"中体西用"论，这里都不赞成。因为它本质上是华夏中心主义的，在理论上是不能成立的。但也不能同意将所有这些"中体西用"论统统斥为保守。另一方面，有的论者将改革开放以来的变化与近代史上言技——言政——言教的过程生硬地相比附，如果对"中体西用"论没有全面的认识，从这种生硬的比附中很容

---

[1] 郑观应：《盛世危言·道器》。
[2] 同上。

易引导出错误的结论。

三 "西学中源说"与中西文化调和论

与"中学为体,西学为用"说一样,"西学中源说"也是19世纪中后期的时代思潮。"西学中源说"的渊源,可以追溯到清初的黄宗羲和康熙皇帝。鸦片战争之后,邹伯奇、冯桂芬倡导在前,洋务派呼应于后,19世纪70年代、80年代大行其道,90年代盛极一时。郭嵩焘、曾纪泽、张自牧、郑观应、陈炽、薛福成……大抵讲"中学为体,西学为用"的人,差不多也持"西学中源说"。而且,这种思想不仅没有因改良派与洋务派的决裂而受到批判,反而备受改良派青睐。

"西学中源说"本身是一种文化观见解,而不是一种文化主张。在经世派、洋务派和早期改良派那里,它只是"中学为体,西学为用"的补充和文化观上论证的工具。按照当时人们的说法,西方的科学技术是从中国传过去的,因此,向西方学习并不是什么"用夷变夏",而是"以中国本有之学还之于中国","犹取之外厩,纳之内厩"。在改良派那里,它则成了力图冶中西学术于一炉的文化主张的论证工具。

从文化学意义上看,"西学中源说"是华夏中心主义的变态,是一种错误观点。但它在近代史上所起的历史作用,却需做具体分析。在华夏中心主义这个顽固的民族心理没有受到根本性的摧毁之前,它是引进西方文化的必要阶梯；在复古守旧的保守心态没有受到彻底清算之前，它又是一种"旧瓶装新酒"的巧妙策略。但是，在这种思想指导下引进的西方文化，却往往受到严重扭曲，甚至会面目全非。

"西学中源说"虽然在很长时间内是"中学为体，西学为用"的补充和论证工具，但它有一个"中学为体，西学为用"所不及的长处，就是能在文化引进中破除民族的界限。"中学为体，西学为用"对西方文化的引进是有限度的，不管把所谓"中体"限制在一个多么狭小的范围，总有一个不容许西学涉足的禁区。而"西学中源说"却不需要设置任何禁区，自由、平等、民主之类的思想，都可以在中国"古已有之"的招牌下拿来上市。正因为如此，当改良派感觉到"中学为体，西学为用"的主张已经成为一种束缚时，"西学中源说"于是受到了他们的特别钟爱。

改良派诸公鼓吹"西学中源说"的目的，是为了"构成一种'不中不西即中即西'之新学派"①，亦即所谓"新学"。对这种"新学"的性质，严复曾有一种美好的设想。他说："然则今之教育，将尽去吾国之旧以谋西人之新与？曰：是又不然！英人摩利之言曰：变法之难，在去其旧染矣，而能别择其故所善者葆而存之。方其汹汹，往往俱去，不知是乃经百王所创垂，累叶所淘汰，设其去之，则其民之特色亡，而所谓新者从而不固。独别择之功，非暧姝囿习者之所能任耳；必将阔视远想，统新故而观其通，苞中外而计其全而后得之，其为事之难如此。"②

这段话的精义是"统新故而观其通，苞中外而计其全"。严复认识到，对中国传统文化不能全盘否定，而应加以选择，否则，不仅会丧失民族特色，新的东西也巩固不了。严复还设想，新文化应是统新故而苞中外的，是新故会通、中西兼备的。这是"会通以求超胜"说的新发展。如果仅仅看宣言，这种主张似乎是无懈可击的。

但是，改良派诸公建立的"新学"并没有达到这种美好的设想。他

---

① 梁启超：《清代学术概论》。
② 严复：《与外交报主人论教育书》。

们所成就的，充其量不过是一个新旧杂糅、中西牵合、不中不西的怪胎。尽管这个怪胎在近代思想史上起了巨大的进步作用，但在学术上却很难站住脚，只能成为转瞬即逝的东西，即使连改良派诸公自己后来也不得不放弃。

先来看康有为。他力图将中西文化冶于一炉，构筑一个以"三世说"为基本线索的思想体系。康有为认为，人类社会历史是向前进化的，进化的轨道是由"据乱世"——"升平世"——"太平世"，升平亦曰"小康"，太平亦曰"大同"。孔子生当乱世，其志欲实现大同，而考虑到历史进程不能超越，所以多论"小康之道"，而少及"大同之道"。后来的儒家学者，"始误于荀学之拘陋，中乱于刘歆之伪谬，末割于朱子之偏安。于是素王之大道，暗而不明，郁而不发，令二千年之中国，安于小康，不得蒙大同之泽"[①]。基于这一基本的思想框架，康有为展开了多方面的学术和实践活动。一方面，他根据当时经济、政治、军事以及社会风习各方面现实生活中的迫切问题，提出了一系列具体的改革主张、建议、措施和方法，要求开放政权，用立宪制代替封建君主专制，通过和缓的改良，从上而下进行资产阶级民主改革，发展资本主义工商业，并根据这些主张积极促成并推行变法。另一方面，他写出《新学伪经考》《孔子改制考》等学术著作，力图以考据学为武器，把汉、唐以降两千年的儒学统统宣布为"据乱世之法"，而把人权、民主之类的资产阶级思想附会到孔子身上，把孔子描绘成一个资产阶级维新运动的祖师。在从事这些公开的政治和学术活动的同时，他还秘密撰写《大同书》，构筑一个要到遥远的将来才能实现的大同社会理想。在这里，自由、民主、平等、博爱的资产阶级原则和劳动、财产归社会公有的空想社会主义原则，被用来作为构筑理想社会的基本思想。这是一个典型的新旧杂糅、中西牵合、不中不西的怪胎。在这个体系里，孔子在一定程度上被现代化、西化了，因而远离了历史的真实；而自由、民主、平等、博爱的资产阶级思想原

---

① 康有为：《礼运注叙》。

>>> 康有为力图将中西文化冶于一炉,构筑一个以"三世说"为基本线索的思想体系。图为现代徐悲鸿《康南海六十行乐图》。

则被儒学化、古董化了，被塞进了古色古香的"大同"套子里，它们与封建伦理道德、封建地主阶级"天人合一"的社会理想之间的尖锐对立被磨平了。而且最重要的是，这个体系可以为改良派诸公变化不定的各种现实政治主张作辩护。主张变革的时候，康有为宣称当时的中国处于"小康世"，或将进入资本主义的"升平世"；而主张保皇时，康有为又宣称以前的说法乃不察国情的"巨谬"，实际上中国仍处于"据乱世"。批评革命党人时，他可以打起"循序渐进"的招牌，而在受到"保守""反动"之类的攻击时，又可以抛出《大同书》，说自己的思想如何如何先进。

康有为思想体系的重点在社会历史方面，而谭嗣同则是一位力图冶古今中外之哲学于一炉的思想家，其成果就是《仁学》。《仁学》的思想资料来源极为复杂。谭嗣同说："凡为仁学者，于佛书当通《华严》及心宗、相宗之书；于西书当通《新约》及算学、格致、社会学之书；于中国书当通《易》《春秋公羊传》《论语》《礼记》《孟子》《庄子》《墨子》《史记》，及陶渊明、周茂叔、张横渠、陆子静、王阳明、王船山、黄梨洲之书。"①在这个书单中，除了程朱派外，当时视界所及的哲学、宗教、科学材料，无论中西，都被包括进去。《仁学》的基本范畴是"仁"，但按谭嗣同的解说，墨家的"兼爱"，佛教的"性海""慈悲"，基督教的"灵魂"，物理学家所谓的"以太""爱力""吸力"，都是这个东西，而仁的第一义为通，通之象为"平等"。这样牵强附会、纷纭杂陈的结果，是矛盾百出，不能自圆其说。这里面，不仅宗教与科学相冲突，唯物主义倾向与唯心主义倾向、辩证法思想与形而上学思想相冲突，主观唯心主义与客观唯心主义、泛神论与物活论相冲突，而且在社会人生方面也存在尖锐的矛盾冲突。谭氏大声疾呼，号召人们去冲决封建伦常礼教和君主专制的"网罗"；同时又对宗教神秘主义顶礼膜拜，号召大家去"慈悲"，去"除我相""断意识""泯灭机心"，去"视敌如友""爱人如己"，使"心力"交通，人我合一。"网罗重重，与

---

① 谭嗣同：《仁学界说》。

虚空而无极。初当冲决利禄之网罗，次冲决俗学若考据、若辞章之网罗，次冲决全球群学之网罗，次冲决君主之网罗，次冲决伦常之网罗，次冲决天之网罗，次冲决全球群教之网罗，终将冲决佛法之网罗。然真能冲决，亦自无网罗；真无网罗，乃可言冲决。故冲决网罗者，即是未尝冲决网罗。"①说来说去说了半天，最后又掉进了"心生种种法生、心灭种种法灭"的唯心主义网罗之中。这个体系也是一个新旧杂糅、非中非西的体系，因为是哲学体系，比之康有为，更显得矛盾重重、杂乱不堪。

改良派诸公构筑不中不西即中即西思想体系的计划，之所以得出一个连他们自己后来也脸红的结果，除了阶级的局限性及梁启超后来所指出的西学知识贫乏等原因外，一个很重要的原因在于他们既不承认文化的时代差别，也不承认文化的民族差异。不承认文化的时代差别，就不可能真正分清何为旧、何为新，当然更谈不上会通古今；不承认文化的民族差异，就不可能真正分清何为中、何为外，当然更谈不上包罗中外。勉强为之，其结果只能是新旧杂糅、中西牵合。而这一切，又都可归结为"西学中源说"的恶果。

"西学中源说"在文化学上的破绽，早在此说大行其道之时即已显露。在郭嵩焘、梁启超等人那里，"西学中源说"早已被视为一种策略手段，一种"以是邀时誉""为中等人说法"的手段。而在严复那里，"西学中源说"采取了一种十分谨慎的形式，即只讲西学在中国古已有其端绪，而不谈西学是由中国传去的。他说："近二百年欧洲学术之盛，远迈古初……顾吾古人之所得，往往先之。……虽然，由斯之说，必谓彼之所明皆吾中土所前有，甚者或谓其学皆得于东来，则又不关事实，适用自蔽之说也。夫古人发其端，而后人莫能竟其绪，古人拟其大，而后人未能议其精，则犹之不学无术未化之民而已。祖父虽圣，何救子孙之童昏也哉！"②严复还注意到中西文化的民族差异问题，说"中西学之为异也，

---

① 谭嗣同：《仁学·自叙》。
② 严复：《译天演论自序》。

如其种人之面目然,不可强谓似也"①。因此,随着改良运动的失败,"西学中源说"之衰落是不可避免的。大体说来,自戊戌之后,"西学中源说"成了"国粹派"的独家之说,而不复为时代的普遍思潮。

戊戌变法失败后,紧接着爆发了义和团运动和八国联军侵华的大事件。清政府死心塌地充当帝国主义傀儡的卑劣行径和帝国主义瓜分中国的阴谋,激起了民族主义情绪的高涨。以民族主义为主要旗帜之一的革命党人也应运而生,取代改良派而成为政治舞台上的主角。时代思潮的变化反映到文化研究上,文化的民族性问题越来越受到重视。特别是辛亥革命的失败,引起人们从文化上寻找根源的兴趣。因而所谓国民性问题、中国特殊国情问题,成了辛亥革命后至新文化运动开始前几年间文化研究的主题。

这一时期各派思想家在承认中国人有一种特殊的国民性和中国有特殊国情问题上众口一词,但具体的解释则纷繁各异。以孙中山为代表的革命党人认为,国民性是因一国风俗地理历史特点而形成的国民心理组织,各国有特殊的国民性,发展为特殊的制度。辛亥革命的失败,在于国民性之不良,因此需要改造国民性。而改造国民性的途径,在于提倡道德,克服国民心理的弱点。孙中山在阐述其民生主义时,提出良知与学问决定社会进化的观点,认为中国国情特殊,一是没有阶级,二是有实行社会主义的传统,因而中国有可能不经过资本主义而直接实现社会主义,其具体途径是以博爱、平等、自由等道德去消弭竞争。以梁启超为代表的"进步党"人认为,西方文化是个人本位的,中国或东方文化是社会本位的,民权思想根源于个人主义,因而不适合中国,中国只能实行"开明专制"。他们还认为,伦理道德是社会得以存在和发展的决定性因素,主张把提倡维护和发扬中国的传统道德作为立国的基础、救世的途径。以康有为为代表的保皇党人认为孔子之道是中国的"国性""中国之魂",揭出了"保教"的旗号,在文化问题上向"中体西用"论倒退。认为中

---

① 严复:《与外交报主人论教育书》。

国颠危误在"全法欧美而尽弃国粹",救之之策在于将欧美"形而下之物质"与中国的"形而上之德教"结合在一起。革命党人中以章太炎为代表的一部分人,在辛亥革命前,以"用宗教发起信心,增进国民的道德"和"用国粹激动种性,增进爱国的热肠"为要务;辛亥革命以后,章太炎从佛学通过老庄走向儒学,把中国传统的思想、文化、典章制度和习俗视为"国本""国性",而把自己视为传统文化的化身。

由于文化的民族性成了一时的热门话题,改良派过去鼓吹过的建立不中不西即中即西学问的主张显然不合时宜了。在这种情况下,出现了梁启超等人的"中西调和论"。梁启超说:"大抵一社会之进化,必与他社会相接触,吸收其文明而与己之固有文明相调和,于是新文明乃出焉。"①

文化的民族性问题,严复早言之在先,但这一时期得到各派思想家的公认和关注,可谓中国文化研究上的一大进步。但当时的人只讲文化的民族性,不讲时代性,甚至把中西文化时代差异也解释为民族性的,陷入了严重的偏颇。按照这种认识提出的"中西调和",也不能不具有新旧杂糅的性质。

---

① 梁启超:《莅广东同乡茶话会演说辞》,见《饮冰室合集》之二十九。

第十章

中国文化的论争(中)

1915年9月，陈独秀创办《青年杂志》（一年后改称《新青年》），拉开了新文化运动的序幕。由此开始到1949年新中国成立，是文化论争的第三个时期。

这一时期文化论争的背景十分复杂多变。袁世凯和张勋的复辟、第一次世界大战、苏联十月革命的胜利、第一次国内革命战争、第二次国内革命战争、第二次世界大战和抗日战争、解放战争，国际国内，巨变迭起，这些变化都对文化论争产生了巨大影响。

这一时期文化论争的激烈程度及涉及问题的广度深度，都非前两个时期所可比拟。扼要地说，可概括为四条线索、五大主张。新文化运动的参加者，在反对封建文化这一点上是共同的，但在文化问题上的见解从一开始就不统一，1921年以后发生了大分化。以梁漱溟、张君劢等为代表的一些人揭起了"东方文化"的旗帜；胡适等人则提出了"全盘西化"论；一些国民党学者提出建设"中国本位文化"；中国共产党人和鲁迅则主张"民族的科学的大众的文化"。这四大主张中，"东方文化"和"中国本位文化"都是调和论，"民族的科学的大众的文化"则是辩证的综合论。

一 "东方文化"论

资本主义制度代替封建制度，是一个巨大的历史进步。但正如恩格斯所指出的："由于文明时代的基础是一个阶级对另一个阶级的剥削，所以它的全部发展都是在经常的矛盾中进行的。生产的每一进步，同时也就是被压迫阶级即大多数人的生活状况的一个退步。"①

这种进步与退步的辩证法，也表现在文化上。《共产党宣言》说："资产阶级在它已经取得了统治的地方把一切封建的、宗法的和田园诗般的关系都破坏了。它无情地斩断了把人们束缚于天然尊长的形形色色的封建羁绊，它使人和人之间除了赤裸裸的利害关系，除了冷酷无情的'现金交易'，就再也没有任何别的联系了。它把宗教虔诚、骑士热忱、小市民伤感这些情感的神圣发作，淹没在利己主义打算的冰水之中。它把人的尊严变成了交换价值，用一种没有良心的贸易自由代替了无数特许的和自力挣得的自由。总而言之，它用公开的、无耻的、直接的、露骨的剥削代替了由宗教幻想和政治幻想掩盖着的剥削。"② 正因为如此，

---

① 恩格斯：《家庭、私有制和国家的起源》，见《马克思恩格斯选集》第4卷，第173页。
② 马克思、恩格斯：《共产党宣言》，见《马克思恩格斯选集》第1卷，第253页。

历来都有一些思想家对资本主义持批判的态度,如卢梭、拜伦、托尔斯泰、泰戈尔等。他们并不是不懂得资本主义比封建制度更有利于生产的发展、经济的繁荣和物质生活的丰富,但他们认为,为了这样的目的而牺牲人的尊严、人的价值、人际关系的和谐或生活的恬静安宁是不值得的。为了保持或恢复这令人留恋的一切,他们宁愿不要物质生活的丰富。他们的这种思想,客观上往往成为地主阶级、农民、小资产阶级这样一些旧阶级利益的反映,而他们本人,则有不少是令人尊敬的道德高尚之士,他们按照某种崇高的人生理想而对丑恶的资本主义现实持批判、否定态度。这种思想,在资本主义蓬勃发展的时代,影响并不大,但在经历了第一次世界大战中出现的规模空前的人类互相残杀的大惨剧后,一时风行起来。第一次世界大战后逐渐发展起来的"东方文化救世论",就是这种思想的典型形态。

五四运动前后,关于东西文化的区别,有一种比较流行的观点,即认为东方文化主静,西方文化主动;东方是精神文明,西方是物质文明。新文化运动的猛将陈独秀、李大钊如是说,国际上的东方文化救世论者及国内的东方文化救世论者也如是说。其区别在于价值判断的不同。前者以为东方文化的主静是要不得的,至少是有极大偏弊的,而后者则认为东方文化的主静本质上要比西方文化高明。他们把第一次世界大战的惨祸视为西方文化破产的标志,主张用东方文化去拯救世界。20世纪20年代初,著名的东方文化救世论者、印度大诗人泰戈尔来华访问,"提倡东洋思想亚细亚固有文化之复活"①,一时议论纷起,东方文化派成了从新文化运动中最先分化出来的一支文化劲旅。

东方文化派的先驱是辜鸿铭和杜亚泉。辜氏早在第一次世界大战之前就持以孔孟之道解决中国和世界问题的观点,并与国际上方兴未艾的东方文化救世思潮相呼应,与主张这种观点的托尔斯泰建立了联系。大战后,辜氏写文章主张用中国文化"拯救西洋文明底破产",在国际上

---

① 参见陈独秀:《泰戈尔与东方文化》,载《中国青年》1924年第27期。

引起一些人的共鸣。辜氏是洋务派的门徒，杜亚泉则是拥护辛亥革命的新派人物。辛亥革命后，其思想逐渐落伍。在新文化运动中，成为反对新文化运动的一个有相当影响的人物。东方文化派主要代表人物是梁漱溟、梁启超、张君劢、章士钊等人，其中又以梁漱溟为思想上的集大成者。这些人中，梁启超早在1903年以后就成了旧派人物，张君劢是梁的追随者，而梁漱溟和章士钊则在新文化运动前期仍不失为新派人物。要而言之，东方文化派只是在对资本主义制度不满，要求按"东方文化"去改造世界这一点上是共同的，其政治立场和具体的文化观点并不尽相同。

"东方文化救世论"是对第一次世界大战反思的结果。东方文化派众口一词地断言，这次世界大战标志着西方文化的破产，并认为东方文化是拯救西洋文化的良方。杜亚泉说："然自受大战之戟刺以后，使吾人憬然于西洋诸国，所以获得富强之原因，与夫因富强而生之结果，无一非人类间最悲惨最痛苦之生活。……然信赖西洋文明，欲借之以免除悲惨与痛苦之谬想，不能不为之消灭。"[①]梁启超则说，西方在进化论和个人本位主义的推动下，崇拜势力、崇拜黄金成了天经地义，军国主义、帝国主义，成了最时髦的政治方针，结果酿成世界大战的惨祸，"大海对岸那边有好几万万人愁着物质文明破产，哀哀欲绝的喊救命"，等着中国人去"超拔他"[②]。

在如何用东方文化拯救破产了的西方文化问题上，以及在中国本身如何吸取西方覆车之鉴的问题上，东方文化派内部的意见分歧不一。

杜亚泉主张东西文明的"调和"。在经济生活方面，他主张将东方人的生产目的与西方的工艺相结合。他说："鄙人之意，以为给人足人之工艺，虽当嫉之恶之，而自给自足之工艺，则亟宜提倡。惟既以自给自足为主旨，则其提倡之道，当依下列条件：（一）当以人类生活的必须者为限（如纺绩制纸之类）……（二）凡可以手工制作者，勿以机械代之。

[①] 伧父：《战后东西文明之调和》，载《东方杂志》第14卷，第4号。
[②] 参见梁启超：《欧游心影录》，见《饮冰室合集》。

(三)吾国工艺制品,势不能与列强竞争,保护之道,在于提倡国货……(四)吾国讲求工艺者,勿视此为投机致富之捷径,当常存公德之心,抱义务之念……"①这也就是说,要排斥资本主义的商品经济,保持以手工生产为主、以自给自足为宗旨的经济,在这个前提下引进吸收一些先进的科学技术。在思想文化领域,他认为"名教纲常诸大端""为吾国文化之结晶",万万不能丢掉,而西方来的"权利竞争,今日不可不使之死灭"。他说:"救济之道,在统整吾固有之文明!……西洋之断片的文明,如满地散钱,以吾固有文明为绳索,一以贯之。今日西洋之种种主义主张……往往为吾固有文明之一部,扩大而精详之者也。……今后果能融合西洋思想,以统整世界之文明,则非特吾人之自身,得赖以救济,全世界之救济,亦在于是。"②这种以中国固有文明(主要是纲常名教)为线索去贯穿西方文化的断片的调和论,与"中体西用"论有许多相似相通之处。

章士钊主张以农立国。在章士钊及其支持者看来,中国避免走西方道路的唯一办法是固守原有的以农立国的传统。章士钊认为:"吾本农国,今其精英,虽微蚀于伪工制,而大体未坏。"③而中西文化区别的根源即在于立国之本不同,西方是工国,中国是农国。"建国之本原既异,所有政治道德法律习惯,皆缘是而两歧。"④据此,他主张用以农立国的办法避免走上西方的道路。据他看来,这样的国家在文化上与"工国"根本不同。经济上以"知足戒争"为原则,反对竞争,反对"言建设,求进步,争于物质"。社会关系上"说礼义,尊名分,严器数",反对工国的"标榜平等,一切脱略,惟利之便"。政治上不适用代议制。他把这种以农立国的社会美其名曰"贵平均之传统社会主义"。章士钊的这种主张,得到东方文化派相当广泛的共鸣,一时间,《论中国不宜工业化》《论代议制何以不适于中国》一类文章充斥报刊。

---

① 伧父:《工艺杂志序》,载《东方杂志》第15卷,第4号。
② 伧父:《迷乱之现代人心》,载《东方杂志》第15卷,第4号。
③ 章士钊:《农国辩》,载1923年11月3日《新闻报》。
④ 同上。

梁启超、张君劢不反对民主,而且提倡发展个性、解放思想。但他们批评所谓"科学万能论"。梁启超认为,科学在发展生产、解决物质生活资料匮乏方面其功厥伟,但单凭科学并不能造成一个"黄金世界"。随着科学的昌明,旧的宗教、旧的哲学破产了,从而动摇了欧洲人传统的内部生活,而一批立足于科学的哲学家误用了科学,建立了一种"纯物质的纯机械的人生观","把一切内部生活外部生活都归结到物质运动的'必要法则'之下"[①],其结果是使人类失去了道德,使人生失去了价值。人生"独一无二的目的就是抢面包吃"[②],自由竞争、弱肉强食、强权主义都由此而生,世界大战也是对此的报应。据此,他主张将孔老墨三大圣"求理想与实用一致"的传统发扬光大起来,去纠正西方文化将理想实际分为两截的弊病。实质上,也就是想把中国传统的尽性赞化、天人合一、人己合一之类的人生理想、价值观念、道德准则与西方民主、科学、资本主义制度调和融合在一起,形成一个"新文化系统"。对于梁启超的这种观点,张君劢做了发挥。他认为人生观的特点在于是主观的、直觉的、综合的、自由意志的、单一性的,因而科学对它无能为力。近三百年的欧洲,过度相信理智和物质,导致了世界大战;中国则自1840年以来物质上以船坚炮利为政策,精神上以科学万能为信仰,也达到了物极将返之时。张君劢认为,西方的国家主义、工商政策、自然界的知识已构成人类前途莫大的危险,因此需要竭力提倡"内生活修养之说"。他主张用"内生活"去补正科学,经济上纠正"偏重工商"的政策,价值观念上要摒弃功利之念,认为中国必须拒绝走富强的道路,而实行孔子倡导的"寡均贫安"的"社会主义"。

梁漱溟的文化观和文化主张,在第一章已做了分析,这里只叙述一下他对现实文化的态度。他主张:

---

① 转引自《中国现代哲学史资料汇编》,辽宁大学哲学系自编教材,第1集,第5册,第204—205页。

② 同上。

第一，要排斥印度的态度，丝毫不能容留；

第二，对于西方文化是全盘承受，而根本改过，就是对其态度要改一改；

第三，批评的把中国原来态度重新拿出来。①

这里所说的"全盘承受"西方文化，指科学、民主、"批评的精神"等，而要改变的人生态度，指"自我中心、个人本位"。而所谓"中国原有态度"，指一种"刚"的态度。梁漱溟认为，孔子所说的"刚""就是里面力气极充实的一种活动"②，即一种"发于直接的情感，而非出自欲望的计虑"③的向前动作。他说："我意不过提倡一种奋往向前的风气，而同时排斥那向外逐物的颓流。"④又说："现在只有先根本启发一种人生，全超脱了个人的为我，物质的歆慕，处处的算账，有所为的而为，直从里面发出来活气——罗素所谓创造冲动——含融了向前的态度，随感而应……"⑤

梁漱溟认为，有了这样一种人生态度，才能真正吸收融会科学和民主两精神下的种种学术、种种思潮而有个结果。他还认为，西方文化发展的趋势是走向以社会为本位、以分配为本位的"社会主义"，而中国文化本来就是社会本位的、互以对方为重的，因而用"刚"的态度改造西方人生态度的结果，可以使中国得到西方文化的好处而不蹈其覆辙，而且能适应西方文化发展的趋势。

东方文化派的文化主张显然是错误的。这一派人利用第一次世界大战引起的文化反思，把资本主义制度的危机夸大为西方文化的破产，对新文化运动竭力提倡的科学与民主泼冷水，提出一些甚至比洋务派、改良派、

---

① 转引自：《中国现代哲学史资料汇编》第1集，第5册，第202页。
② 同上。
③ 同上。
④ 同上。
⑤ 同上。

民初革命派还要落后的政治、经济主张，显然具有旧文化卷土重来的性质。至于企图以东方文化去救世，更不啻梦呓。世界和中国后来的历史发展充分证明了这些主张是反动的、根本行不通的。在文化观上，东方文化派与欧洲中心主义大唱反调，宣传一种比顽固派和中体西用论者还要荒唐的东方文化中心主义。在方法论上，东方文化派重复了以前中体西用论者和东西调和论者的错误，企图将不可离的东西分离开来，又企图将不相容的东西勉强地拼凑在一起。如梁启超认为可以将资本主义的经济制度与其价值观念、道德准则分离开来，并用输入封建时代中国的价值观念、道德准则的方法去改良资本主义；又如杜亚泉认为可以把以近代科学技术武装起来的生产力限制在自给自足的经济框框之内。这就使他们所谓的"综合""融会"实际上成为主观随意的调和折中。但东方文化派在文化研究方面也并不是毫无所见。首先，"五四"前后新文化运动的领袖们多片面地强调中西文化的时代性差异，而不注意乃至否认文化的民族性，而东方文化派则在揭示中国文化特点方面做了有益的工作(尽管他们自己并不讲文化的民族性)。如梁漱溟在分析中西文化在处理人与自然、人与人关系的思想差异方面，提出了一些很有见地的论断。其次，东方文化派从第一次世界大战中敏锐地看到了资本主义文明已陷入了全面的危机，并对资本主义的固有矛盾作了相当深刻的分析和揭露。如杜亚泉明确地指出"今日之大战，即为国家民族间经济的冲突而起"[①]；章士钊看到了西方经济制度是西方政治、道德、法律、习惯的本原；梁漱溟深刻地指出资本主义经济是"以生产为本位"，即生产不是为了消费，而是为了个人营利，指出西方个人本位、生产本位的经济只有变到社会本位、分配(消费)本位时，才归于合理。东方文化派所做的这些工作，对中国人自19世纪60—70年代以来逐渐形成的以为只要走资本主义道路就可以救中国的信念，起了破坏的作用，客观上有利于社会主义思想在中国的传播。

---

① 伧父：《战后东西文明之调和》，载《东方杂志》第14卷，第4号。

东方文化派的阶级实质问题,是一个值得深入研究的问题。瞿秋白在论战的当时,将东方文化派视为"古旧的垂死的阶级"的代表,具体地说,是封建"士大夫"的代表。今之论者,则认为其中的多数"是与封建势力有较密切联系的那部分资产阶级知识分子"[①]。此二说都有些问题。像梁启超的主张,可以说是代表资产阶级的,但东方文化派中颇有些人讲"社会主义",如章士钊、张君劢。他们的政治经济主张,与《共产党宣言》中所分析的小资产阶级社会主义极为相似,而且从这些人后来的政治表现看,上述二说也明显欠妥。据此,把这些人视为留恋"工业中的行会制度,农业中的宗法经济"的旧式小资产阶级的思想代表,也许更贴切一些。

二 "全盘西化"论

新文化运动的领袖人物如李大钊、陈独秀,对中西文化的民族差异并非完全无见,而且有时有将中西文化的差异完全归结为民族差异的倾向。如李大钊1918年所写的《东西文明根本之异点》与陈独秀1915年所写的《东西民族根本思想之差异》。其对东西文明差异的看法与东方文化派的见解很相近,而价值判断则相反。但他们并没有将这种观点坚持到底,而是越来越片面地强调中西文化的差异完全是时代的差异,因而中西文化的冲突被完全视为新旧文化的冲突。《青年杂志》创刊号说:"所

---

① 袁伟时:《中国现代哲学史稿》,广州:中山大学出版社1987年版,第680页。

谓新者无他,即外来之西洋文化也;所谓旧者无他,即中国固有之文化也。……二者根本相违,绝无调和折中之余地。"①

在新文化运动那个特定的时代,强调中西文化的时代性差异,是正确的、完全必要的。从这个基本观点出发,新文化运动热情讴歌民主与科学,对封建礼教、封建迷信进行了大规模的旗帜鲜明的批判,从而揭开了中国历史上全新的一页。从这个基本观点出发,一部分转向共产主义的知识分子从十月革命的胜利得到启发,得出了西方资产阶级文化亦已过时、将被共产主义取代的结论,宣告了共产主义运动在中国的诞生。新文化运动基本正确地识破了东方文化派的实质。但这种强调中西文化的时代性差异的观点本身也隐伏着向错误的方向发展的可能性。"全盘西化"论即由此发展出来的错误的文化主张之一。

今之论者,颇有认为五四新文化运动是反民族主义,主张"全盘西化"论的。这值得商榷。五四新文化运动确有片面强调中西文化的差异是时代差异的问题,但笼统地说它主张全盘西化,却不适当。首先,"全盘西化"论正式出笼于1927年以后,且有其特定的含义,即全盘接受欧美的资本主义文化。在1921年前,早有一批具有初步共产主义世界观的知识分子出现在历史舞台上。他们在不同程度上也犯有不承认文化民族性的错误,但却不能视为"全盘西化"论者。其次,虽然新文化运动总体上具有忽视文化民族性的问题,但并不是人人都如此。李大钊、蔡元培颇注意文化的民族性,陈独秀也有过类似的言论,东方文化派代表人物梁漱溟在新文化运动前期也是倾向于支持新文化运动的。据此,可以说新文化运动本身含蕴着多种倾向的萌芽。

"全盘西化"论的正式出笼是1929年,其代表人物为胡适和陈序经。胡适在此年为英文《中国基督教年鉴》写过一篇文章,题为《中国今日的文化冲突》。在这篇文章中,胡氏同时使用了两个词来表达他的文化主张,一个词是 Wholesale Westernization,一个词是 Wholehearted Modernization。

---

① 汪叔潜:《新旧问题》,载《青年杂志》第1卷,第1号。

"年鉴"出版后,社会学家潘光旦在英文《中国评论周报》上发表一篇书评,指出胡适文中用的两个词意义不一样,前一个词可译作"全盘西化",后一个词可译作"全力现代化"或"充分现代化"。他还表示,他可以赞成"全力现代化",而不赞成"全盘西化"。从此,"全盘西化"一词才流传开来。

"全盘西化"论者内部对所谓全盘西化的解释并不完全一致。大体地说,有胡适的所谓"策略"的"全盘西化"论,有陈序经的"百分之百"的"全盘西化"论,还有另外一些人所谓的"根本"的"全盘西化"论。

胡适的"全盘西化"论,理论上相当混乱且前后不一。"全盘西化"本是胡适作为一个与"充分世界化"同义的口号提出来的,陈序经接过这个口号,作了极端的解释,同时反过来批评胡适不够"全盘西化派,而乃折中派中之一流"①。对这一指责,胡适不以为然,公开声明"我是完全赞成陈序经先生的全盘西化论的"②。但实际上,胡适对全盘西化的理解与陈序经确有不同。胡适说:"现在的人说'折中'、说'中国本位',都是空谈。此时没有别的路可走,只有努力全盘接受这个新世界的新文明。全盘接受了,旧文化的'惰性'自然会使他成为一个折中调和的中国本位新文化。……古人说:'取法乎上,仅得乎中;取法乎中,仅得乎下。'这是最可玩味的真理。我们不妨拼命走极端,文化的惰性自然会把我们拖向折中调和上去的。"③

这就是说,胡适把"全盘西化"作为行动的指针,而不视为一种可以真正达到的目的。最后达到的是当时一些国民党学者提倡的"中国本位新文化"。而陈序经则认为:"百分之一百的全盘西化,不但有可能,而且是一个较为完善较少危险的文化的出路。"④

鉴于"全盘西化"论一出笼就受到尖锐的批评,1935年6月23日胡

---

① 陈序经:《全盘西化的辩护》,载《独立评论》第160号。
② 《编辑后记》,载《独立评论》第142号。
③ 转引自陈序经:《再谈"全盘西化"》,载《独立评论》第147号。
④ 陈序经:《全盘西化的辩护》,载《独立评论》第160号。

适又发表了《充分世界化与全盘西化》的文章,承认"全盘西化这个名词,的确不免有一点语病",因而提议用"充分世界化"一词取代"全盘西化"。此举又遭到陈序经的反驳,他的题为《全盘西化的辩护》的文章与胡适的《答陈序经先生》一起登在《独立评论》上。这次胡适不再讲"完全赞成"陈序经,而只讲两人"似乎意见不很相远"了。

陈序经在与胡适的论难中,采取了以子之矛攻子之盾的方法,使胡适处于相当被动的境地,从而暴露出胡适在理论上的混乱和态度上的软弱。

胡适这一时期的文化理论中显然包含着一个矛盾。一方面,他认为周秦以后,"我们所有的,欧洲也都有;我们所没有的,人家所独有的,人家都比我们强"①,认为文化变动遵循"优胜劣败"的规律,且在这种优胜劣败的文化变动中,没有一种完全可靠的标准可以用来指导整个文化的各方面的选择弃取。照这样的论法,中国除了全盘西化外,实在是另无出路。陈序经正是抓住这些观点,并加上一个"文化各方面都有连带的关系……不能随意的取长去短"②的论据,推出他的"百分之百"全盘西化的理论。但另一方面,胡适又不能完全否认文化的民族性,他说:"我们不能不承认,数量上的严格'全盘西化'是不容易成立的。文化只是人民生活的方式,处处都不能不受人民的经济状况和历史习惯的限制,这就是我从前说过的文化惰性。你尽管相信'西菜较合卫生',但事实上决不能期望人人都吃西菜,都改用刀叉。况且西洋文化确有不少的历史因袭的成分,我们不但理智上不愿采取,事实上也决不会全盘采取。"③这里所谓的"文化惰性",实际上是指文化的民族特性,胡适认为,这一类的东西是情感性的东西,是理智无法改变的。正因为胡适不能完全否认各民族文化各有其特色,所以才在人们的批评下不得不放弃"全

---

① 胡适:《信心与反省》,载《独立评论》第103号。
② 陈序经:《再谈"全盘西化"》,载《独立评论》147号。
③ 胡适:《充分世界化与全盘西化》,载1935年6月23日《大公报》。

盘西化"的口号。

陈序经对他与胡适之间的分歧显然做了夸大的渲染。胡适、陈序经的"全盘西化"论虽小有差异，但本质完全一样，即二者都是欧洲中心主义的。胡适说："我赞成全盘西化，原意只是因为这个口号，最近于我十几年来充分世界化的主张。"[1]陈序经也说："所谓趋向世界化的文化，与所谓代表现代化的文化，无非就是西洋的文化。"[2]可见，他们都认为，西方文化是一切其他文化发展的路标和楷模，所谓世界化、现代化，也就是西化。这显然是欧洲中心主义的观点。

后来有人写文章为胡适的"全盘西化"论大加辩护，认为不应当"把胡适的'全盘西化'思想当做与国粹主义对立的一个极端"[3]，乃至认为胡适全盘西化的最终目的和结果与国粹派、"中国本位文化"论者一样，这种论调未免太远离事实了。

"全盘西化"论的文化学根据是一种庸俗的单线的文化进化论。早在1923年，胡适在批评梁漱溟的文化三路向说时，就对这种文化进化论做了明确的表述。他说："我们的出发点只是：文化是民族生活的样法，而民族生活的样法是根本大同小异的。为什么呢？因为生活只是生物对环境的适应，而人类的生理的构造根本上大致相同，故在大同小异的问题之下，解决的方法，也不出那大同小异的几种。这个道理叫做'有限的可能说'。……我们拿历史眼光去观察文化，只看见各种民族都在那'生活本来的路'上走，不过因环境有难易，问题有缓急，所以走的路有迟速的不同，到的时候有先后的不同。……至于欧洲文化今日的特色，科学与德谟克拉西，事事都可用历史的事实来说明：我们只可以说欧洲民族在这三百年中，受了环境的压迫，赶上了几步，在征服环境的方面的

---

[1] 胡适：《充分世界化与全盘西化》，载1935年6月23日《大公报》。
[2] 陈序经：《全盘西化的辩护》，载《独立评论》第160号。
[3] 储昭华：《论"西化"及中国传统文化的现实出路》，载《社会科学评论》1986年第10期。

成绩比较其余各民族确是大的多。"①这种文化进化论把人类历史、人类社会抽象化了，忽视了在漫长的历史上人类以民族的形式存在这一事实，因而看不到文化的民族特点对于民族认同的巨大价值。例如，他说"言语的组织，总不出几种基本配合"，这话当然是不错的，但据此而过分轻视了民族语言差异的意义，就是大错。古往今来，压迫民族总是想办法消灭被压迫民族的语言，被压迫民族则总是要为保卫自己的语言而斗争。不明白这一点，实在很难说具有"历史眼光"。

欧洲中心主义，连西方人自己也收起不讲了，单线条的进化论，也已经成了19世纪的陈迹。还有人重新捡起"全盘西化"的旗号来，在学术上也未免太落伍了。

胡适、陈序经"全盘西化"论的攻击矛头，指向"复古派"和被他们认为调和、折中中西文化的其他各派。而此论也遭到了来自上述各派的批评。但却不能把这些论战等量齐观。在这些论战中，最值得注意的有三方面。

其一是"全盘西化"论者与"中国本位文化"论者之间的论战。1931年"九一八"事变后，胡适办《独立评论》，支持蒋介石的"攘外必先安内"政策，1938年他被委任为国民党政府驻美大使。这种政治立场，对他与"中国本位文化"论者的论战产生了微妙的影响。《中国本位的文化建设宣言》发表后，胡适写了一篇题为《试评所谓"中国本位的文化建设"》的文章，有些话说得相当尖刻，如"'中学为体西学为用'的最新式的化装""今日一般反动空气的一种最时髦的表现"，其中特别说到"政府无论如何圣明，终是不配做文化的裁判官的"。应当注意的是，话虽尖刻，却并无从根本上作对的意思。因为文中也说道："将来文化大变动的结晶品，当然是一个中国本位的文化，那是毫无可疑的。"尽管如此，胡适的立场很快遭到了"中国本位文化"论者的严厉驳斥。

---

① 胡适：《读梁漱溟先生的〈东西文化及其哲学〉》，见《胡适文存》第2集，第2卷。

陶希圣等十位教授在《我们的总答复》中指责全盘西化是"崇拜异地的偶像",是"反客为主""自甘毁灭"。①且对"全盘西化"论者提出一个性命攸虞的问题:资本主义文化和社会主义文化都是西方文化,"敢问全盘西化论者从何化起?"另外,王南屏也著文"检讨""全盘西化"论,话说得很客气,但问题提得很严重:"'全盘西化'论的声调,可以掺乱或障碍了今日中国文化建设之统一的阵容。"②胡适批评十位教授的文章发表于1935年3月底,4月和5月受到上述的反驳,到了6月份胡适发表《充分世界化与全盘西化》,表示收回"全盘西化"的提法。从这个时间表中可以看出,"中国本位文化"论者咄咄逼人的态度对胡适的改口起了何等重要的作用!

其二是"全盘西化"论者小心翼翼地与"经济史观"与"一派社会主义"(指中国共产党)划清界限。"中国本位文化"论者深知"全盘西化"论的实质是主张走资本主义道路,如陶希圣说"资本主义者心里老有一个某国如美国"③,影射的就是胡适。但他们还是想把"红帽子"往胡适等人头上扣,如有人写文章说文化社会学派和持"经济史观"(历史唯物主义)的论者都主张"全盘西化"。对此,"全盘西化"论者很敏感。陈序经马上声明,"经济史观的拥护者,大都是折中派"④。胡适的办法则更不失"学者"风度,他一面讲一点苏俄的好话,一面撤下"全盘西化"的旗帜,以"免除一切琐碎的争论"。

其三也是最值得注意的一点,是"全盘西化"论者对民族主义问题的立场。"九一八"事变后,民族主义情绪在全国各阶层中迅速滋长,与此相应,保持中华民族文化特性、反对文化侵略的呼声也日见高涨。"中国本位文化"论者之所以揭起"中国本位"的旗号,一个明显的目的就是想抢民族主义的帅旗。但胡适却主张,文化本身是保守的,"中国本位"

---

① 参见《文化建设》第1卷,第8期。
② 王南屏:《陈胡二先生"全盘西化"论的检讨》,载《读书季刊》第1卷,第1号。
③ 陶希圣:《为什么否认现在的中国》,载《文化建设》第1卷,第7期。
④ 陈序经:《关于全盘西化答吴景超先生》,载《独立评论》第142号。

根本不需要人力去培养保护,需要焦虑的是固有文化的惰性太大,"中国旧有种种罪孽的特征,太多了,太深了",应该引入外来势力对其"洗涤冲击"。① 这种主张如果真的大规模实践起来,那么,不管主张者本人的动机如何,是一定会变成帝国主义侵略的前驱的。君不见日本帝国主义侵占东北后,强迫所有的学校用日语上课吗?

要而言之,"全盘西化"论不仅在理论上是错误的,在实践上也是极为有害的。

三 "中国本位文化"论

1935年1月,陶希圣等十位国民党教授发了一通《中国本位的文化建设宣言》,正式揭出了建设中国本位文化的旗号。一时间,又是邀请学界名流座谈讨论,又是召开读书运动大会,又是出版讨论文集,煞是热闹。

这篇"宣言"虽出自十位教授之手,但真正的幕后牵线人则是国民党理论家陈立夫。1934年4月,陈立夫在南京发表题为《文化建设之前夜》的演讲,为"宣言"定下了基调。继而组织了以陈立夫为理事长的中国文化建设协会,发行《文化建设》《读书季刊》之类的期刊,为所谓"中国本位文化建设"准备了机构和言论阵地。更广义地看,这个所谓"中国本位文化"建设运动,又是与1934年由国民党发起的"尊孔读经"和"新

---

① 胡适:《试评所谓"中国本位的文化建设"》,载《独立评论》第145号。

生活运动"相呼应的整个文化运动的重要环节。

"宣言"作者的政治立场是很清楚的。1935年,正是国民党反动派的军事"围剿"和文化"围剿"顺利得手之时。"宣言"对此喜形于色,说"伟大的国民革命""虽有种种波折,但经过了这几年的努力,中国的政治改造终于达到了相当的成功"①,并且明确指出,所谓"中国本位文化"的建设是针对"复古""完全模仿英、美""模仿苏俄""模仿意、德"诸派的主张的。

"宣言"的作者以教授、学者的身份秉承陈立夫的旨意,在行文措辞上颇下了一番功夫,尤其是在"中国本位"的解释上,笼统含糊、闪烁其词。什么是"中国本位"呢?"宣言"说:"中国是中国,不是任何一个地域,因而有它自己的特殊性。同时,中国是现在的中国,不是过去的中国,自有其一定的时代性。所以我们特别注意于此时此地的需要,就是中国本位的基础。"②此说一出,议者纷纭。胡适认为,"中国本位"就是"中体西用"。潘光旦更对"本位"一词下了一番"正名"的功夫。他说:"'本位'二字原是不难了解的。物有本末,事有先后,明白得这一点,古人称为'近道'。以中国为本位,是以中国的治安与发展为先务。本末也有主客的意思,所以本位就等于主体。也有轻重的意思,所以本位所在就等于重心所寄。也有中心与边缘的意思,所以以中国为本位就无异以中国为中心,译成英文,是 Sino centric。……本末也有常变的意思。中国是一个常数 Constant,世界文化潮流动荡终究是一些变数 Variables。我们决不能因变数的繁多,而忘却了常数的存在。我们更应该以变的迁就常的,常的对于变的事物,虽宜乎不断的选择、吸收,以自求位育,但也不宜超越相当程度……本末也有体用的意思。以前提倡'洋务'时代张之洞'中学为体,西学为用'的两句话,也不能说是全无道理。"③

---

① 《中国本位的文化建设宣言》,载《文化建设》第1卷,第4期。
② 同上。
③ 潘光旦:《谈"中国本位"》,载《文化建设》第1卷,第5期。

这就差不多将"中国本位"与"中体西用"画了等号。叶青则另有一番解释。他说："本来，单就'中国本位'一句话说来，是含有国家主义气味的。不仅这样，而且含有中国主义的气味。但是，这个解释却把它变更过来，成为文化的实在论和辩(辨)证论之应用。从而它的科学性也就显现出来。中国本位论就是以切合此时此地的中国需要为建设文化的标准的主张。不事空想，注重现实性和特殊性的把握，所以在原则上，实无可非难。"①照此说，所谓中国本位，无非即适合此时此地需要的民族文化之意。还有一位吴贯因，以《中国本位的文化与外国本位的文化》为题，大发了一通牢骚。他认为，"中古中外，无论何国，其建设文化，未有不以本国为本位者，此本不成问题，亦不成名词"，之所以中国今日竟有"中国本位文化"之名称，是因为社会现象已有建设"外国本位文化"之趋势。他还说："余为中华民国之土人……宁愿从夷齐饿死于首阳之巅，而委身黄土，断不愿逃儒归洋，逐'外国本位'之潮流，高唱'普天之下，莫非洋土，率土之滨，莫非洋臣'也。"②强烈的守旧情绪，跃然纸上。上述种种议论，除胡适之外，原则上都接受"中国本位"的提法，而解释各不相同。

在参与"中国本位文化"讨论的学者名流中，还有一些国民党的忠实信徒。他们嫌"中国本位"的提法旗帜不鲜明，如欧元怀认为："中国本位文化建设的主张虽没有复古的意思，我以为倒不如称做新文化或三民主义的文化要醒豁一些。"③陶百川认为："应该拿三民主义来做建设中国本位文化的根本原则。"④台郋爽秋说："我们应该在三民主义里摘取二义，以民生为基础，以民族复兴为目标。由此可知中国本位的文化，

---

① 叶青：《读〈中国本位的文化建设宣言〉以后》，载《文化建设》第1卷，第5期。
② 吴贯因：《中国本位的文化与外国本位的文化》，载《正风半月刊》第1卷，第9期。
③ 《中国本位文化建设座谈》，载《文化建设》第1卷，第5期。
④ 同上。

就是民生本位的文化,就是自卫的文化。"①

综上所述,"中国本位文化"这个概念,在最抽象的意义上是得到除"全盘西化"论者以外的各派认可的,这里所谓各派,包括复古派、中体西用论者或折中派和辩证综合派,甚至包括梁漱溟这样的东方文化派。这一现象值得分析。这种众口一词的现象,在很大程度上是由于当时文化"围剿"所造成的恐怖气氛造成的,许多人明知这个笼统含糊的口号的潜台词,但迫于压力,不能不以抽象的形式表示肯定,而且当时中国共产党人完全被剥夺了发言的机会。在文化专制主义高压下,鲁迅写了一篇杂文,讽刺中国本位文化连"帮用"的资格也不够,只能算是"扯淡"。此说虽语焉不详,但确实是一针见血之笔。"中国本位"这个提法的模糊含混性,也便于各派人士为我所用。除此之外,"中国本位"的提法在纯粹学术意义上所具有的合理性及其反映的正在各阶层中普遍高涨的民族主义情绪,也是使人们很难对它在原则上加以否定的重要原因。

"中国本位文化"论者反对守旧复古,也反对全盘否定古代的"中国制度思想",主张"把过去的一切,加以检讨,存其所当存,去其所当去"②;他们反对全盘西化,认为"吸收欧、美的文化是必要而应该的,但须吸收其所当吸收……吸收的标准,当决定于现代中国的需要"③。他们还强调,"我们所主张的中国本位,不是抱残守缺的因袭,不是生吞活剥的模仿,不是中体西用的凑合,而是以此时此地整个民族的需要和准备为条件的创造"④。这些话在原则上都是很难挑出什么毛病的。在摆脱了中国文化中心主义、欧洲文化中心主义及在此二者之间调和折中的态度的意义上,在主张此时此地民族需要的文化的意义上,"中国本位"的提法在学术上显然高于过去的种种提法。

但是,如果我们仔细分析一下"中国本位文化"论者对上述抽象原

---

① 《中国本位文化建设座谈》,载《文化建设》第1卷,第5期。
② 《中国本位的文化建设宣言》,载《文化建设》第1卷,第4期。
③ 同上。
④ 《我们的总答复》,载《文化建设》第1卷,第8期。

则的具体解说，其调和折中的实质和反动的政治倾向就会暴露出来。

三民主义本是国民党人的主义，"五四"精神本是"民主"与"科学"并提的。但"宣言"的作者们却小心翼翼地避开了民权主义，闭口不谈五四运动的民主精神。他们在解释"中国此时此地的需要"时说"充实人民的生活，发展国民的生计，争取民族的生存"①。这并不是偶然的疏忽。不讲民主乃至反对民主，是中国本位文化建设的反动本质之所在。早在"宣言"发表之前，《文化建设》发刊词已提出："现代中国的新文化……为充满民族的统一主义与创造的科学精神之事物……所以中国文化建设协会当成立之初，即以发扬'民族精神''科学精神''统一精神''创造精神'四者为主旨。"②只讲科学，不讲民主，并且拿"民族""统一"的大帽子压制民主，正是国民党文化建设运动的特色。

1924年，孙中山先生将旧三民主义发展为新三民主义，从而开辟了国共合作的道路，奠定了第一次国内革命战争胜利的基础。但国民党右派却背叛了孙中山的路线政策，在帝国主义、封建地主阶级和买办阶级的支持下，建立了反共反人民的新军阀统治。"宣言"的作者们却把这美化为"中国的政治改造终于达到了相当的成功"③，攻击中国共产党人"公然拥护苏俄"，是"忘记""抹杀"了现在的中国，"轻视了中国空间时间的特殊性"。"中国文化本位"论者所谓的中国特殊性，是被当做反对以中国共产党人为代表的新民主主义革命路线的同义词使用的。

早在"宣言"发表之前，陈立夫已经为中国本位的文化建设定了调子，"以科学化运动检讨过去，以新生活运动把握现在，以文化建设运动创造将来"④。这所谓"以科学化运动检讨过去"，实际上是要翻五四运动的案，为封建道德招魂。在陈立夫看来，大刚中正是中华民族固有的特性，是中国自古立国的精神，"是故欲复兴民族，必先恢复民族固有的特性，

---

① 《我们的总答复》，载《文化建设》第1卷，第8期。
② 《发刊词》，载《文化建设》第1卷，第1期。
③ 《中国本位的文化建设宣言》，载《文化建设》第1卷，第4期。
④ 《发刊词》，载《文化建设》第1卷，第1期。

然后再研究科学"①。据此，陈立夫将孙中山先生"将我国固有之德性智能，从根救起，对西方发明之物质科学，迎头赶上"的话翻出来，作为"中国本位文化建设之方针与方法"②。这个以中国道德为本加西方科学的公式，与中体西用论十分相似，至少是具有浓厚的调和折中的味道。"宣言"的作者们一方面不能不重复陈立夫"用科学方法来检讨过去，把握现在，创造将来"的调子。另一方面他们深知陈立夫对此语的具体解释很难逃脱中体西用、中西调和论的判决，所以在"宣言"和"总答复"中竭力说些"不守旧"、不搞"中体西用的凑合"的话，并用"存其所当存，去其所当去"之类的虚言取代陈立夫的实语。但会说的不如会听的，"宣言"发表后，不少人就指出"宣言态度有复古之嫌，很有陷入整理国故覆辙的可能"③。

要而言之，"中国本位文化"这个概念，在陈立夫那里，具有明显的中体西用、中西调和论的性质。而经过这十位教授巧妙的改装后，却以貌似辩证综合的面目出现。这反映了文化理论方面历史的进步，即华夏中心主义、西方中心主义、中体西用之类的东西都已失去人心，同时也反映了国民党人无法在实质上顺应这种历史进步的矛盾。

四　民族的科学的大众的文化

在历次文化论争中，差不多总有一些能够不同程度地超越华夏中心

---

① 陈立夫：《文化建设之前夜》，载《华侨半月刊》第 46 期。
② 陈立夫：《文化与中国文化之建设》，载《文化与社会》第 1 卷，第 8 期。
③ 《首都中国本位的文化建设座谈会纪事》，载《文化建设》第 1 卷，第 6 期。

主义或欧洲中心主义见识的卓绝之士,主张中西文化的辩证综合。远的如徐光启、严复,近的如李大钊、蔡元培、杨昌济。由于时代的局限,他们所做的实际工作难免中西牵合、新旧杂糅,但他们的思路是正确或基本正确的。20世纪30—40年代由中国共产党人和鲁迅提出的"民族的大众的革命的文化"的主张,与这些先驱者的思想有一定的继承关系。

李大钊在《东西文明根本之异点》一文中把东西文明分别断定为静的文明和动的文明,主张二者融会调和以创造第三文明。他说:"以余言之,宇宙大化之进行,全赖有二种之世界观鼓驭而前,即静的与动的、保守与进步是也。东洋文明与西洋文明实为世界进步之二大机轴,正如车之两轮、鸟之双翼,缺一不可。而此二大精神之自身,又必须时时调和、时时融会,以创造新生命而演进于无疆。由今言之,东洋文明即衰颓于静止之中,而西洋文明又疲命于物质之下,为救世界之危机非有第三新文明崛起不足以渡此危崖。俄罗斯之文明诚足以当媒介东西之任,而东西文明真正之调和则终非二种文明本身之觉醒万不为功。所谓本身之觉醒者,即在东洋文明宜竭力打破其静的世界观,以容纳西洋之动的世界观;在西洋文明宜斟酌抑止其物质的生活,以容纳东洋之精神的生活而已。"①

如前所述,将东方文明视为静的文明、精神文明,而将西方文明视为动的文明、物质文明,这是不正确的。立足于此讲东西融会调和,其结果也只能是新旧杂糅、中西牵合。(当然李大钊本人并没有做这样的工作,不久他就转到共产主义立场上去了。)但李大钊并不因东方文明之衰颓而全盘抹杀,这比当时许多新文化运动领袖人物高明;他也不因第一次世界大战而轻率地宣布西方文明破产,这比稍后出现的东方文化派高明;他所谓"第三新文明"虽尚朦胧,但已超越了国粹主义与西化论者的狭隘眼界。

北京大学之所以在五四新文化运动中成为新思想的最重要基地,与当时身为校长的蔡元培的办学方针是分不开的。在学术上,他主张"思想

---

① 李大钊:《东西文明根本之异点》,载《言治季刊》1918年第7期。

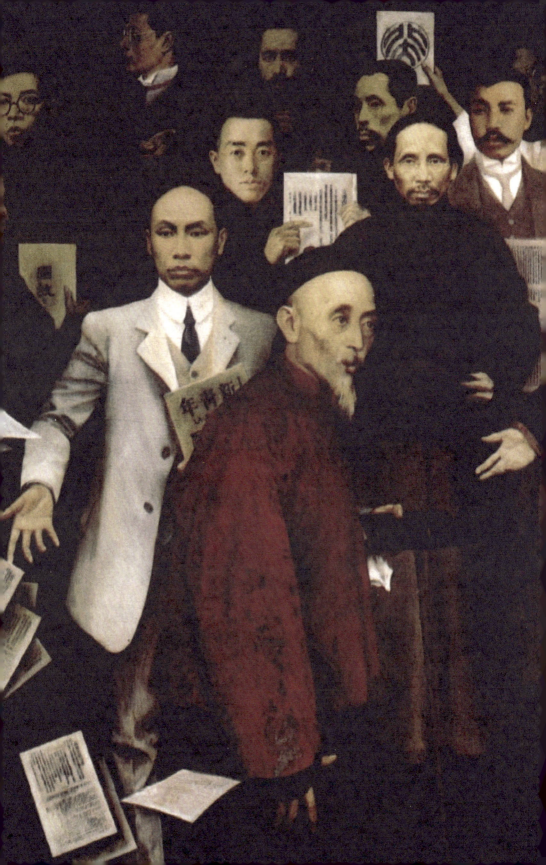

>>> 总有一些能够不同程度地超越华夏中心主义或欧洲中心主义见识的卓绝之士,主张中西文化的辩证综合。远的如徐光启、严复,近的如李大钊、蔡元培、杨昌济。图为当代沈嘉蔚《北大钟声》。

自由""兼容并包",聘请陈独秀、李大钊、胡适、鲁迅等一大批新派人物来校任教,也聘请了像梁漱溟这样的反对派任教。在政治上,他反对限制师生个人行动的自由,并努力营救因参加爱国政治活动而受迫害的师生。这种办学方针又根于他的世界观和文化主张。蔡元培认为,世界进化的方向是"自阂而通,自别而同"[1],在文化方面,他持一种辩证综合的态度。蔡元培和所有新文化运动的领袖一样,主张吸收世界各国的文化,特别是共和先进国之文化。但他认为,吸收外来文化要有所选择,必择其可以消化者而始吸收之;要为我所用,发展自己的个性而不是被别人同化,"所得于外国之思想言论学术,吸收而消化之,尽为我之一部,而不为其所同化"[2];学习要和独创结合,要和研究本国的文化遗产相结合,"非徒输入欧化,而必于欧化之中为更进之发明;非徒保存国粹,而必以科学方法,揭国粹之真相"[3]。蔡元培的这些主张的总根据,一是认为一个民族只有广泛吸收各国的文明,才能建设自己高度发达的文明;一是认为人类文化贵在能各促进其特性,各国社会各有其不同之点,绝不当尽归于同化。蔡元培的这种观点和主张,显然远远高出同时的先进人物,特别是他反对被人同化之说,是半殖民地人民的最可宝贵的性格。

杨昌济在五四新文化运动中基本采取调和折中的态度,当时不很引人注目。但他注意研究国情和对中西文化采取批判和融合的态度,却蕴含着合理的因素,并对其得意门生毛泽东的早期思想有重大影响。杨昌济在如何学习西方的问题上,强调"夫一国有一国之民族精神,犹一人有一人之个性也。一国之文明,不能全体移植于他国"[4]。因此,他认为学习西方文化必须"审国家特异之情形",确定"何者宜取,何者宜舍"[5]。

---

[1] 蔡元培:《世界观与人生观》,见《蔡元培选集》,北京:中华书局,第17页。
[2] 蔡元培:《在清华学校高等科演说词》,见《蔡孑民先生言行录》,浙江图书馆印行所1934年版,第409页。
[3] 蔡元培:《北京大学月刊发刊词》,见《蔡孑民先生言行录》,第227页。
[4] 《杨昌济文集》,长沙:湖南人民出版社1980年版,第199页。
[5] 同上书,第202页。

他又认为"中国固有之文化，经史子集义蕴宏深，正如宝藏遍地"①，强调用"新时代之眼光来研究吾国之旧学"②。然后在此基础上，"合东西洋文明一炉而冶之"③。

五四新文化运动的最重要成果是为中国共产党的成立做了思想上和干部上的准备。但五四运动本身的片面性对幼年时期的中国共产党也造成了不小的影响。毛泽东在20世纪40年代总结"五四"以来的文化运动时说："洋八股或党八股，是五四运动本来性质的反动。但五四运动本身也是有缺点的。那时的许多领导人物，还没有马克思主义的批判精神，他们使用的方法，一般地还是资产阶级的方法，即形式主义的方法。他们反对旧八股、旧教条，主张科学和民主，是很对的。但是他们对于现状，对于历史，对于外国事物，没有历史唯物主义的批判精神，所谓坏就是绝对的坏，一切皆坏；所谓好就是绝对的好，一切皆好。这种形式主义地看问题的方法，就影响了后来这个运动的发展。五四运动的发展，分成了两个潮流。一部分人继承了五四运动的科学和民主的精神，并在马克思主义的基础上加以改造，这就是共产党人和若干党外马克思主义者所做的工作。另一部分人则走到资产阶级的道路上去，是形式主义向右的发展。但在共产党内也不是一致的，其中也有一部分人发生偏向，马克思主义没有拿得稳，犯了形式主义的错误，这就是主观主义、宗派主义和党八股，这是形式主义向'左'的发展。"④这里所谓形式主义向"右"的发展，就是以胡适为代表的"全盘西化"论；所谓形式主义向"左"的发展，则是指以王明为代表的教条主义。这种教条主义，在政治、军事、文化上都有许多表现。中国共产党人和党外马克思主义者克服教条主义，在文化问题上提出鲜明而正确的主张，大体上开始于"民族革命战争的

---

① 《杨昌济文集》，长沙：湖南人民出版社1980年版，第203页。
② 同上。
③ 同上。
④ 毛泽东：《反对党八股》，见《毛泽东选集》第3卷，北京：人民出版社1953年版，第833页。

大众文学"的口号的提出。

"民族革命战争的大众文学"是在中国共产党抗日民族统一战线的路线、方针和政策影响下,由鲁迅等人于1936年6月提出的。鲁迅指出:"'左翼作家联盟'五六年来领导和战斗过来的,是无产阶级革命文学的运动。这文学和运动,一直发展着;到现在更具体地,更实际斗争地发展到民族革命战争的大众文学。"①这一口号,虽然是当时政治形势的产物,但同时也是鲁迅晚期文化思想及他对当时革命的性质独立思考的产物。

鲁迅在1934年发表了题为《拿来主义》的著名杂文。这篇文章,对吸收外来文化的问题提出了非常重要的正确主张:拿来主义。鲁迅指出,1840年以来的中西文化交流,是在中国被动的情况下进行的。"我们被'送来'的东西吓怕了。先有英国的鸦片,德国的废枪炮,后有法国的香粉,美国的电影,日本的印着'完全国货'的各种小东西。于是连清醒的青年们,也对于洋货发生了恐怖。其实,这正是因为那是'送来'的,而不是'拿来'的缘故。"②这段话,精辟地分析了百年来中西文化交流中存在的根本问题,就是主动之权不在我,中国成了外国文化糟粕的倾销场,这就难免引起人们的反感和反对。据此,鲁迅接着指出:"我们要运用脑髓,放出眼光,自己来拿!"③"总之,我们要拿来。我们要或使用,或存放,或毁死。那么,主人是新主人,宅子也就会成为新宅子。然而首先要这人沉着,勇猛,有辨别,不自私。没有拿来的,人不能自成为新人,没有拿来的,文艺不能自成为新文艺。"④把这些文学性的语言改换成科学的语言,那就是主张发扬民族的主体精神,独立自主地引进外来文化,并加以选择,吸取其精华而抛弃其糟粕。

为了将"拿来主义"与以往种种的文化主张区别开来,鲁迅又说了

---

① 《论现在我们的文学运动》,见《且介亭杂文末编》,北京:人民文学出版社1973年版,第101页。
② 《拿来主义》,见《且介亭杂文》,北京:人民出版社1973年版,第29页。
③ 同上。
④ 同上。

>>> 鲁迅在1934年发表了题为《拿来主义》的著名杂文。这篇文章对吸收外来文化的问题提出了非常重要的正确主张：拿来主义。图为当代郑野夫《在著作时的鲁迅》。

一段形象生动的话:"譬如罢,我们之中的一个穷青年,因为祖上的阴功(姑且让我这么说说罢),得了一所大宅子,且不问他是骗来的,抢来的,或合法继承的,或是做了女婿换来的。那么,怎么办呢?我想,首先是不管三七二十一,'拿来'!但是,如果反对这宅子的旧主人,怕给他的东西染污了,徘徊不敢走进门,是孱头;勃然大怒,放一把火烧光,算是保存自己的清白,则是昏蛋。不过因为原是羡慕这宅子的旧主人的,而这回接受一切,欣欣然的蹩进卧室,大吸剩下的鸦片,那当然更是废物。'拿来主义'者是全不这样的。"①

应当指出,鲁迅的"拿来主义",不仅适用于吸收外来文化,也适用于批判地继承传统文化。鲁迅在文章中用"旧宅子"为喻,就说明了其对传统文化的适用性。鲁迅在论木刻时指出:"别的出版者,一方面还正在介绍欧美的新作,一方面则在复印中国的古刻,这也都是中国的新木刻的羽翼。采用外国的良规,加以发挥,使我们的作品更加丰满是一条路;择取中国的遗产,融合新机,使将来的作品别开生面也是一条路。"②他还指出:"因为新的阶级及其文化,并非突然从天而降,大抵是发达于对于旧支配者及其文化的反抗中,亦即发达于和旧者的对立中,所以新文化仍然有所承传,于旧文化也仍然有所择取。"③

要而言之,以民族主体的精神,对外来和古代的文化加以占有、挑选,并在此基础上有所创造,这就是"拿来主义"的精义。做外来文化和古代文化的主人,这也就是"民族革命战争的大众文学"中"民族"一词的重要含义。

鲁迅的文化主张,得到毛泽东同志的高度评价:"鲁迅的方向,就

---

① 鲁迅:《拿来主义》,见《且介亭杂文》,北京:人民出版社1973年版,第29—30页。
② 鲁迅:《〈木刻纪程〉小引》,见《且介亭杂文》,北京:人民出版社1973年版,第36页。
③ 鲁迅:《〈浮士德与城〉后纪》,见《集外集拾遗》,北京:人民出版社1973年版,第345页。

是中华民族新文化的方向。"事实确实如此。1937年,陈伯达、张申府、胡绳等倡导的"新启蒙运动"得到普遍的注意和热烈的响应,就是鲁迅的文化主张在先进知识界中影响迅速扩大的表现。

"新启蒙运动"除了明确主张无产阶级的领导权和广泛的统一战线性质及民族解放的宗旨外,还特别强调以科学的方法即"唯物、客观、辩证、解析"[①]的方法继承五四的科学与民主传统,而克服其不足。在对中西文化的态度上,张申府提出:"在文化上,这个新启蒙运动应该是综合的。如果说五四运动引起一个新文化运动,则这个新启蒙运动应该是一个真正新的文化运动。所创造的文化不应该只是毁弃中国传统文化,而接受外来西洋文化。也不应该只是固守中国文化,而拒斥西洋文化。乃应该是各种现有文化的一种辩证的或有机的综合。一种真正新的文化的产生,照理是由两种不同文化的接合。一种异文化(或说文明)的移植,不合本地的土壤,是不会生长的。或换言之,为适应今日的需要,这个新启蒙运动的文化运动应该不只是大众的,还应该带些民族性。"[②]张申府的这些论述,把民族的、大众的、科学的文化的含义深刻而完备地表述了出来。正因为如此,《五四运动与新启蒙运动》一文,被视为"一篇新启蒙运动的重要文学"[③]。

1940年2月,毛泽东发表了著名的《新民主主义论》(又名《新民主主义的政治与新民主主义的文化》),运用马克思主义的立场、观点和方法,对近百年来的文化论战做了科学的总结,并把新民主主义的文化或中华民族的新文化概括为"民族的科学的大众的文化""人民大众反帝反封建的文化"。"民族的科学的大众的文化"这个提法,显然是从鲁迅"民族革命战争的大众文学"的提法发展而来。而毛泽东在此文及以后论著中,对百年来文化论争特别是"五四"以来文化论争的总结及对新民主主义

---

① 张申府:《五四运动与新启蒙运动》,载《读书月报》第2号。
② 同上。
③ 自非:《新启蒙运动在北平》,载《读书月报》第2号。

文化的阐述，显然是党内外马克思主义者和其他先进分子的智慧的结晶。

《新民主主义论》在文化问题上的最大贡献是明确论定了1840年以来新文化的社会性质，即在"五四"以前，中国的新文化，是旧民主主义性质的文化；在"五四"以后，中国的新文化，都是新民主主义性质的文化，是无产阶级领导的人民大众的反帝反封建的文化。这是高于同时代其他同类文化主张的地方。不过，从发展的观点看，也留下了一些有待于进一步探讨的问题。

首先，《新民主主义论》中所说的"文化"，是狭义的文化，观念形态的文化，与当时各派学者所使用的文化概念明显不同。这里的问题不在于"文化"的定义之争，而在于物质文化、制度文化是不是也和观念形态的文化一样，也可能或应有民族的特色问题。

其次，是文化论争的政治倾向和学术是非的复杂关系问题。中国近百年来的文化论争，有明显的阶级斗争背景。在这一点上，任何一个有政治头脑的人都应该旗帜鲜明，不能模棱两可。《新民主主义论》在这方面提供了典范。但是，这并不能完全取代对争论各方学术上得失的科学分析。事实上，毛泽东后来对五四新文化运动也做过这样的分析。但总体上来说，这方面的分析还不够。

再次，是吸收外国文化和批判地继承古代文化的问题。文化按其阶级性和政治倾向，确有先进与落后、进步与保守、革命与反动之分，中国古代文化也确有封建性的和民主性的之分。《新民主主义论》主张"大量吸收外国的先进文化"，对中国古代文化"剔除其封建性的糟粕，吸收其民主性的精华"，这是完全正确的。但对文化的分析并不止于此。文化不仅有政治倾向的差异，还有科学性、艺术性之类的差异。这二者虽有联系，却不能等同。政治上落后、保守乃至反动的思想文化中也有真理性的颗粒，政治上落后、保守乃至反动的艺术文化中也有可资借鉴的艺术性。这些也是需要吸收的。

最后，是文化的内容与形式问题。《新民主主义论》中有一个公式："民族的形式,新民主主义的内容——这就是我们今天的新文化。"这个公式给继之而起的研究者们一种错觉。为了纠正这种错觉,冯契1947年指出:"普通讲中国气派,常只提到民族形式。其实,形式和内容决不能分成两截,而风格正存于内容与形式的统一。"[①] 但这一纠正并没有产生大的影响。

《新民主主义论》提出的文化主张在中国现代史上所产生的巨大影响是无与伦比的。可以说,从1940年起直到新中国建立后的30年,它一直被中国共产党人和先进的知识分子奉为圭臬。而这一时期中国人民在整理传统文化、吸收外来文化和创造新民主主义的和社会主义的文化方面所取得的成就,都是将这一文化主张付诸实践的结果。然而,也应注意到,由于教条主义的作怪,上述几个有待于进一步探讨的问题没有得到注意,也给文化建设带来一些问题。例如,在外来文化的介绍吸收上,基本上只局限于进步文化,而对于马克思主义产生以后的西方资产阶级的哲学、社会科学、文学艺术,却很少问津;在古代文化的清理上,也往往简单地以政治倾向画线,一旦被判定为保守、落后、反动的文化,就除了骂倒之外别无余事。这种教条主义地对待马克思主义的态度及其带来的恶果,是需要深刻反省的。

---

① 冯契:《中西文化的冲突与汇合》,载《时与文》第1卷,第2期。

第十一章

中国文化的论争（下）

历史的进程往往迂回曲折。

20世纪末,最新一轮的文化论争又如火如荼地开展起来。

一　新一轮文化论争的兴起

　　16世纪以来的文化论争，到20世纪30—40年代，实际上已由中国共产党人和若干党外马克思主义者做出了本质上正确的结论。如果不是教条主义的干扰破坏，如果能够在文化建设的实践中不断丰富和发展《新民主主义论》所揭示的真理的话，新中国建立后三十年间文化建设上的失误和错误是可以避免的。但历史的进程往往迂回曲折。20世纪末，最新一轮的文化论争又如火如荼地开展起来。

　　各家各派的主张大体上可归结为"儒学复兴""全盘西化""彻底摧毁与重建""哲学启蒙补课""西体中用""综合创造"六个类型。如果仅仅从形式上看问题，这场论争似乎是前几次论争的延伸和重复，但实际上，它与前几次论争虽然有无可置疑的学术性的联系，但又有本质的区别。20世纪末的文化论争，是在国内剥削阶级已经消灭、民族独立问题已经解决的历史条件下展开的，是在冲破了极"左"思想的长期禁锢以后展开的。在这种条件下的文化论争，虽然还不能说完全没有阶级斗争的性质，但毕竟是比较次要的。而鸦片战争以后的历次文化论争，不管参加者的主观意愿如何，总是具有鲜明强烈的阶级斗争的性质。这也就是说，20世纪80年代以前的文化论争是政治制约着学术，而80年代的文化论争，主要是学术论争。这一特点要求对所有各派的观点采取客观冷静的分析态度，认真、耐心地倾听各种不同的意见，求同存异，集思广益。而不应该党同伐异，更不可以轻率地将学术论争上纲为政治斗争，用政治斗争去掩盖、压制或取代学术论争。这一原则，不仅适用于现实的论争，也在一定程度上适用于历史上的文化论争。历史上的文化论争，具有鲜明强烈的阶级斗争性质，但既然是文化论争，又有学术论争的性质。不能否认历史上文化论争的阶级斗争背景，但更应注意的是这些论争的各方在学术上的长短得失。

二 "儒学复兴"论

儒家学说在历史上经历了两期发展：第一期是从先秦到西汉，第二期是宋、元、明、清。"五四"以降，儒学的地位一落千丈，但"百足之虫，死而不僵"，即使是在新文化运动的大潮和马克思列宁主义在中国的胜利进军中，也仍然有一些"不肯服输"的知识分子在为儒学打抱不平，抱孤臣孽子保持祖宗产业的孝心，在那里阐发儒家学说。1949年以后，这些"当代新儒家"大多退居港台，或流寓海外，苦苦地支撑着"不绝如缕"的局面。到了20世纪70年代，由于东亚工业文明的崛起等机缘，情况似乎出现了某种转机。随着日本、韩国、新加坡等国家和中国台湾、香港等地区的经济起飞，出现了"第三种工业文明"的提法，提出了"第三种工业文明"和儒家传统有无关系的问题。欧洲中心主义和韦伯主义的失势，"全球意识"与"寻根意识"的相互激励，所有这一切，都给"当代新儒家"注入新的自信力，使得他们摆脱了 20 世纪 40 年代"花果飘零"的悲苦心境，也不再像 50 年代那样大声疾呼"我们并未死亡"，而是大胆地提出了儒学将有第三期发展的问题，甚至于以儒学第三期的代表自许。这种期待儒学第三期发展或认为目前儒学已有第三期发展的理论，这里称之为"儒学复兴论"。

"儒学复兴论"的代表人物是海外华裔学者陈荣捷、余英时、杜维明、成中英等人。德国学者马克斯·韦伯在《新教伦理与资本主义精神》《儒教与道教》这两部影响甚大的著作中，断言中国缺乏近代资本主义的社会学基础，断言儒家的特点在于适应世界而不是改造世界。"儒学复兴"论者不同意这些论断。他们认为，日本、韩国、新加坡和中国台湾、中国香港等东亚五地区的经济起飞，宣告了韦伯理论的破产，认为儒家精神与现代化并不是互相排斥的，因为东亚五地区的道路，正是一条"儒家资本主义"道路。这条道路的特点是把儒学伦理色彩糅进资本主义的经营管理，把西方只重个人才能、胆略和气魄，改变为也重行政工程、心理调节和人际关系调节，善于发挥群体的聪明智慧。他们还认为，"五四"时代第一流的思想家面临的是一元的单线的现代化模式——西化，而现在这种欧洲中心主义的思考模式已逐渐被多元的思考模式所取代。据此，他们提出，要重新估价中国的文化传统，反省"五四"时期"全盘西化"的片面和极端，一方面发扬作为文化认同的那些价值，另一方面清除封建遗毒，对于西方文化的挑战作出创见性的回应，以求得儒学的复兴。

应当承认，20 世纪 60—70 年代以来的当代儒家学者对文化问题的反思有许多精卓的见解。他们反对欧洲中心主义，反对现代化只有西方一种模式的观点，反对把儒家文化与现代化截然对立起来，反对全盘西化，这些应当说都是正确的。他们把中国文化的未来放在全球意识与寻根意识的时代大背景下考察，他们把儒学的未来命运放在"认同"与"适应"的理论中加以考虑，他们主张认真研究东亚工业文明的文化背景、文化动力，我们认为也是颇有见地的。还应当承认，在那些自认为是或被认为是当代儒家的人中，确实出现了一批有创造性的哲学家、思想家，他们思辨清晰、条理井然，他们构造出了好几个理论水平较高的哲学体系。但是，当代新儒家的许多基本观点、基本方法和认为儒学有可能复兴的结论，都是很值得商榷的。

第一，什么是"儒家"？要讨论儒学能否有第三期发展的问题，首先就要弄清什么是儒家、什么是儒学。当代新儒家如杜维明认为，儒家哲学是哲学的人类学，是道德的形上学，是一个将个人人格发展和社会群体、自然、天道结合起来的内容丰富、涉及全面的哲学的人学。这种理解，我们认为是大可商量的。首先，这种说法有一定的片面性。中国古代的儒家流品很杂，且经历了一系列发展阶段。当代新儒家对儒学的上述界定，难免要把许多儒家学派排斥在儒学之外，因而是片面的。其次，这种说法有超时代性的弊病。儒家讨论的人和人际关系，不是抽象的，而是历史的、具体的，不管他们的"道德形上学"如何抽象、思辨，但他们所维护、所论证的道德如仁义礼智、忠孝节义，都有一定的时代性。在儒家的哲学、伦理学中，包含许多普遍性的、跨时代的积极内容，值得批判地继承。但普遍寓于特殊之中，儒家学说本身就是普遍与特殊的统一。或者说，这里存在一个"认同"与"适应"不能兼顾的问题。不脱去旧时代的服饰，儒家就不能适应现时代。而脱去了旧时代的服饰，又难以与前人认同。例如，儒家讲"克己复礼"，这个"礼"，从完全抽象一般的意义上讲，固然也可以视为是人与人之间交往的方式，但在孔子那个时代，所谓礼有鲜明的时代特征。比如说，"大人世及以为礼"，在民主时代，这种"礼"就成了"非礼"。如果舍弃这些时代的内容，在完全抽象一般的意义上讲"克己复礼"，就未必是儒家之学了。最后，儒家严"君子""小人"之分，他们所谓的君子小人，有从"道德高下"的意义上讲的，有从阶级地位高低的意义上讲的，但不管怎么分，劳动者总是属小人之列。这是阶级偏见在儒学中自觉不自觉的表现。而儒家"人学"研究的对象，恰恰也集中在所谓"君子"身上。儒家心目中需要发展人格的人,"任重而道远"的人,"修身齐家治国平天下"的人,"喻于义"的人,都是士君子。所以,如果要把儒家哲学视为哲学的人学,那也首先是、主要是士君子的人学。这一点,当代新儒学恰恰忘记了。杜维明认为:"知识分子在传统中国是社会的良心,不是为哪一个阶级服务的。假如他是为某一个特殊阶级服务,这用现代的话来说,就是政治化的知识分子,不是孔孟时代所代表的知识分子的形象。"[①]应当承认,知识分子在阶级社会里的情况相当复杂,过去常用的"皮毛"之喻有些简单化,但他们基本上还是属于一定阶级的。他们"以天下为己任",而这天下是地主阶级的天下。他们"穷天理,灭人欲",而这天理实际上是地主阶级及其政权的整体的、根本的、长远的利益。他们不畏权势、不计个人利害,在境界上可以超出单个的地主、官僚、一家一姓的政权,但他们不能超越他们所属的那个阶级。儒家思想,特别是孔孟程朱一系儒家"正统思想",在中国古代长期被尊奉为官方的意识形态,因而与这个社会制度及其政治上层建筑——君主专制中央集权有密切联系。儒家中确实有种种复杂的情况。他们中有的品德高尚,力图将儒家的道德理想转化为社会现实,并为此而不顾个人名利得失,不懈地奋斗终生。而更多的儒者则是以儒术"缘饰政治"。

1982年10月,台湾《中国论坛》曾以"当代新儒家与中国现代化"为题举行座谈会并出了专刊,提到的"新儒家"为熊十力、梁漱溟、张君劢、唐君毅、徐复观、牟宗三、钱穆。当代新儒家的活跃人物杜维明认为,对儒学有无进一步发展这个问题的探讨,至少有三代人做出了努力。第一代是梁漱溟、熊十力、张君劢;第二代有牟宗三、唐君毅、徐复观、钱穆、方东美。一些大陆的研究者,则除了上述这些人外,还指认冯友兰、贺麟等为新儒家。这些名单,都或多或少地存在问题。梁漱溟既赞成儒家,又赞成佛教,从其终极关怀来说,他所信的是佛教,终生认定"人生就

[①] 杜维明:《儒家哲学与现代化》,见《论中国传统文化》,北京:生活·读书·新知三联书店1988年版,第112页。

>>> 儒家心目中需要发展人格的人,"任重而道远"的人,"修身齐家治国平天下"的人,"喻于义"的人,都是士君子。图为清代叶芳林《九日行庵文宴图》(局部)。

是错误,要的是涅槃寂静"①。他虽然也表示接受"儒家"的名号,但又赶紧声明,他所持的是"大乘菩萨的救世精神,这一点和泰州学派的儒家精神是相通的"②。熊十力本来是学佛学的,后来由佛归儒,推崇孔子,推崇《易传》,而对汉、唐经师和宋、明理学均取排斥的态度。说他是新儒家,他自己也未必能接受。冯友兰是继承、发展程朱学说的,但同时他又接受了柏拉图的学说。说他是新程朱派可以,说他是新柏拉图主义也可以。贺麟赞成理学,但也宣扬黑格尔主义。新中国建立后,冯友兰和贺麟都表示接受辩证唯物主义,贺麟还加入了中国共产党。说他们是"新儒家"是不妥当的。

上述这些重要学者,都并不以当代儒家自命。

第二,在什么样的意义上"复兴儒学"?那种仅仅是在最一般最抽象的意义上继承了儒学的普遍性思想的学说,实际上很难称之为儒学。但意识形态的历史是复杂的。如果能起释迦牟尼、穆罕默德、耶稣于地下,那他们对现实中的佛教、伊斯兰教、基督教,多半是要大为震怒、"革出教门"的。既然老祖师的起死回生是不可能的,那人们也就没有办法阻止那种借古圣先贤的名义宣传自己的教义的情况。在这种意义上,所谓儒学的第三期发展,就不仅仅是可能,而且已经成为事实。问题在于,人们对这个儒学的第三期发展抱着什么样的期望。随着政治上的民主化和文化上的多元化,儒家作为百家争鸣中的一家一派,完全有可能活跃在世界的文化舞台上。但是,儒学在中国占据主导地位的时代已经一去不复返了。

---

① 王宗昱:《是儒家,还是佛家?》,见《中国文化与中国哲学》,北京:东方出版社1986年版,第565页。
② 同上书,第562页。

三 "全盘西化"论

在20世纪80年代的中国文化论坛上,"全盘西化"论与其说是一个严肃的理论主张,还不如说是一个情绪化的口号,在某些持自由化观点的人那里,它基本上是一种政治主张而不是一种文化主张。

80年代鼓吹"全盘西化"的人有时把"全盘西化"当成一个与"全方位开放"同义的口号加以肯定,主张全方位引进西方文化,包括哲学、政治、经济等学说和制度,用以冲击中国现有的一切,冲击过后,剩下什么算什么。这种主张,基本上还是胡适"全盘西化"论的老调重弹。这种主张的政治含义是效法西方走资本主义道路。在中国人民经过近百年的奋斗已经选择并走上了社会主义道路的80年代重提这种主张,只能损害好不容易才形成的统一、安定、团结的政治局面,干扰现代化的进程。讲全方位开放,这是对的;讲让西方文化冲击现有的一切,这就不对了。中国的现代化需要西方先进的科学技术,也需要学习和借鉴西方在经济管理、政治司法等方面的经验和具体制度,至于西方在思想文化、艺术文化方面的成就,当然更没有理由拒之于国门之外。但这种"全方位引进",应当在发扬民族主体性精神的前提下进行,也就是说,要实行"拿来主义",而不能"水漫金山"。"水漫金山"的结果,不仅危及我们的社会主义制度,还有可能危及我们的独立和统一。

四 "西体中用"论

李泽厚倡导所谓"西体中用",他用"西体中用"这个术语所表达的实际意思,是"未来的道路应是社会存在的本体(生产方式、上层建筑和日常现实生活)和本体意识(科技思想、意识形态)的现代化(它源自西方,如马克思主义)和中国的实际(包括儒家作为中国文化心理的客观存在这个实际)相结合"①。对于此论,李泽厚本人的解释前后并不一致。这种不一致,反映了理论上的混乱,缺乏概念的明确性和前后逻辑一贯性。除此之外,其中还有一些实质性的问题需要研究。

第一,什么是"体"与"用"?

在"体""用"的解释上,李泽厚的说法不仅与传统的用法不同,而且自相矛盾。

关于"体",李泽厚说:"我用的'体'一词与别人不同,它包括了物质生产和精神生产,我一再强调社会存在是社会主体。把'体'说成是社会存在,这就不只包括了意识形态,不只是'学'。社会存在是社会生产方式和日常生活。这是从唯物史观来看的真正的本体,是人存在的本身。"②这个解释是颇成问题的。在历史唯物主义中,社会存在是与社会意识相对的概念,把社会意识也包括在社会存在之内并同称之为"体",这就扩大了社会存在的外延。李泽厚又说:"不管是'中学''西学',不管是孔夫子的'中学'还是马克思的'西学',如果追根究底,便都不是'体',都不能作为最后的'体'。它们只是'心理本体'或'本体意识',即一种理论形态和思想体系。严格说来,'体'应该是社会

---

① 《关于儒学与现代新儒学》,载1986年1月28日《文汇报》。
② 李泽厚:《"西体中用"简释》,载1986年7月9日《中国文化报》。

存在的本体,即现实的日常生活。这才是根本、基础、出发点。"①这段话与前引的一段话自相矛盾,前一段话说社会存在的本体或"体"包括意识形态,而这里则又说它不包括意识形态。

李泽厚还说:"如果承认根本的'体'是社会存在、生产方式、现实生活,如果承认现代大工业和科技也是现代社会存在的'本体'和'实质',那么,生长在这个'体'上的自我意识或'本体意识'(或'心理本体')的理论形态,即产生、维系、推动这个'体'的存在的'学',它就应该为'主',为'本',为'体'。……所以,在这个意义上,又仍然可说是'西学为体,中学为用'。"②在这段话中,"学"又在"一定意义上"归入了"体"。李泽厚的表述虽含混,但大体意思是清楚的。即他所说的"体"实有两个层次的含义:一指社会存在,一指与一定社会存在相适应的意识形态。但这种规定又是不妥当的。正如前面已分析过的,传统意义上的"体用"有从本体论意义上讲的,"体"指实体,"用"指功用;有从文化系统的体系结构上讲的,"体"指根本的指导思想。这两种"体用"的用法,在其各自的领域中都是适当的。而李泽厚的用法则把这二者混为一谈,这就难免造成逻辑上的自相矛盾和理论的混乱,并且与传统的用法脱节。

关于"用",李泽厚的解释是:"现代社会是一个多元化和多样化的社会,现代的'西学'亦然。因之,在全面了解、介绍、输入、引进过程中,自然会发生一个判断、选择、修正、改造的问题。在这判断、选择、修正、改造中便产生了'中用'——即如何适应、运用在中国的各种实际情况和实践活动中。……如何把'西体''用'到中国,是一个非常艰难的创造性的历史进程。"③这里的"用",是"洋为中用"的"用",是"适应、运用"之"用",与"体用"之"用"(功能、派生、次、末)只有字面上的相同。李泽厚又说:"这个'中用'既包括'西体'

---

① 李泽厚:《漫说"西体中用"》,见《中国现代思想史论》,北京:东方出版社1987年版,第331—333页。此文原载《孔子研究》,1987年第1期。
② 同上书,第336页。
③ 《漫说"西体中用"》,见《中国现代思想史论》,第337页。

运用于中国,又包括中国传统文化和'中学'应作为实现'西体'(现代化)的途径和方式;在这个'用'中,原来的'中学'就被更新了,改换了,变化了。在这种'用'中,'西体'才真正正确地'中国化'了。"① 这里补充的中学为"西体"之运用的意思,与传统的"中学为体,西学为用"的"用"相近,但这个"用"与"实体"及"功用"之"用"仍不相同。

第二,社会生产方式可以"输入""引进"吗?

李泽厚说:"的确,'现代化'并不等于'西方化',但现代化又确乎是西方先开始,并由西方传播到东方到中国来的。现代大工业生产,蒸汽机、电器、化工、计算机……以及生产它们的各种科技工艺、经营管理制度等,不都是从西方来的吗?在这个最根本的方面——发展现代大工业生产方面,现代化也就是西方化。我提出的'西体,就是这个意思。"② 在这段话里,李泽厚又偷换了概念。"体"既然首先是社会生产力和社会生产方式,那马上就会出现一个它能不能"传播"的问题。机器设备当然可以搬来搬去,但生产关系则不行。而没有一定的生产关系,光有机器设备,也产生不了一定的社会生产方式,形成不了社会生产力。他显然意识到了这一困难,所以只讲机器设备及其软件的传播,而闭口不谈这些东西是怎样在中国成为现代大工业生产的。实际上,如果没有明清长期以来形成的东佃关系,没有土地自由兼并及随之而来的身份自由的无地农民涌入城市,资本主义生产关系在中国的产生就是不可能的。正因为如此,只能说现代化的"体"是在西方影响(包括机器设备的输入)下从中国社会本身中孕育出来的,而不能说是从西方"传播"过来的,因而也不能谓之"西体"。这样,整个"西体中用"论就失去了基本的根据。

第三,"西学为体,中学为用"亦值得商榷。

在"学"的问题上,李泽厚主张"西学为体,中学为用"。其所谓

---

① 《漫说"西体中用"》,见《中国现代思想史论》,第338页。
② 同上书,第333页。

"西学为体"，是指以包括马克思主义在内的西方思想学说"作为主体、作为基本、作为引导"，用"西学"来努力改造"中学"，而"中学为用"是指"中学"作为实现"西体"的途径和方式。这样讲体用，表现出概念上的混乱。我们承认马克思主义在中国社会主义新文化系统中的指导思想地位，承认应当引进西方先进的理论学说并用以分析、整理"中学"，而且也承认"古为今用"，但这实在不能用"西学为体、中学为用"的公式来概括。文化有层次结构，处于核心支配地位的才可谓之体。"西学"的内容是复杂的，包含许多不同的流派，不可能等量齐观，不可能笼统地崇奉为体。学不论中西，凡在新文化系统中可以起主导作用的都是体。

总之，"西体中用"作为一种文化主张，理论并不明晰，内容颇多混乱。此论的提出者似乎是想避免"全盘西化""中体西用"之类主张的片面性，但事实上没有能够做到。这似乎表明，文化问题上中西对立、体用二原的僵化思维模式，已经过时了。

第十二章

我们的文化主张
——综合创造论

我们的文化主张——综合创造论。只有辩证的综合创造，才是中华民族文化复兴的坦途。辩证的综合创造是指：抛弃中西对立、体用二原的僵化思维模式，排除盲目的"华夏中心论"与"欧洲中心论"的干扰，在马克思主义普遍真理的指导下和社会主义原则的基础上，以开放的胸襟、兼容的态度，对古今中外的文化系统的组成要素及结构形式进行科学的分析和审慎的筛选，根据中国社会主义现代化建设的实际需要，发扬民族的主体意识，经过辩证的综合，创造出一种既有民族特色，又充分体现时代精神的高度发达的社会主义新中国文化。

一 从"会通以求超胜"到"综合创造"论

前面三章回顾了 16 世纪以来历次文化论战中主要的文化主张,分析了它们的正误得失。我们的文化主张——综合创造论,就是在这种历史的反思中得出来的。当然,在所有这些主张中,特别引起注重的,还是"会通以求超胜"论、"拿来主义"与"民族的科学的大众的文化"论。这些主张与我们的主张有共同之处,那就是都主张辩证的综合。无论是"中体西用"还是"西体中用",也无论是国粹主义还是"全盘西化",都走不通,只有辩证的综合创造,才是中华民族文化复兴的坦途。

这里所说的辩证的综合创造是指:抛弃中西对立、体用二原的僵化思维模式,排除盲目的"华夏中心论"与"欧洲中心论"的干扰,在马克思主义普遍真理的指导下和社会主义原则的基础上,以开放的胸襟、兼容的态度,对古今中外的文化系统的组成要素及结构形式进行科学的分析和审慎的筛选,根据中国社会主义现代化建设的实际需要,发扬民族的主体意识,经过辩证的综合,创造出一种既有民族特色,又充分体现时代精神的高度发达的社会主义新中国文化。这种综合不是无原则的调和折中,而是辩证的。这种综合需要创造精神,是一种创造性的综合,而这种综合又为新的创造奠定基础。社会主义文化必然是一个新的创造,同时又是多项有价值的文化成果的新综合。这就是之所以将它称为"综合创造论"的原因。

辩证的综合创造之所以可能，其根据有二：其一是文化系统的可解析性和可重构性。文化既不是铁板一块，不可解析，也不是互不关联的成分的混合物，而是一个具有结构和整体功能的由许多复杂的元素组成的系统。一个文化系统的落后过时，固然与组成它的文化要素有关，但更根本的原因在于其结构的不合理。因此，文化系统的新陈代谢，固然要靠文化要素的增减损益，但根本的改造的途径在于旧系统结构的消解和新系统结构的重构。经过一百多年来的政治、经济、思想文化的变化，中国传统文化的旧系统结构已经解体，新的社会主义的中国文化也已略具雏形。在这种条件下，将经过慎重考察、认真挑选的古今中外不同的文化系统所包含的要素，按照现代化的客观需要，综合成一个社会主义现代化的新中国文化系统是完全可能的。其二是文化要素间的可离性和可相容性。历史的经验证明，一个文化系统所包含的文化要素，有些是不能脱离原系统而存在的，有些则可以经过改造而容纳到别的文化系统中。正因为如此，不同的民族文化既各有其独立性，也可以相互吸收相互融合。历史的经验还证明，同一文化系统或不同的文化系统所包含的文化要素之间，有的是不相容的！有的则是相容的；有的似乎相反，实际上却相辅相成、相互补充。正因为如此，来自不同民族文化的要素，只要它们是相容的，就有可能综合成一个新的系统。

辩证的综合创造之所以必要，其理由有三：其一，中国文化的旧系统已经落后过时，不破除这种体系结构，不吸取大量外来的先进文化要素，不按现代化的客观需要重新建构，中国文化就没有出路。其二，文化既有时代性，又有民族性，因此，完全舍弃中国固有的文化，全盘照搬西方文化，既没有可能，也不符合客观需要。在全世界范围内民族之间的差别尚未消失之前，维护民族独立是至关重要的。没有民族的独立，现代化就无从谈起。而民族的独立与民族文化的独立性是不可分割的。其三，西方文化虽然在整体上优于中国传统文化,但并非事事处处都来得高明。从基本精神看,二者各有各的独创性,亦各有各的片面性。中国目前的落后,不能依靠亦步亦趋的方法解决,而需要迎头赶上,那么在文化上的综合创造也就成了必要。只有凭借综合创造所形成的文化优势,才有希望弥补因落后而造成的劣势。

要把经过认真挑选的来自古今中外不同文化系统的文化要素综合成一个现代化的中国文化系统,有一系列重要的问题需要解决,它们是:必须坚持马克思主义普遍真理的指导和社会主义原则,必须弘扬民族主体精神,走中西融合之路,必须以创造的精神从事综合并在综合的基础上有所创造。

二 坚持什么样的指导原则

建设现代化的新中国文化,究竟要不要某种思想的指导?如果需要,用什么思想指导?在这个问题上,人们的认识是很不一致的。当代新儒家将先秦原始儒家和宋明新儒家视为中华人文精神的源头活水,主张"返本开新";"中体西用"论者主张以中国之"道"为体,西学西艺为用;新文化运动的领导者揭起过"民主""科学"的大旗。尽管这些论者都没有提"指导思想"这个词,但他们所争的,其实首先是用什么思想为指导,并用什么思想为核心来建设文化。而那种以为新文化建设不需要任何思想指导的看法,不过是一种不切实际的幼稚病。

文化建设之所以需要一定的思想指导，是因为对各种文化要素的分解、评价、筛选要有一定的思想武器，对新文化系统结构的建构要有一定的设计，还因为任何文化系统本身都以思想为核心，以不同的思想为指导就会形成不同的核心。

我们主张建设社会主义新中国文化要以马克思主义的普遍真理为指导，绝不仅仅是因为它在指导中国革命过程中起过巨大的作用，并在今天的现实生活中占有重要地位，更重要的是因为马克思主义是在批判地总结全人类文明优秀成果的基础上产生的，是有史以来最伟大的思想文化成果，还因为它从一开始就意识到自己的开放性，从一开始就把"批判"与"革命"作为自己的本质。在马克思主义的思想体系中，辩证唯物主义的哲学又特别值得重视。直到目前为止，它仍是最伟大的哲学，仍是时代精神的精华，是现代文明活的灵魂。它的辩证法，也是我们的综合创造论的方法论基础。

曾有一个口号，叫"重新认识马克思主义"，它至少包含三层意思：其一，马克思主义产生一百多年来，在其传播和运用过程中，既有许多创造发展，也难免有不少扭曲变形。特别是在有与西方文化很不相同的文化背景的中国，扭曲变形的问题更不容忽视。所以，在经历了一系列挫折之后，冷静地回过头来审视一下马克思主义的历史，弄清哪些是马克思的思想，哪些是后人特别是我们自己错误地附加上去的思想，哪些思想遭到了有意、无意的曲解，哪些重要思想被忽视、被埋没了，来一个"拨乱反正""正本清源"，实在是非常必要的。其二，马克思主义产生以来，世界发生了很大变化，人类的认识水平也有了很大提高。一百多年的历史经验既证明了马克思主义的伟大正确，也暴露出它和一切思想学说一样，也有自己的时代局限性。所谓"重新认识马克思主义"，也就是要把马克思主义放在新的实践经验面前加以检验，并把它与新的认识成果相比较，舍弃那些过时的乃至被实践证明是错误的内容，丰富发展那些正确的内容。这种重新认识，应与我们对社会主义的重新认识和对资本主义的重新认识结合起来。其三，马克思主义既是无产阶级的精神武器，又是不脱离人类文明发展大道的学说，也就是说，马克思主义本身是"革命性"与"科学性"统一的。但是，在实际生活中，人们对这二者的辩证关系并不是或并不总是处理得很好。在"左"倾教条主义猖獗的年代，人们习惯于把马克思主义产生以前、产生之时及产生之后的非马克思主义的思想、学说、流派，统统扣上"封""资"的帽子，加以全盘否定，甚至动辄将"修正主义"的帽子加到有不同意见的马克思主义者头上，一棍子打死。在阶级社会里，各种哲学社会科学思想学说确实是有阶级性、党性的，但对各种思想学说进行阶级分析是一回事，认真分析、研究其中正确的思想成果并及时吸收过来是另一回事。所以，重新认识马克思主义，还包括重新确认马克思主义在人类文明史上的地位，重新认识马克思主义与其前后左右各种思想学说的关系，克服宗派主义，以马克思主义本来具有的宏大气魄，对人类文明的成果特别是时代的最新成果进行科学的概括和总结。我们认为，坚持马克思主义普遍真理的指导和重新认识马克思主义，是社会主义新中国文化建设中同一个问题的两个方面。

马克思和恩格斯都是经过急进民主主义发展到共产主义的。主张思想自由、学术民主，本来是马克思主义的一个显著特点。马克思主义传入缺乏民主的东方国家后，这一特点受到严重削弱，乃至受到扭曲。重新认识马克思主义，首先就要把这一特点恢复过来。我们主张在社会主义新中国文化的建设中要坚持马克思主义的指导，就包含主张思想自由、学术民主、百花齐放、百家争鸣的意思。中国古代有过"罢黜百家、独尊儒术"的局面。20世纪50年代，提倡过"百花齐放、百家争鸣"，但由于机械地将学术争鸣与阶级斗争挂钩，"百家争鸣"后来被归为"无产阶级一家、资产阶级一家"的两个阶级的思想斗争，从而实际上取消了"百家争鸣"。事实证明，用"罢黜百家"的方法去"独尊某术"是有百害而无一利的，它不仅使百花凋零，也使"独尊"的某家因失去对话交流的对手而丧失生机。从事社会主义新中国文化的建设,一定要坚持马克思主义普遍真理的指导,一定要坚持在真理面前人人平等,坚持学术自由、百家争鸣。这其实也是同一个问题的两个方面。

百余年来,人们在文化的体用问题上绞尽了脑汁。其实,只要摆脱了中西对立、体用二原的僵固的思维模式,这个问题并不难解决。体,无非是一个文化系统的基本思想、基本原则;用,无非是在其指导、统御下的各文化要素及其功能、作用。经过一百多年的艰苦探索和艰苦奋斗,中国人民已经为其新的文化找到了"体"。这个"体",不是别的,正是马克思主义的普遍原理和社会主义的原则。据此,文化建设应当坚持以社会主义为体,应当坚持社会主义的基本原则。

首先,要把社会主义的基本原则与社会主义的这种或那种具体体制区别开来。社会主义的基本原则,在经济上就是社会主义的公有制和按劳分配,在政治上就是社会主义民主,在人际关系上就是人与人之间真正的平等、相互尊重、相互友爱。社会主义的基本原则不是孤立虚悬的,它总要寓于这种或那种具体体制之中,通过这些具体体制而存在、发展。应当肯定,业已建立起来的社会主义经济政治制度是初步体现了社会主义基本原则的,但同时也应当看到,由于经验的缺乏,由于某些空想和"左"倾教条主义的作怪,原来的经济政治体制不尽符合中国国情,不能在业已成熟的条件基础上尽可能充分地贯彻社会主义的基本原则,不能充分发挥社会主义的优越性,因此改革现有的经济政治体制势在必行。而这种改革,是社会主义文化建设最重要的基础工程。

其次,要把社会主义的基本原则与附加在它身上的空想成分和它的扭曲变形区别开来。

科学社会主义是由马克思、恩格斯通过对空想社会主义的批判继承产生出来的,实践证明了它本质上的科学性,但也暴露出它仍有某些空想的成分。不仅如此,由于社会主义首先是在生产力相对落后、缺乏民主传统的东方国家建立起来的,它的基本原则上又附加了不少空想的成分,并有严重的扭曲变形。在中国,根深蒂固的小农意识、形形色色的封建遗毒及各种各样的传统空想纷纷披上"社会主义"的新装上阵,不仅造成了巨大的损失,而且像哈哈镜一样,扭曲了社会主义基本原则的本来面貌。例如,社会主义公有制似乎成了"有田同耕"(企业吃国家的大锅饭),按劳分配似乎成了"有饭同吃"(平均主义、福利主义),"圣王""贤相""清官"之治似乎比民主政治更能保证人民群众的切身利益,政治思想道德水平似乎比生产力的发展更能保证社会主义的建成和共产主义理想的实现,如此等等。要重视社会主义在经济、政治和人与人关系方面的基本原则受到严重扭曲的情况,要重视用空想取代科学的情况,要在理论上和实践上为恢复社会主义基本原则的本来面貌而斗争。

再次,坚持社会主义的"体",要和发展社会主义的"用"结合起来。恢复社会主义基本原则的本来面貌,可谓社会主义文化建设的"明体"功夫;而通过改革建立充分体现社会主义基本原则的政治体制,发展科学技术,繁荣文学艺术,根据中国的国情制定各种各样灵活的促进生产力发展的经济政策,在不损害社会主义基本原则的前提下广泛吸取、借鉴国外先进的管理方法和经营机制,则是社会主义文化建设的"达用"功夫。"体用"这对范畴,不仅含有本末、主从的意谓,还有"经权"的意谓。"经"就是原则性,"权"就是灵活性。只讲灵活性,不讲原则性,会迷失方向;只讲原则性,不讲灵活性,会陷入僵化。能不能在经济发展和人民生活水平上尽可能快地超过西方发达国家,是关系到社会主义生死存亡的重要问题。

最后,坚持社会主义的基本原则,争取它在具体的经济政治体制中得到完全而充分的体现,是一个长期的历史过程。社会主义基本原则完全而充分的实现,需要一系列主客观的条件。主观条件就是思想文化的条件。在实际生活中完全纠正对这些原则的扭曲,需要很长的时间,需要做大量的工作。如充分实现社会主义民主,就不但要肃清特权思想、等级观念、家长制习气、"事不关己,高高挂起"的狭隘心理等等,还要培养和训练人们的民主意识、民主习惯,还要努力提高人们的文化水平。客观条件就是物质和制度方面的保障。例如,没有现代化大工业的高度发展,就不可能有高水平的公有制。科学社会主义的科学性,首先就在于它以唯物史观为理论基础,在于它肯定社会主义基本原则的实现需要一系列主客观条件。

三 弘扬民族主体精神

重视人的主体性,是辩证唯物论区别于旧唯物论的一个显著特色。人的主体性是有层次的,个人有个体的主体性,民族有民族的主体性,人类有人类的主体性。民族是人类生存发展的一个重要而基本的社会形式,人类大家庭,就是由许许多多民族组成的,离开了民族,社会就成了空洞的抽象。人类以民族的形式生存发展这一事实表明,民族也是一个主体,各民族有其特有的主体性。

所谓民族的主体性,就是民族在延续发展中一以贯之的中心,它包括独立性、自觉性、主动性三个方面。独立性就是肯定自己的独立存在;自觉性即具有自我意识,自己能认识自己,自己能意识自己的独立存在;主动性即具有改造环境的能动力量,而不屈服于环境。民族的主体性是使一个民族得以以独立的身份立足于世界民族之林的诸性质的综合。而民族的主体意识、主体精神则是民族主体性的精神方面,它包括民族的独立意识、自我意识和自觉能动性。一个民族,只有产生了民族的主体意识，才能具有自觉的内在凝聚力，才能有推动民族延续发展的内在精神动力。

"自强不息""厚德载物"的中国文化基本精神，同时也就是中华民族的民族主体意识的核心，是中华民族的独立意识、自我意识、自觉能动性的鲜明标志。

在建设有中国特色的社会主义文化的伟大事业中，弘扬我们民族的主体意识、主体精神至关重要。中国人多年的文化困惑，归根结底是一个如何处理好接受外来先进文化与保持自己文化的民族独立性的关系问题。在这个问题上，能否弘扬中华民族的主体精神，实在是症结所在。没有蓬勃向上的生命力，没有不断进取的拼搏精神，没有独立的意志和民族的尊严，就有可能成为随人俯仰、任人宰割的孬种，在欧风美雨的冲击下被人同化掉；而没有"厚德载物"的兼容精神、气魄和胆量，就有可能成为因循守旧、闭关自守的侏儒，因为顽固不化而葬送民族的前途。鲁迅提倡过"拿来主义"。很显然，没有独立意识、自我意识，就无所谓"送来"与"拿来"之别；没有"沉着、勇猛"的精神，没有民族的自觉能动性，也就不能"拿来"。因此，"拿来主义"一个不言而喻的前提，就是要弘扬民族的主体精神。

前面已经指出，"中体西用"是不对的。但它作为一种时代思潮，亦传达了当时人们的一种忧虑，即害怕在外来文化的汹涌冲击下丧失了民族的自我。其实，只要弘扬中华民族的主体精神，这种忧虑就是多余的。一个民族文化的独立性并不在于保持旧"体"，而取决于民族的主体意识。

有些"全盘西化"论者和"彻底摧毁与重建"论者对中国传统文化自我更新、自我扬弃的能力持悲观态度，主张让外来文化来冲垮中国传统文化。这种主张的根本错误就在于无视保持民族文化独立性的重要，看不到弘扬民族精神在文明再造过程中的巨大作用。

"西体中用"论者主张以西化为体，以民族化为用，其所注意的只是保持文化的民族形式。其实，民族文化的独立性不能仅仅依靠文化的民族外壳，更重要的是要将外来文化从体到用彻头彻尾地"中国化"。能够做到这一点的，也只有发扬民族的主体精神。

总而言之，无论是在中国传统文化的自我更新、自我扬弃方面，还是在大量引进、容纳、消化、吸收西方文化方面，还是在融合中西，通过综合创造，建设具有中国特色的社会主义文化方面，民族的独立意识、自我意识和自觉能动性，都是至关重要的，具有不可取代的关键作用。

四　走中西文化融合之路

我们的目标是要建设具有中国特色的社会主义文化。为了达到这一目的，必须走中西文化融合之路，走综合创造之路。

西方文明发展的一个重要后果就是广泛而日益密切的世界联系的建立，这种联系的紧密程度已达到可以把整个世界称为"地球村"的程度。在这种情况下，自我封闭、因循守旧、孤芳自赏、以大国自居是绝对没有出路的。但另一方面，今天的世界仍是一个多民族多国家激烈竞争的世界，为了在这样的世界上自立自强，各民族都注重发扬自己的民族主体意识，保持自己民族的主体性，珍视自己的传统文化。在这种情况下，全盘西化、全盘否定民族文化传统，也是非常危险的。唯一正确的文化发展道路应当是兼顾世界化、现代化和民族化两个方面，在学习世界先进文化的同时保持并发扬民族文化的优秀传统。不要说在目前我们的文化还落后的情况下必须这样做，即使是在已经实现了现代化的情况下也必须这样做。

中国传统文化有自己的特点和优点,但也有严重的缺点,而其中最大的缺点,一个是缺乏近代实证科学,一个是缺乏民主传统,这两点正是中国封建时代文化不如西方近代资本主义文化的两大标志。既然世界历史的发展已经不允许通过自身的努力从传统文化中形成这两大传统,既然目标是要建设具有中国特色的社会主义文化,那么,所可能走的就只能是中西融合之路、综合创造之路。社会主义文化只有建立在封建文化、资本主义文化所取得的成就的基础上,才能结出丰硕的成果。而其中国特色也只有通过民族文化优秀传统的保持和发扬,只有通过对外来文化的吸收和创造性的转化才能获得。

通过中西文化的会通、融合,创造出一种高度发达的文化,是从徐光启以来许多代知识分子的理想和奋斗目标。由于客观条件的不成熟和方法的不尽恰当(如折中、调和),这一理想一直未能实现。在我们中国已经出现的中西文化并存(如中国的绘画、音乐、文学、中医、武术与西方的绘画、音乐、文学、西医同时并存)与融合表明,这条道路是完全可以走通的。随着民族独立的确定、社会主义制度的建立和改革开放政策的确立,已拥有前所未有的优越条件,来实现前人未曾实现的理想。

五 创造性的综合和综合中的创造

美国阿波罗载人登月飞船发射成功后,"阿波罗计划"负责人曾说过一句耐人寻味的话,那就是,这个计划新采用的技术,没有一项是新的。

"阿波罗计划"的成功向人们生动地证明了系统论的一个基本原理：整体大于其各组成部分之和，或者说，综合本身就有所创造。"阿波罗计划"的成功还说明：综合工作也离不开创造性，因为如果没有应运而生的系统工程方法，这个以现有技术"合成"新技术的"阿波罗计划"根本就无法实施。

建设具有中国特色的社会主义文化，也是一项系统工程，而且是比"阿波罗计划"更宏伟得多、更复杂得多、更艰巨得多的系统工程。在马克思主义普遍原理指导下，在社会主义原则基础上实现中西文化的综合，是一项伟大的创造性工作，它的成果——具有中国特色的社会主义文化也必将是一个伟大的创造。

马克思主义传入中国，既与中国传统文化中的优秀成分结合，在中国革命实践中有所创造有所发展，也不免受中国传统文化中的糟粕的影响，在一定程度上扭曲变形。有人对后一种情况看得很严重，并因此而悲观失望。其实，按照解释学的观点，上述两种情况的发生都是正常的。无论是一个民族还是一个人，在接收一种新的思想、新的文化之前，头脑都不是一块白板，因而它对新思想、新文化的理解和接受程度，都不免受到由头脑中本有的东西所决定的"视界"的局限。只要摆脱了"左"倾教条主义的束缚，清楚地意识到上述两种情况的同时存在，问题并不难解决。而综合创造工作的首要任务之一，就是要重新认识马克思主义、重新认识社会主义。要用不断地学习和反思去改善视角，同时又用新的视角去学习、接受。这样循环往复下去，扭曲变形的问题就可以得到解决。

16世纪以来，特别是"五四"以来，在引进吸收西方先进文化方面已经做了大量工作，"科学、民主、社会主义"已经成为中国思想文化的主旋律。以后所要做的工作，一是要对已经建立起来的一切进行反思，巩固那些吸收得正确、理解得正确、与中国传统文化结合得好的东西，清除那些思想文化垃圾，纠正那些扭曲变形的东西；另一方面，要广泛引进新的东西，特别是因"左"倾教条主义束缚而被冷落了的西方文化的最新成果。由于社会制度不同、生活方式不同、意识形态不同,以及国际经济、政治和外交的种种错综复杂的情况,为了不影响国家的安定团结,这种引进应有一定的计划并有所控制。我们既不赞成设置这样那样的禁区,束缚思想界、学术界的手脚;也不赞成让没有经过分析、鉴别的东西在公众中特别是青年中自由泛滥。

"五四"以来,在运用近现代科学方法、科学观点,研究、分析、整理中国传统文化方面也做出了可观的成绩。旧的思想文化体系结构已经消解,精华与糟粕也得到了初步的鉴别。但这方面存在的问题还不少。其一,由于"左"的和右的"形式主义"的干扰,批判地继承的工作多停留在口头上(特别是在思想文化方面),宣传、教育工作没有跟上,致使公众特别是青年对中国传统文化越来越陌生、隔膜,因而出现了一方面是文化断裂,另一方面是大量封建文化糟粕以'旧用而不知"的形式继续毒害人们的局面。文化传统中积极的、健康的因素,因其内容比较深邃、精湛,往往不易了解,不易领会,但是消极方面,那些陈腐的思想,却容易保留,往往不易甩掉,摆脱不了。因此,对中国传统文化,既不可能用遗忘的方法摆脱掉,也不可能用全盘否定的方法否定掉,只有积极地批判继承,才能实现辩证的否定,即既克服又保留、提高。其二,对中国传统文化的研究、分析、整理,也存在一个视角问题。中国传统文化既有鲜明的民族形式,又有许多独特的内容。如果用西方的模式剪裁材料,也会出现扭曲变形乃至附加的问题,特别是容易遗漏那些为我们民族所特有的精粹的东西。这种情况,不仅在许多用学来的近现代西方方法整理中国传统文化的学者中见到,在用马克思主义方法的学者中也不鲜见。由于受视角的局限,中国传统文化中许多精华的东西还没有被挑选出来,有些在中国传统文化中占重要地位的领域(如价值观)的分析整理工作还没有得到应有的重视。因此,运用一般与特殊统一的辩证方法,贯彻实事求是的思想路线,对中国传统文化做进一步的分析、清理,仍然是一项繁重的任务。这个任务,在一定意义上也可以称为重新认识

>>> "五四"以来,"科学、民主、社会主义"已经成为中国思想文化的主旋律;在运用近现代科学方法、科学观点,研究、分析、整理中国传统文化方面也做出了可观的成绩。

中国传统文化。

文化的研究离不开一定的文化理论框架和一定的文化研究方法。历次文化论争中的分歧，在相当程度上是根源于文化理论和方法的分歧。因此，建立一个以马克思主义普遍原则为指导的，充分吸收容纳现代文化理论和方法论研究成果的文化理论体系，也是建设具有中国特色的社会主义文化的基础工程。

历史的经验证明，中西文化的融合综合需要一个过程。在条件尚不成熟的情况下，让不同来源的文化要素同时存在、自由竞争(如中西绘画、音乐、文学、医学、体育等同时存在，自由竞争)可能是一个最明智的选择。对各个具体的文化要素来说，这种同时并存、自由竞争，可能出现不同的前途，一是优胜劣败，一是兼综交融，一是既相互交流又长期保持相对的独立。无论哪一种情况，从整体上来说，都是综合工作的实质性进展。

具有中国特色的社会主义文化的建设需要有一定的思想指导，需要有明确的方向，需要有一定的规划和宏观控制。但这不应该妨碍学术自由、百家争鸣。马克思说："你们赞美大自然悦人心目的千变万化和无穷无尽的丰富宝藏，你们并不要求玫瑰花和紫罗兰散发出同样的芳香，但你们为什么却要求世界上最丰富的东西——精神只能有一种存在形式呢？"[①]建设的社会主义文化是丰富多彩的文化，而这样的文化只有通过百家争鸣才能建成和发展。

拥有亿万聪明头脑和勤奋双手的中华民族，一定能完成这个综合创造的伟大文化工程，一定能通过综合创造实现中华民族文化的伟大复兴！

[①] 马克思：《评普鲁士最近的书报检查令》，见《马克思恩格斯全集》第1卷，第7页。